Magia Natural

Tradições Populares Celtas
para o Praticante Solitário

Danu Forest

Magia Natural

Tradições Populares Celtas
para o Praticante Solitário

Tradução:
Marcelo Albuquerque

MADRAS

Publicado originalmente em inglês sob o título *Wild Magic*, por Llewellyn Publications.
© 2020, Danu Forest.
Direitos de edição e tradução para o Brasil.
Tradução autorizada do inglês.
© 2022, Madras Editora Ltda.

Editor:
Wagner Veneziani Costa *(in memoriam)*

Produção e Capa:
Equipe Técnica Madras

Tradução:
Marcelo Albuquerque

Ilustrações Internas:
Dan Goodfellow

Revisão:
Jerônimo Feitosa

Dados Internacionais de Catalogação na Publicação
(CIP)(Câmara Brasileira do Livro, SP, Brasil)

Forest, Danu
Magia natural: tradições populares celtas para o praticante solitário/Danu Forest; tradução Marcelo Albuquerque. – 1. ed. – São Paulo: Madras Editora, 2022.
Título original: Wild Magic

ISBN 978-65-5620-044-6

    1. Adoração da natureza 2. Magia – Celta
3. Mitologia celta 4. Natureza – Mitologia – Irlanda 5. Wicca I. Albuquerque, Marcelo.
II. Título.

22-110251   CDD-133.43

    Índices para catálogo sistemático:
    1. Magia: Esoterismo   133.43
Aline Graziele Benitez – Bibliotecária – CRB-1/3129

É proibida a reprodução total ou parcial desta obra, de qualquer forma ou por qualquer meio eletrônico, mecânico, inclusive por meio de processos xerográficos, incluindo ainda o uso da internet, sem a permissão expressa da Madras Editora, na pessoa de seu editor (Lei nº 9.610, de 19/2/1998).

Todos os direitos desta edição, em língua portuguesa, reservados pela

MADRAS EDITORA LTDA.
Rua Paulo Gonçalves, 88 — Santana
CEP: 02403-020 — São Paulo/SP
Tel.: (11) 2281-5555 — (11) 98128-7754
www.madras.com.br

Elogios à *Magia Natural*

"Como o serpentar dos ventos ou o manto coberto de plumas de um bardo, *Magia Natural* é uma mescla inspiradora de práticas populares, sabedoria mítica e estudos sólidos que fazem uso da rica herança cultural das Ilhas Britânicas, Irlanda e Gália. Influenciada pelas tradições antigas, e com base nos costumes celtas pela inclusão de cantos tradicionais, orações e feitiços, Danu Forest apresenta mecanismos e ferramentas claros para guiar o buscador moderno ao longo do caminho das relações pessoais com a Terra, os espíritos, os deuses e os guardiões dos lugares. Este trabalho é uma carta de amor que reúne informação autêntica sobre o que os vários povos celtas acreditavam e praticavam, assim como é um convite para colocar essa compreensão ao uso respeitoso e poder atravessar os lugares selvagens e ocultos tanto internos como externos".

– Jhenah Telyndru, autora de *Avalon Within* e *The Mystic Moons of Avalon*

"Danu Forest convida-nos a uma viagem imersiva pelo sobrenatural celta. Ela entrelaçou com habilidade o prático e o mágico e conduz o leitor em direção ao autêntico alinhamento entre a magia natural da própria região. Por meio de feitiços, exercícios, viagens guiadas e folclore celta, Forest nos mostra como reivindicar a conexão com nosso próprio lado natural e como viver em harmonia com o espírito do lugar que chamamos de casa. Forest escreveu um belo compêndio que é especialmente comovente em um tempo em que muitos anseiam por um retorno a um sentido relevante na relação com a natureza".

– Danielle Blackwood, autora de *The Twelve Faces of the Goddess*

"O livro *Magia Natural* é um compêndio inestimável de tradições antigas pelas quais estamos desesperados hoje em dia, e a voz de Danu aporta um conhecimento profundo que nasce de uma pesquisa impecável e da prática dedicada imbuída por um desejo de dançar no meio selvagem... De se sentir envolvida pela Terra, mergulhar com profundidade na Água, ser erguida pelo Ar, assim como se envolver em práticas que comovem a alma do gênero 'como capturar o vento' ou 'como ler a teia'. E tradições emocionantes como 'a oração que desperta' e a 'Canção do Lenhador'. Um mapa elementar prático e mágico para o imanente, *Magia Natural* é um poderoso chamado para restabelecer o fluxo da natureza, cultivar nossos espíritos e elevar nossas almas. Extremamente, altamente recomendável, especialmente para aqueles que trabalham com o ciclo das estações, tragam de volta o natural! Danu mostra-nos como".

– Tiffany Lazic, autora de *The Great Work: Self-Knowledge and Healing Through the Wheel of the Year*

"O livro *Magia Natural* é um compêndio rico e prático para trabalhar com a magia dentro do mundo natural".

– Philip Carr-Gomm, autor de *Os Mistérios dos Druidas*

*Para minha família
de sangue, minha família espiritual
e todas as outras coisas selvagens da floresta.*

Agradecimentos

Nenhum livro é escrito sozinho. E a minha profunda gratidão vai a todos aqueles que me ajudaram ao longo do caminho: aos meus professores, alunos e companheiros de viagem e, especialmente, a Dan Goodfellow, pelo seu apoio inabalável e pelas belas ilustrações; à equipe da Llewellyn, sobretudo e Elysia Gallo e Laura Kurtz, por tornar este livro o melhor que ele pode ser.

Índice

Lista de Práticas e Exercícios 12
Advertência 14
Introdução: O que é Magia Natural? 15
Um: An Creideamh Sí: a Fé da Fada Celta 23
Dois: Terra 47
Três: Mar 84
Quatro: Céu 112
Cinco: Fogo 144
Seis: Nossos Parentes Verdes 179
Sete: Honrando a Região Sagrada 218
Conclusão 248
Bibliografia 249
Índice Remissivo 253

Lista de Práticas e Exercícios

Buscando uma fada amiga 41
Invocando o *fetch* 45
Construindo relacionamentos... 48
Consciência da natureza.. 52
A sabedoria da Terra.. 53
Sentindo a teia.. 54
Lendo a teia 55
Kit de adivinhação natural... 56
Cernuno – Buscando a sabedoria do caçador selvagem 62
Os animais aliados.. 65
Procurando animais na natureza 65
Procurando seu familiar.. 68
Metamorfose 72
Trabalhando com seu familiar 73
Oferendas e espaços liminares.. 90
Encontrando os espíritos da água 91
Limpeza e cura.. 93
Preparando a água da lua 97
Magia das marés 104
Feitiços para bons mares e marés..110
Entrelaçando os ventos...116
Procurando um espírito do ar 119

Ornitomancia 122
Aeromancia (advinhação pelas nuvens) 131
Capturar o vento 133
Feitiço para erguer o vento 135
Diminuindo a tempestade 136
Feitiço para interromper a chuva 137
Medindo as sombras 138
Viagem para encontrar o espírito de uma planta 182
Sentindo com as mãos 183
Viagem em busca de varinha ou cajado aliado 185
Invocando Airmed 188
Fazendo um bastão de ervas para defumação 211
Conectando com o espírito guardião 221
Viagem pelo caminho do dragão 229
Poção da visão 240
Tenm Laida: iluminação da canção 241
Centralize a bússola: ritual de vigília simples 243

Advertência

A natureza é maravilhosa, mas também pode ser perigosa, mesmo com todo o conhecimento e experiência do mundo. Neste livro, você descobrirá todos os tipos de técnicas e recursos para ajudá-lo a explorar a natureza e a espiritualidade natural celta em suas várias formas. Mas é fundamental que todo conhecimento encontrado em qualquer livro caminhe de mãos dadas com o seu bom senso, preparação cautelosa e consciência dos riscos práticos inerentes a qualquer localização ou situação particulares. É importante ser sempre responsável pelo nosso próprio bem-estar e daqueles à nossa volta quando estamos em lugares selvagens.

Devemos ser cuidadosos com condições meteorológicas extremas e não correr riscos quando nos envolvemos espiritualmente com tempestades ou ventos fortes. Da mesma forma, precisamos conhecer as regulamentações de fogo em parques nacionais e cuidar da prevenção contra incêndio de todas as formas de vida à nossa volta. Temos como obrigação possuir o conhecimento total e ter responsabilidade em relação às plantas que inalamos ou ingerimos. E devemos contar às pessoas que conhecemos nossos planos antes de desaparecer em lugares selvagens por algum tempo.

Guias, comida, bebida, água, segurança e equipamento de comunicação – especialmente *kits* de primeiros socorros e telefones – são insubstituíveis em muitos lugares selvagens. Em qualquer tentativa, devemos lembrar que a segurança vem sempre em primeiro lugar.

Introdução:
O que é Magia Natural?

Sinta o ar em seus pulmões e seus pés assentes no chão. Sinta seu coração batendo. Abaixo do cotidiano, das nossas preocupações diárias e nossas rotinas culturais, cada um de nós é natural por dentro. Todos vivemos nesta Terra com o solo por baixo de nós, e o sol, a lua e as estrelas por cima. Cada um de nós precisa de ar limpo, água limpa e boa comida. Cada um de nós possui uma extensa linhagem de antepassados que pisaram esta terra antes de nós. Eles encararam desafios semelhantes, altos e baixos, e viveram em um mundo tão pleno de potencial para conexões espirituais como qualquer um de nós, hoje. Dizem que meus antepassados, os celtas da Grã-Bretanha e da Irlanda, viviam em comunhão mais íntima com a terra e veneravam a natureza de uma forma raramente vista na era moderna.

No entanto, a terra e os espíritos que vivem dentro e sobre esta Terra são tão acessíveis a nós hoje, como sempre foram. O que mudou não foi a natureza ou o mundo espiritual, e sim *nós* – envoltos em nossa tecnologia, plástico e cidades de concreto, somos nós que vivemos na ilusão de que, de algum modo, estamos afastados da natureza, do meio selvagem e dos efeitos do nosso comportamento em relação a eles. O natural nunca desapareceu totalmente, fomos nós que simplesmente fechamos os olhos e fingimos tê-lo deixado para trás.

Somos, cada um de nós, naturais se despirmos os condicionamentos e as convenções que nos obrigam a alterar nosso formato para viver com as restrições do mundo moderno. Podemos ver o *natural* como um termo negativo ou mesmo assustador hoje em dia, pois ele vem com uma grande quantidade de associações que achamos difíceis de controlar – instintivo, sem restrições, feroz mesmo, e motivado por uma voz ou chamado interior que não presta atenção às regras que governam nossas sociedades.

O *natural* também se tornou algo que admiramos silenciosamente, ou que valorizamos como algo que está fora de nós mesmos, como se fosse algo inacessível, que não tem lugar neste mundo mesmo enquanto lamentamos sua perda. Vemos uma nobreza nas coisas selvagens, uma presença, um poder, e ao mesmo tempo partilhamos uma cultura que remove o natural sem piedade, destruindo hábitats e todas as formas de vida que dependem desses hábitats com um apetite interminável.

Nosso estilo de vida consumista esforça-se para tirar mais e mais para si e preencher um vazio dentro de nós – um vazio criado pelo nosso distanciamento da natureza dentro de nós mesmos, e para isso não há compensação. Sem o selvagem, sem a natureza em toda sua diversidade, nos perdemos – não apenas nossas almas e nossa conexão espiritual com nossa própria presença aqui no mundo, mas essencialmente nossas vidas como uma espécie. Não podemos cortar nossa conexão com a unidade da vida.

Quando nos separamos da natureza, quando nos esforçamos para reduzi-la e domesticá-la, separamo-nos de nossa própria natureza interior e, por fim, nos distanciamos também do mundo espiritual. Nosso chamado interior, nossa conexão, nossa voz interior, aquela passagem para o *Todo* irreconhecível que aviva nossos olhos, vivifica e estimula nossos corações reduzem-se a brasas enfraquecidas e nos tornamos estéreis como o pó. E é quando transformamos nossa consciência, nossa honra, nossa fisicalidade inata e nossa presença animal neste mundo, como um entre muitos, que algo muda.

Podemos expandir nossa consciência a algo muito maior que nós mesmos, mais uma vez. Sem palavras ou doutrinas, sem regras que vêm de fora de nós mesmos, poderemos acessar um conhecimento interior ou sentido de orientação que vêm de uma fonte mais ampla e profunda que qualquer coisa que podemos compreender e, ao mesmo tempo, o momento é algo que dança em nossas veias e senta em nossas barrigas humanas dizendo, *Este!*, com o rugir de leões e de ondas que se quebram, tão seguros quanto o calor do fogo ou o sol escaldante.

Sabemos em nossos ossos e corações como navegar por esta vida com honra, nobreza e verdade interior, como animais humanos e corpos no espaço e no tempo. No mesmo momento, também somos espíritos infinitos, eternos como os céus. Como pássaros engaiolados, quando domesticamos nossos espíritos e nossas vidas, perdemos algo precioso, algo vital dentro de nós que nos proporciona um significado além das palavras. Quando nos reconectamos, milagres podem acontecer. Podemos soprar aquelas brasas suavemente até acenderem e poderemos descobrir que somos muito mais do que aquilo que pensávamos, e vivemos em um universo infinito, repleto de vida. Pleno de magia.

O animismo, a crença de que todas as coisas possuem um espírito e uma vida dentro de si, não importa quão distintas de nós mesmos, permite que nossa percepção se estenda para além do simplesmente físico e material e que nossa consciência se empenhe e ultrapasse a versão cêntrica humana do universo e alcance algo maior. Caminhos religiosos e espirituais de todos os tipos se esforçam para definir esse *Todo* maior e guiar nossa conexão com ele, envolvendo-o em uma miríade de nomes e histórias.

Mas nenhum de nós precisa fazer mais do que sair, sentir o vento no rosto, ouvir aquela pequena voz interna que nos leva para o bosque ou para a costa para estar com o *Todo* – *realmente* estar com ele para que a cura e a regeneração aconteçam. Nossa conexão com os deuses e o infinito, seja qual for o nome, sempre existiu, estava apenas esquecida por um momento. Nossa conexão faz tão parte de nós como o sangue em nossas veias e o ar em nossos pulmões. Ela está em toda parte. Ela é natural, e nós também somos.

Neste livro, você encontrará duas correntes ligadas: tradições práticas e sabedoria popular oriundas da tradição celta e do bom senso, ou o conhecimento das coisas que trabalham com algo mais sutil, um legado da magia antiga. Muitos feitiços e encantamentos antigos de nossos antepassados não sobreviveram, porém muitos deles sim. É importante lembrar que não são os feitiços ou a forma que interessam mais, é a conexão com os espíritos e os poderes do lugar que realmente importam.

Toda magia das tradições celtas, basicamente, surge dessa relação com o espírito, do estímulo da amizade com as fadas, os familiares verdes, as árvores e as plantas, os antepassados e a própria região. Devemos ser uma fusão viva do animal e do eterno, aqui e enraizados, revelados nesta Terra aqui e agora, e devemos ser capazes de caminhar de mãos dadas com nossos primos espirituais, aqueles que caminham invisíveis. Precisamos ser capazes de acessar aquela sabedoria interior profunda dentro de nós, e o conhecimento de quem somos, nossos antepassados, as raízes que se aprofundam na própria terra. Temos de nos livrar de nossos olhos urbanos e aceitar nosso eu natural, mais uma vez.

Quando for possível passar adiante um feitiço ou outra prática com suas raízes em nossa história, tentarei fazê-lo da forma mais precisa e honrando o melhor que posso as tradições, citando origens e legados específicos dentro das vastas culturas celtas, sempre que puder. Igualmente, entretanto, como alguém que passou três décadas trabalhando com esta terra por baixo de meus pés e estudando as práticas daqueles que vieram antes de mim com grande profundidade prática, espiritual e acadêmica, sinto que nossa magia vem tanto da nossa atual conexão com espíritos e com a terra, como de nossas tradições.

Quando alguma coisa não sobreviveu, não vejo dificuldade em ela ser inspirada novamente e criar a minha própria magia, seguindo a sugestão das minhas amigas fadas, familiares e outros espíritos próximos. De fato, muitas nações celtas da Grã-Bretanha, da Ilha de

Man, Bretanha e Irlanda, ao longo da costa atlântica e do norte da Europa, sempre tiveram suas diferenças (e semelhanças) e continuaram a tê-las. Essa é uma tradição, ou compilação de tradições, viva e abrangente; ela não precisa ser domesticada com sistemas organizados ou ser perdoada pela ausência desses mesmos sistemas.

Espíritos que ajudam: deuses, familiares, guardiões e aliados

Em muitos dos exercícios práticos que se encontram nas páginas seguintes, você verá que é aconselhável invocar seus guardiões e aliados. Eles podem assumir qualquer forma – por exemplo, deuses que você escolheu honrar, espíritos de antepassados, familiares tradicionais, fadas, animais ou outros espíritos aliados. Este livro é apropriado para iniciantes no assunto assim como aqueles que possuem mais experiência e desejam se aprofundar ainda mais neste estilo de prática.

É essencial a este trabalho ter uma conexão próxima com os espíritos, mas essa conexão não depende, de forma alguma, de habilidades psíquicas ou da *Visão*, como é conhecida nas culturas celtas. Em vez disso, essa conexão exige a construção de relações positivas com esses seres e a busca do fortalecimento de nossa visão interior; nossos meios principais para estabelecer contato.

Invocamos aliados ou familiares não porque o que fazemos é inerentemente perigoso (embora qualquer trabalho com os espíritos deva ser tratado com cuidado), mas porque nossas magias e tradições indígenas dependem dessa conexão com o outro mundo. A magia que praticamos depende de uma relação coletiva ou recíproca com aqueles que vivem ali. Juntos, tornamo-nos maiores que a soma de nossas partes, e um sentido de conexão é visto em todas as camadas da prática – desde nosso desenvolvimento espiritual, a magia prática, passando pelas nossas vidas cotidianas até nossa relação com o ambiente.

Se você já trabalha com espíritos e tem guias e aliados de qualquer tipo, sinta-se livre para invocá-los e auxiliar nas práticas sugeridas aqui. Caso isso seja novo para você, esteja ciente de que isso não é tão difícil quando parece!

Todos temos espíritos aliados, mesmo que não estejamos conscientes deles. Invocar esses aliados e pedir sua ajuda é a melhor maneira de começar a notar o apoio que eles proporcionam. Um espírito aliado pode ser um antepassado ou outro espírito que concordou, antes do seu nascimento, em apoiá-lo; e mesmo que o cuidado benevolente deles seja algo do qual estamos conscientes apenas de maneira fugaz, ou seja, algo que recorremos diariamente, eles estão sempre ali.

Todos tendemos a pedir ajuda espiritual em certos momentos de nossas vidas, e o caso aqui não é diferente. Um simples, "por favor, ajude", será o suficiente. Se você se sente atraído a trabalhar com alguma divindade celta, esta é uma boa oportunidade para começar a chamá-las para fazer parte de sua vida. Isso pode ser tão simples como pedir, por exemplo, "cara Brígida, por favor venha até mim, obrigado!". Da mesma forma, se você está habituado a trabalhar com espíritos animais ou fadas, pode pedir a eles para ajudarem também.

Exercícios para encontrar aliados conectados com a Terra, o Ar, a Água e o Fogo estão incluídos neste livro. Assim como exercícios para ajudá-lo a encontrar aliados animais e seus familiares. Incentivo você a experimentar os exercícios na ordem em que são apresentados para obter melhores resultados.

Viagem, Visão Interior e Meditações Guiadas

Ao longo deste livro, você será levado em numerosas viagens e guiado em meditações para ajudá-lo a se conectar com vários seres espirituais. Todos os exercícios deste livro são totalmente seguros e podem ser praticados exatamente da forma como são apresentados para uma experiência eficaz. Os elementos dessas viagens são retirados do imaginário tradicional e, como tal, funcionam como "chaves" energéticas para ajudar a psique a acessar outros níveis de realidade e outros destinos espirituais. Estes eram os propósitos de muitos contos instrutivos da tradição celta que sobreviveram até a era moderna, e os detalhes contidos neles podem parecer arcaicos ou difíceis de compreender racionalmente.

Nesse sentido, os caminhos da viagem e da meditação apresentados neste livro tentam recriar os efeitos obtidos com os contos e relatos tradicionais da experiência mística celta para o período moderno. No entanto, todos são diferentes e estão em momentos distintos de seu caminho espiritual ou mágico; sendo assim, essas viagens devem ser feitas apenas como guia ou modelo. Aqui não há tentativa de definir ou prescrever a experiência espiritual do buscador, ou de definir os seres espirituais que podem ser encontrados, e sim de fornecer um exemplo de treinamento que pode ser desenvolvido, adaptado ou descartado sempre que quiser.

Algumas pessoas descobrirão que são capazes de se envolver nessas viagens usando apenas a imaginação, e a experiência permanecerá na mente do buscador até que a prática suficiente seja executada e permita que eles se aprofundem. Isso é bom, a imaginação é uma ferramenta poderosa que nos auxilia na tradução do reino espiritual e suas comunicações, por isso, experiências nesse nível ainda são extremamente valiosas.

Outras pessoas, com experiência anterior ou prática constante, serão capazes de se mover acima de suas próprias mentes e vivenciar uma mudança genuína de consciência durante a execução dos exercícios – isso é completamente seguro e é o objetivo da vidência e da experiência animista ou xamanística. Outras pessoas acharão esses guias um ponto de partida útil com quem poderão explorar as energias envolvidas de maneira independente.

O que você vê ou vivencia pode ou não corresponder às descrições que forneci. Isso é perfeitamente normal e esperado. As coisas no reino espiritual nem sempre aparecem da mesma forma, todas as vezes, e para qualquer um. E não há substituto para a conexão ou interação genuínas, e isso será muito mais importante do que qualquer coisa que você leia em qualquer livro.

A viagem ou a vidência requerem muita prática para a maioria das pessoas, e devemos prestar atenção às sutis mudanças de consciência, uma sensação na barriga ou a percepção de que o tempo se alterou de uma maneira diferente do seu cotidiano. Uma das experiências mais profundas, geralmente, ultrapassa as palavras ou quaisquer detalhes visuais, e o buscador vivencia uma mudança de consciência profunda com muito pouco acontecendo e que pode ser descrito; ou mesmo uma sensação de que não aconteceu nada além de uma mudança de sentimento. Esse é, talvez, o nível mais profundo de conexão de todos, mover-se além da mente racional e entrar totalmente em comunhão com o reino espiritual.

Cada viagem mencionará a invocação de seus guias e aliados (conhecidos, às vezes, como *co-choisitche*, em gaélico escocês, ou "aquele que caminha com você") e qualquer proteção, antes de você começar. Esses exercícios são seguros, mas é sempre sensato pedir ajuda ao reino espiritual antecipadamente e criar alguma forma de limites espirituais no seu local físico. O reino espiritual não está ali apenas para seu divertimento ou exploração, e muitos seres de todas as descrições podem ser encontrados naquele espaço. De fato, não se trata apenas de um único destino, mas muitos – a abordagem deve ser semelhante a qualquer período de viagem: com um guia, consciência do terreno, precauções e recursos suficientes para garantir seu bem-estar, e uma sensação de curiosidade confiante e entusiasmada, porém fundamentada.

Palavras dos bardos: contos tradicionais

Ao longo deste livro há vários contos tradicionais, provérbios, poemas e canções. Na maioria dos casos, trata-se de reproduções diretas com referências para aqueles que desejam consultar suas fontes. Em outras ocasiões, compilei versões de um relato e o recontei com minhas palavras, para mais clareza ou como tradução. Em todas as ocasiões, a fonte desses contos está anotada no rodapé para honrar suas fontes culturais dentro das nações celtas mais abrangentes e, quando possível, também aqueles que registraram esses contos originalmente.

Os celtas eram, e ainda são, grandes contadores de histórias que ensinam além de entreter. E cada ocasião dessa prática é um tesouro por direito próprio que proporciona exemplos de cultura assim como as crenças e práticas situadas dentro deles. Discutir uma crença ou prática celta sem um exemplo de um conto correspondente, quando há um, seria negligente; por essa razão, eles estão incluídos aqui com toda a honra que merecem como ensinamentos de sabedoria e para proporcionar admiração para a alma.

Um
An Creideamh Sí:
A Crença das Fadas Celtas

Ao longo deste livro, analisaremos o que é comumente chamado de "magia" celta e crença espiritual. Quando falamos sobre os celtas, usamos, na verdade, um termo generalista para falar de um grupo de tribos da Idade do Ferro ao redor do norte e oeste da Europa e da margem atlântica. Também de um período moderno posterior, de um grupo de nações que fala celta e possui heranças diferentes consideráveis, apesar de partilharem raízes culturais que têm origem em um grupo comum de línguas e crenças. Há diferenças entre essas nações, e é importante reconhecê-las e honrá-las. Ideias do outro mundo e do reino espiritual variam de acordo com a época e a geografia, assim como a localização do reino espiritual e quaisquer sistemas cosmológicos que os acompanham, e os fios condutores podem ser rastreados dentro deles.

No entanto, esses fios condutores são substanciais e perduraram. Onde há diferença, também existe coesão; onde há unidade, também existe singularidade entre cada país e ao longo das épocas e dos períodos discutidos. Meu objetivo é tratar de ambos.

Um dos primeiros registros da visão que os celtas tinham dos deuses surge dos relatos do escritor Diodoro Sículo sobre o líder de guerra Breno durante uma visita ao santuário grego de Delfos, no século I a.C.:

Breno, o rei dos gauleses, ao entrar no templo, não encontrou nenhuma consagração de ouro ou prata. E quando se deparou apenas com imagens de pedra, ele riu delas ao pensar que homens, acreditando que os deuses possuíam forma humana, fariam suas imagens em madeira e pedra.[1]

Pelo menos nessa fase inicial, antes das Conquistas Romanas, parece que os celtas acreditavam que os deuses não assumiam formas humanas e, em vez disso, eram considerados presentes e imanentes no mundo à volta deles, sem a necessidade de antropomorfismo. Não havia razão para restringir qualquer compreensão deles limitando-os a corpos e modos humanos. Embora essa perspectiva tenha, indubitavelmente, mudado ao longo do tempo – de fato, a arte celta de períodos posteriores é abundante em representações dos deuses com características humanas – o princípio inicial permaneceu. Os deuses estão em todas as partes da natureza e são as próprias forças naturais. O mundo humano é parte de um todo infinito, em uma vasta multiplicidade de seres que vão além da nossa compreensão. Eles são coisas selvagens, e nós com eles.

A mesma conceptualização pode ser vista nas ideias celtas sobre a morte, em que cada alma viaja para o outro mundo, porém a morte faz parte de um ciclo de vida infinito do qual é impossível separá-la, e assim não é o fim ou algo que deva ser temido, e sim compreendido para se tornar integrante de nosso próprio ser. Confiar em um ciclo de vida superior era um princípio orientador dos celtas e, de acordo com os romanos, tinha um papel importante na famosa valentia e individualismo celtas.

> E vocês, druidas...o seu ensinamento é que as sombras dos mortos não seguem o caminho para a morada silenciosa de Érebo ou para o reino inferior, sem luz, de Dis, e sim que a mesma alma anima os membros em outra esfera. Se vocês cantam certezas, a morte é o centro da vida contínua... felizes em seu erro, pois eles não são

---

1. Diodoro Sículo, *Biblioteca de História, Volume XI: Fragmentos de Livros 21-32*, transcrição de Francis R. Walton. (Cambridge, MA: Loeb Classical Library. Harvard University Press, 1967), p.146.

atormentados pelo maior dos terrores, o medo da morte. Isso proporciona ao guerreiro seu ímpeto para se lançar ao aço, um espírito pronto para encarar a morte, e uma indiferença para salvar uma vida que retornará.²

Lucano, Farsália, Livro I – Linhas 450-462

Assim como a natureza selvagem, todos vivemos, todos morremos, e a vida continua.

Ao discutir a natureza considerando os celtas, é importante notar que estes eram um povo altamente civilizado, que comercializava amplamente. Eles eram magníficos artesãos, eruditos e filósofos, assim como os místicos druidas, guerreiros e misteriosos. Enquanto não possuíam uma língua escrita própria, negociavam e viajavam consideravelmente, e muitos eram fluentes em vários idiomas. Possuíam uma cultura rica em narrativas e pensamentos espirituais avançados, assim como observações matemáticas e astronômicas – como foi comprovado no magnífico calendário de Coligny.

Eles tinham uma cultura comparada em sofisticação aos gregos, que escreveram sobre eles, e aos romanos que, em algum momento, os conquistou. No entanto, eles tinham amor pela terra – um respeito pelo poder da natureza que colocava a honra pelo natural no centro de sua consciência. Os animais e as árvores sagradas tinham um lugar especial em suas comunidades locais, e isso continuou sob o domínio romano, e é uma prática que sobrevive até hoje, em grande variedade de formas. O natural e o sofisticado não estão separados na cultura celta, um brota do outro, como flores em uma árvore.

Em um período cristão posterior, a crença celta nos espíritos, e até nos velhos deuses, permaneceu, alterada e adaptada por meio de um fenômeno chamado *sincretismo* – os povos encontraram uma forma de serem cristãos, e até frequentar a igreja, enquanto mantinham, simultaneamente, as crenças nos modelos antigos. A *Creideamh Sí* (irlandês), ou fé das fadas, continuou até a era moderna e ainda é encontrada, em diversas formas, pela Irlanda e Escócia.

---

2. Lucano, Farsália, *Livro 1, linhas 450-62*, transcrição de Nora K. Chadwick, *Os Druidas* (Cardiff, País de Gales, Reino Unido: University of Wales Press, 1966), p. 53-54.

Em um desenvolvimento de certa forma específico das regiões celtas, os modelos e os deuses antigos foram transpostos para uma concepção cristã do mundo. [Estudiosos cristãos da época] escreveram acreditando que os deuses antigos eram apenas anjos caídos expulsos do céu, e que não eram maus o suficiente para o inferno e, assim, tornaram-se as fadas. Dessa forma, as práticas que as honravam, e trabalhar com elas, não era considerado algo mau ou tabu.[3]

Registros dos julgamentos das bruxas escocesas comprovam que aqueles que trabalhavam com as fadas, em geral, eram considerados boas pessoas, homens e mulheres sagazes que praticavam magia boa, em oposição às "bruxas", que diziam trabalhar com o demônio.[4] Enquanto tais categorias provaram ser totalmente arbitrárias na prática, e termos como *fada* e *demônio* eram usados com frequência de forma intercambiável, uma crença no invisível e que os espíritos e deuses antigos ainda viviam nas colinas selvagens prolongou-se até a era moderna e sobreviveu até hoje. Esses seres ainda precisavam ser honrados e podiam ser invocados para ajudar, mantendo um padrão das práticas mágicas e espirituais, com suas raízes retrocedendo, talvez, mil anos.

Os ciclos das estações, o sol e a lua que, geralmente, estão delimitados nos alinhamentos dos círculos de pedra britânica e irlandesa, e em outros monumentos neolíticos, também formam uma estrutura de celebração e conexão ritual com a região. Essas observâncias continuaram ao longo da Idade do Ferro celta, entraram no período anglo-saxão e, posteriormente, no calendário litúrgico celta medieval do dia dos santos e outros eventos que, em geral, combinam antigos banquetes pagãos com a nova fé cristã.

Essas celebrações sazonais estavam intimamente ligadas ao ciclo anual da agricultura, mas também infundiam o prático com o espiritual. Cada estação era vista como tendo seus espíritos e divindades ou santos abrangentes, e onde uma vez os druidas supervisionavam

---

3. John Carey, "The Old Gods of Ireland", *Understanding Celtic Religion: Revisiting the Pagan Past* (Cardiff, País de Gales, Reino Unido: University of Wales Press, 2015), p. 65.
4. Emma Wilby, *Cunning Fold and Familiar Spirits: Shamanistic Visionary Traditions in Early Modern British Witchcraft and Magic* (East Sussex, Reino Unido, Sussex Academic Press, 2013), p. 26.

cerimônias com o fogo nos quatro Sabás de Imbolic, Beltane, Lughnasadh e Samhain, agora o sacerdote liderava a comunidade em rituais de bênçãos e cultos no Imbolc, Beltane, Lammas ou Festival da Colheita, e no Halloween. Antes se pedia à deusa Brígida para abençoar as lareiras e os rebanhos, agora era a santa Brigid, a parteira de Cristo. Mas os rituais, as datas dos festivais e a sabedoria por trás deles tudo permaneceram. Os Sabás ainda eram chamados, como dizem em galês, *Ysbrydnos* – noites dos espíritos.

Com aquelas noites espirituais, aquelas práticas antigas que sobreviveram ao longo de centenas, talvez milhares de anos, vem um grupo de encantos e feitiços, práticas de rituais simples e sabedoria folclórica ligados e entrelaçados com um conhecimento prático profundo da região e de todos os seus habitantes. A tradição celta de formas espirituais e animais, com a compreensão profunda e instintiva do *Genius loci* (os poderes do lugar ou os antigos que deram à região sua identidade ou alma) permaneceu, evoluiu, cresceu e se tornou apropriada a cada nova geração, para que cada um de nós começasse novamente. O natural continua a inflamar nossos espíritos e a cultivar nossas almas.

A cosmologia "celta"

Para os gauleses antigos, o reino espiritual era um local terrestre assim como um lugar espiritual. Encontrados no mar e, às vezes, descritos como residindo na própria ilha britânica, os gauleses partilhavam uma língua comum com as tribos da costa sul da Grã-Bretanha. A base e origem de sua religião foram descritas como residentes da Grã-Bretanha, mais provavelmente Anglesey[5].

No entanto, eles também mantiveram a crença de que havia três reinos: *Albios*, traduzido aproximadamente como o *mundo superior*, ou o *mundo branco* ou *abençoado*; *Bitu*, a *Terra/o mundo em que vivemos*, e *Dubnos*, o *submundo* ou *o lugar profundo*. O posterior antiquário galês do século XIX, Iolo Morganwg, estabeleceu uma cosmologia para os três mundos que refletia esse sistema. *Gwynfyd*, que

---

5. Julius Cesar, *The Gallic Wars (Latin and English): De Bello Gallico*, tradução de W. A. Macdeviit (n.l.: Neptune Publishing, Kindle Edition) location 6954 de 14665.

significa a *vida branca*, o *mundo superior*; *Abred*, o reino do meio, e *Annwfn*, o *submundo* ou *o lugar profundo*, e ainda *Ceugant, infinito/o vazio*. Enquanto é pouco claro se o sistema de três mundos de Morgannwg é tão antigo quanto ele reivindicava, esse sistema possui semelhanças surpreendentes com a visão de mundo gaulesa que, entretanto, foi assimilado pelo druidismo moderno. O termo *Annwn*, ou mais precisamente, *Annwfn*, etimologicamente retirado do galês *Dubnos*, possui uma origem genuinamente muito antiga, utilizada como o nome genérico para o outro mundo galês, para os espíritos e para a região dos mortos.

No folclore, assim como na literatura Annwfn sobrevivente, ele pode ser encontrado de várias formas, atravessando o mar ou entrando nas profundezas do lago, assim como subindo em um lugar alto, ou entrando na própria Terra, em geral por meio de uma das colinas ocas que dizem ser as casas das fadas. Da mesma forma, o viajante pode tropeçar no outro mundo, de surpresa, ou ser procurado pelos seus habitantes e ser levado com eles.

Entalhe de pedra com três espirais

O outro mundo, nas tradições irlandesa e escocesa, está inter-relacionado, assim como seus idiomas. Em gaélico, o outro mundo possui muitos nomes e pode ser encontrado da mesma maneira que em galês – por cima ou por baixo da água ou entrando na terra. O outro mundo também pode ser encontrado sobre o mar, nas ilhas próximas da costa ou em uma viagem pelo oceano.

Na literatura medieval irlandesa, encontramos os contos *Echtrai* e *Immrama*; o Echtrai significa, literalmente, *aventura*, tem origem pré-cristã e trata da viagem de ida e volta do herói para o outro mundo por meio de uma viagem marítima e, igualmente, com uma alteração de consciência e estado de espírito. O posterior Immrama, também relatos de viagens, é cristão, entretanto mantém motivos pagãos mais antigos, e o outro mundo é um estado intermediário, nem na Terra nem no Céu.

Dessa forma, vemos que o mundo espiritual pode ser acessado no mundo cotidiano mortal, e a interação com ele sempre foi, e é, considerada algo possível ao longo do curso de uma vida normal pelos vivos *e* pelos mortos. Enquanto o ritual para acessá-lo era certamente realizado, também se compreendia que ele deveria ser alcançado por meio de alterações de consciência, e até por erro. O mundo espiritual está aqui e em outro lugar, simultaneamente. O fato de os gauleses descreverem o mundo mortal como parte de um sistema de três mundos animistas ou xamanísticos que podiam ser navegados fisicamente ilustra a crença da dimensão espiritual do mundo físico mortal.

Os deuses eram imanentes na natureza, estavam presentes e à nossa volta, o tempo todo, em vez de residirem em algum lugar distante e abstrato. É por essa razão que ainda somos capazes de acessar os espíritos hoje e podemos nos envolver com eles agora com a mesma autenticidade que havia em qualquer momento do passado.

Aos Sí: nossas amigas além dos campos que conhecemos

É essencial a este trabalho a conexão com os espíritos. Nas várias tradições celtas, em geral, os espíritos são vistos como as fadas, mas, novamente, esse é um termo generalista. As fadas possuem muitos nomes no folclore gaélico ou celta, e raramente são mencionadas de modo direto para não atrair a atenção delas de maneira involuntária. Na Irlanda, elas são conhecidas como *Aos Sí*, Sidhe ou Sith – povos místicos das colinas Sidhe ou *Sid*, túmulos do período Neolítico e da Idade do Bronze, com os quais elas estão intimamente associadas. E dizem, com frequência, que ali fica a entrada para as casas das fadas.

Às vezes, as fadas são conhecidas como *Daoine Sidhe* ou *Daoine Maithe*, o *Povo Bom*. Na Escócia, algumas vezes, são chamadas de boas vizinhas ou as Aristocratas, assim como as de Cortes Seelie e Unseelie. Elas podem viver em sociedades aristocratas ou como indivíduos solitários, mas, em geral, especialmente nas tradições irlandesas, são vistas como traços persistentes de antigos deuses pré-cristãos, os Tuatha Dé Dannan, assim como as vastas nações espirituais da região, que viveram ali muito antes da chegada dos humanos.

Entre os Sidhe, podem ser encontrados os mortos, os antepassados e aqueles que morreram recentemente; assim como aqueles que viajam entre os mundos, seja por vontade própria, seja como resultado do sequestro realizado por alguma fada. O mundo espiritual nunca deve ser abordado sem cautela e cuidado, embora muitos seres espirituais e fadas que estão ali sejam amistosos, muitos outros não são.

Em geral, esses seres são vistos como mais altos que os humanos (mesmo que isso também varie), e sua estrutura social parece ser amplamente hierárquica, com reis e rainhas. No País de Gales, as fadas vivem em Annfn e, igualmente, têm vários nomes, e os mais comuns são Tylwyth Teg e Gwragedd Annwn. Também há um grande número de outras raças de fadas, e algumas delas parecem ter tribos, enquanto outras são solitárias. Algumas estão anexadas a lagos, rios, oceanos ou cavernas e minas antigas.

Às vezes, espíritos da natureza são vistos como parte do reino das fadas e, certamente, eles existem assim como as fadas, embora sejam encontrados com mais frequência no mundo mortal. Outros estão associados a árvores específicas ou são considerados companheiros e guardiões de certas linhagens, como *Bean Sidhe*, literalmente a *fada mulher,* que avisa da morte iminente. Os reinos dos mortos e das fadas, muitas vezes, se entrelaçam, e os espíritos ancestrais também podem ser encontrados no outro mundo ou podem se transformar em fadas, de acordo com seus próprios caminhos.

Muitas de nossas bruxarias e tradições de magia popular dependiam das conexões do praticante com as fadas. Evidências, como os registros de julgamentos de bruxas escocesas, mostram-nos que enquanto um estado e cultura mais amplos poderiam ser chamados de cristãos, efetivamente, o número de pessoas que de fato ia à igreja era, em geral, relativamente baixo. E quando surgiam problemas, particularmente nas áreas rurais, era mais provável que as pessoas, muitas vezes, pedissem ajuda a uma mulher sábia ou a um homem astuto e suas fadas ajudantes, em vez de pedir apoio ao clero.

Muitas vezes diziam que tais praticantes fizeram pactos ou acordos com o rei ou com a rainha das fadas, que lhes atribuíam um ajudante que, por sua vez, ajudaria em seus trabalhos de magia e cura. Em outras ocasiões, dizia-se que essas pessoas fizeram pactos com o Diabo, mas, na prática, a relação e o tom da interação parecem ter sido o mesmo, e *o Diabo* e *as fadas* eram, muitas vezes, utilizados de maneira intercambiável, assim como os termos mulher sábia e bruxa – tais definições, tanto para os bons quanto para os maus praticantes de magia, eram totalmente subjetivas e dependiam muito de uma reputação local positiva contra as acusações de inimigos dentro da comunidade.

A mesma reputação ambígua pode ser vista em relação às próprias fadas, que são conhecidas por serem alternadamente amistosas ou perigosas. A irlandesa *Creideamh Sí*, ou *fada da fé*, remonta a um tempo incrivelmente longínquo. Essa fé gira em torno dos melhores resultados na negociação da relação com nosso parente do submundo para incluir uma série de tabus e etiquetas criteriosas e, assim, evitar ofender as fadas, e também as tradições de propiciação para apaziguar e acumular amizades. Enquanto uma fada amiga pode conceder grandes bênçãos, ofender as fadas é altamente perigoso, e há vários exemplos referentes à sua vingança que resultaram em morte, pobreza e loucura e não atingiram apenas aqueles que as ofenderam, mas toda sua linhagem. Sabe-se que exemplos de vingança das fadas ainda ocorrem nos dias de hoje, especialmente na Irlanda e nas Hébridas Exteriores.

Etiqueta e tabus

A base para trabalhar com as fadas é o *respeito* – elas são nossas nações espirituais, e não pequenas coisas cintilantes que existem nos livros infantis. Nosso folclore e contos de fadas mais antigos têm muito para nos ensinar sobre como trabalhar com esses seres. Em primeiro lugar, devemos procurar um aliado para ser o guia nesse trabalho, e ele negociará com as fadas em nosso nome. Em todos os tipos de trabalhos espirituais, os aliados são tudo – eles nos ajudam a nos mantermos seguros, a navegar pelo outro mundo e interagir com aqueles que encontramos lá.

Também devemos estar aterrados. Esse é um trabalho para pessoas robustas, estar "longe com as fadas", muitas vezes, significa que nos perdemos e fomos encantados por elas. Isso não faz nenhum bem. As fadas são seres muito mais próximos da alma do mundo do que nós, por isso ajuda se assumirmos aquela qualidade terrestre e se aplicarmos uma boa dose de bom senso à nossa prática. E também sermos honestos: você não tem de contar tudo a elas, nem coisas que você prefere manter em segredo. Mas você não deve mentir. Afirme claramente sua intenção e não concorde com nada – não faça pactos ou acordos até você ficar satisfeito por saber qual será, exatamente, o custo daquele acordo.

Outro aspecto importante da etiqueta e do relacionamento com as fadas é o tradicional tabu de não comer a comida delas. As pessoas acham isso difícil, mas ceder sempre causa problemas – ego inflado, *glamour* (quando a pessoa se torna infundada e confusa) e, por fim, ocorre uma perda do poder pessoal, que significa o fim de qualquer trabalho útil de magia ou progressão espiritual. Muitas vezes, a comida é oferecida como um teste, e as pessoas que sucumbem esgotam seus fusíveis psíquicos ou psicológicos com sérios resultados em suas vidas cotidianas e em sua saúde mental. Por isso, tome cuidado – um tabu é um tabu por alguma razão!

Em seguida vem o ferro – nossa conexão com as fadas é talhada com ferro, e todos os metais e tecnologia modernos interferem seriamente nas conexões úteis e positivas. Mantenha a tecnologia e o metal longe de seu trabalho com as fadas, mas, reservadamente, pense onde o ferro poderá ser encontrado caso você precise utilizá-lo para cortar a conexão com alguma fada hostil. Por exemplo, uma ferradura em seu bolso poderá ser muito útil. Por último, vêm os presentes. É uma prática tradicional fazer oferendas às fadas amigas, tais como creme, leite, manteiga, mel ou alimentos cozidos. Essas oferendas podem ser colocadas em um altar ou em algum lugar especial do lado de fora. Deixe-as ali por um dia ou dois antes de descartá-las. As fadas consomem a energia da oferenda, mas o que fica não é bom para o consumo humano. Comer a oferenda será um gesto rude e pouco saudável, já que toda a força vital foi tirada dela. Faça oferendas regularmente, e com generosidade, para construir e manter relacionamentos com seus aliados e suas fadas.

O amor à Terra

A terra é, de muitas maneiras, o centro e o coração da magia natural, pois somos povos predominantemente terrestres. Até as duas últimas gerações mais recentes, vivíamos um relacionamento estreito com a terra, suas estações, seus ânimos e necessidades. Dessa forma, seria impossível para aqueles que vieram antes de nós rejeitar a percepção de que estamos cercados por espíritos. Acreditava-se que eles estavam no solo, por baixo de nossos pés, nas colinas e nas montanhas, na terra lavrada e na madeira natural, na rocha e na pedra, vagando pela Terra e se deleitando nos buracos das colinas.

A palavra galesa para o outro mundo, Annwfn, que significa o *lugar profundo,* é um reino espiritual de fácil acesso por uma viagem marítima feita por baixo dos lagos e rios, ou se caminha até ela pelo solo mortal. O lugar profundo, o outro mundo, é tanto uma forma diferente de ver a Terra e acessar uma consciência diferente quanto é outro lugar físico. Para acessarmos esse lugar, nossa consciência é o que devemos mudar. Esse reino vive ao nosso lado, além de nós e dentro de nós, continuamente, da vida para a morte e além.

É nesse outro mundo que podemos encontrar as fadas, as Daoine Maithe, as Sidhe (irlandês) as Tylwyth Teg (galês), os Elfos (escocês e saxão), as Lucht Sidhe, (irlandês, *os brilhantes*), o povo da paz, assim como um grupo de outros espíritos. Quando considerar a natureza espiritual da própria região, muitas vezes vale a pena reservar algum tempo para realmente contemplar que assim como temos almas ou espíritos, a Terra também tem, e muitos seres que vivem aqui e partilham essa Terra conosco nunca tiveram uma forma física, no entanto, ainda vivem neste reino em sua realidade espiritual... e não em algum plano espiritual distante.

Pois assim como o divino é imanente, inteiramente presente e reside aqui, todos os espíritos, toda a vida, em todas as suas formas também são. O divino está a uma distância muito curta de nossa consciência, perto o suficiente para nos estendermos e tocá-lo, caso consigamos diminuir o ritmo e retomar o contato com nosso eu natural e selvagem.

Maneiras de se conectar com a fé das fadas

Aprenda seus contos e folclores, eles são histórias ricas de sabedoria para lidar com o outro mundo. Conheça sua região, busque lugares com folclore de fadas ou que pareçam especiais para você. Caminhe ao luar, na aurora e ao entardecer, os momentos liminares do dia. Siga os ciclos da natureza, honre a Roda do Ano. Coma alimentos locais e sazonais. Não carregue ferro ou tecnologia. Crie um altar ou um lugar sagrado para a comunhão com os espíritos. Faça oferendas para as fadas, e outros espíritos, de alimentos cozidos, manteiga e creme. Escreva ou leia poesia, contos antigos ou música para partilhar com sua comunidade. Recite seus poemas e contos, ou cante canções como oferendas às tradições selvagens; mesmo que você não sinta sua presença, eles estão ouvindo. Seja paciente. Caminhe delicadamente pela vida. Abra seu coração e sua mente. Chame-os no vento. Um dia, eles o cumprimentarão como um amigo.

Os espíritos da Terra

Há uma grande variedade de seres e espíritos terrestres, fadas e outras coisas selvagens que transitam entre o outro mundo e essa Terra mortal. Eles são encontrados por meio da experiência, notando o que os outros desconsideram, procurando lugares tranquilos, cuidando, com o tempo, de um pedaço de terra e buscando a amizade das fadas.

Nossos mitos, folclores e lendas estão repletos de contos sobre aqueles que os encontraram muito antes de nós. Na verdade, eles ainda estão aqui, caminhando pela terra na aurora e no entardecer, dançando na luz e nas sombras das árvores ao vento, dormindo em cavernas, no poço das minas e protegendo nossos antepassados em seus montes e dólmens.

Aqui está uma lista de apenas algumas fadas individuais que podemos encontrar na Terra:

Os Knockers

Os *knockers* são espíritos terrestres intimamente associados às minas de estanho da Cornualha. Dizem que eles mostram aos moradores locais boas cargas de minério por meio de luzes cintilantes nas profundezas da mina. E sua batida, de onde vem o seu nome, diziam que era para avisar os mineiros de algum perigo. Como todos os espíritos, os *knockers* exigem ser tratados com respeito, ou pedirão vingança, embora sejam gentis com aqueles que deixam oferendas para eles. No passado, os mineiros sempre deixavam uma parte de sua refeição para os *knockers*, como agradecimento pela sua amizade. Mas continue lendo e conhecerá um mineiro do folclore da Cornualha chamado Tom Trevorrow, que irritou os *knockers*.

Contos tradicionais
Tom Trevorrow (Cornualha)

Tom Trevorrow, enquanto trabalhava na mineração subterrânea, ouviu os *knockers* mesmo diante de si, e disse a eles, mais ou menos, "para se calarem ou irem embora". Logo em seguida, uma chuva de pedras caiu à volta dele, de repente, dando-lhe um susto terrível. No entanto, ele parece ter se recuperado rapidamente e, logo depois, enquanto jantava, um grupo de vozes estridentes cantou:

Tom Trevorrow! Tom Trevorrow! Deixe um pouco do seu Fuggan[6] *para os bucca,*[7] *ou amanhã você terá azar!*

---
6. Fuggan: Um bolo de passas popular entre os mineiros, para o almoço.
7. Bucca: Fada brincalhona, altamente reverenciada na Cornualha e, aqui, considerada a líder dos *knockers*.

Mas Tom não ligou para as vozes e comeu cada migalha, e então os *knockers* alteraram sua canção para:
Tommy Trevorrow! Tommy Trevorrow! Amanhã lhe enviaremos azar; seu velho rabugento, comeu todo o fuggan.
E não deixou nem um *didjan*[8] para os bucca.
Depois disso, um azar tão persistente seguiu Tom Trevorrrow que ele foi obrigado a abandonar a mina.[9]

O Bucca/Bucca/Pwca/Pooka (Cornualha/País de Gales/Irlanda)

Às vezes visto como um duende ou outro tipo de fada, o bucca também é reverenciado como um deus ou espírito poderoso por muitas bruxas da Cornualha. Nesse país, o bucca, ocasionalmente, é visto como um tipo de deus ou rei das fadas, ou um líder dos *knockers*, e sempre deve ser tratado com muito cuidado. Conhecido como transmorfo e brincalhão, ele pode tomar várias formas, mas, em geral, é descrito como, grosso modo, um humanoide com características salientes e completamente negro; ou uma sombra que move rapidamente pelo campo natural.

A Glaistig

A Glaistig é geralmente vista como um espírito tutelar, aquele que supervisiona uma família ou um pedaço de terreno. Seu nome deriva do gaélico para cinza, *glas*, sendo geralmente descrita como uma mulher cinza e magra, com cabelo claro comprido e um vestido verde. Às vezes, ela é chamada de *Glaistig Verde* (*Ghlaistig uaine*), e seu vestido verde indica sua natureza de fada. Muitas vezes, dizem que ela foi, outrora, uma dama fina, a senhora da casa que foi tomada como fada e recebeu uma natureza de fada. Dizem que ela cuida e oferece proteção especialmente àqueles que são tolos ou fracos de espírito, pois ela tem muita força, embora possa causar problemas a quem a desrespeite. Como a Bean Sidhe, ela possui um grito que pode ecoar até as colinas distantes, anunciando tempos de alegria ou tristeza para a família que ela supervisiona.

---

8. Didjan: Um pouquinho de comida. Significando aqui nem um pedacinho de bolo ou uma oferenda.
9. Margaret Ann Courtney, *Cornish Feasts and Folk-Lore* (AlbaCraft Publishing, 1886. Edição Kindle), p. 70.

Fenodyree

Tradicionalmente uma fada espírito da Ilha de Man, um Fenodyree (às vezes escrito phynnodderee, fynnoderee ou fenodcreee) é um homem pequeno e peludo, muitas vezes chamado de duende ou ser parecido com um fauno. Como o brownie escocês, o Fenodyree, geralmente, é um espírito amigável, e quando tem vontade, ele é conhecido no folclore por ajudar em tarefas que requerem muita força ou resistência, tais como transportar pedras em longas distâncias ou cortar a grama de um campo inteiro. Às vezes, ele é chamado de *yn foldyr gastey – o cortador de grama ágil*, por essa razão. O Glashtin, conhecido apenas no sul da Ilha de Man, pode ser o mesmo tipo de espírito de fada que o Fenodyree.

O Brownie e o Brùnaidh

Geralmente, os brownies são espíritos domésticos amigáveis que cuidam da casa e das terras à sua volta. Eles são famosos, especialmente, pelo seu trabalho agrícola. Fazendas que têm a sorte de possuir um brownie deixam oferendas para eles com os vários produtos que a fazenda cultiva ou faz e, em troca, eles ajudam com a fermentação, desnatação do leite, colheita e semeadura das plantações. Em uma pequena ilha, hoje desabitada, chamada Vallay, perto de Uist, fica uma pedra chamada de Brownie, que recebia uma oferenda de leite todos os domingos.[10]

Como o Gruagach, o Brownie nunca deve receber qualquer tipo de roupa como agradecimento, pois isso é uma ofensa muito grande e fará com que eles desapareçam e abandonem a casa para sempre. Outro nome para o Brownie é Brùnaidh, embora este ser seja um pouco diferente pois ele era, em geral, conhecido como um espírito malicioso a quem não se deve agradecer de forma alguma por sua ajuda, mas ele aceita oferendas de leite. O Brùnaidh insistia para que todas as portas permanecessem abertas para ele não causar muitos problemas, fazer os cachorros latirem ou derrubar baldes de água pela casa. Em alguns lugares, os cachorros tinham de ser deixados do

---

10. Martin Martin, *A Description of the Western Islands of Scotland* (London: A. Bell, 1776), reeditado em versão Kindle (AlbaCraft Publishing, 2013), localização 787.

lado de fora durante a noite, ou dizia-se que o Brùnaidh os mataria. Ele atacava violentamente quem fizesse bagunça na casa durante a noite ou se aproximasse dela com más intenções.[11]

Os Brownies e os Brùnaidh são versões posteriores dos antigos deuses domésticos que eram venerados perto da lareira ou em um altar ou santuário especiais. Enquanto esses contos populares envolvem, geralmente, exemplos de fazendas maiores e até residências imponentes, todas as casas têm seus espíritos domésticos que estão intimamente ligados à terra onde a casa foi construída; e eles viviam ali muito antes da chegada dos humanos.

Fazer amizade com esses espíritos por meio de oferendas de leite ou outro laticínio, com gestos de cuidado com a casa e com o terreno adjacente pode ajudar na construção de um relacionamento profundo e frutífero com eles. Quando considerar espíritos que parecem desempenhar algum tipo de função doméstica, é sempre útil lembrar que a região, e os espíritos que residem nela, têm uma história muito mais antiga que qualquer edifício. Para abençoar ou limpar as energias da casa, devemos, principalmente, cuidar da própria região.

Gruagach

Alguns contos das Terras Altas da Escócia descrevem o Gruagach como um homem peludo e selvagem que ensina habilidades com a espada, ou então um guerreiro com cabelo comprido. Porém, a maioria dos contos descreve o Gruagach como sendo uma fada mulher e loira, muitas vezes portando um chapéu cônico. Ela supervisiona o gado e cuida dele lançando sua magia protetora sobre os animais. Em geral, os Gruagach recebiam uma libação de leite vertido sobre as especiais *clach na gruagaich* ou pedras Gruagach. Normalmente eram pedras baixas com superfície plana, descritas hoje em dia como *glaciais erráticas* que se destacam das pedras locais em determinada área, em geral por causa de sua geologia diferente

---

11. John Gregorson Campbelll, *Superstitions of the Highlands and Islands of Scotland* (Glasgow: James MacLehose and Sons, 1900) reeditado em Kindle (Albacraft Publishing, 2012), 2117.

e posicionamento incomum. Muitas pedras Gruagach possuem um leve declive ou uma tigela formada naturalmente, como uma cavidade sobre elas, e era utilizada para as oferendas. Essas pedras foram encontradas por toda a Escócia e pelas Hébridas, até a Ilha de Arran, Islay, Ilha de Mull, Tiree, Iona, Harris, Ilha de Lewis, Cawdor, Culloden e Lochaber. Uma rima especial era cantada, ou entoada, quando a oferenda era feita.

> A ghruagach, a ghuruagach,
> Cum suas mo spreidhe,
> Cum sios an Guaigean,
> Cum uap na Geige.
> Brownie, brownie,
> Defenda os meus rebanhos,
> Contenha os Guaigean
> Mantenha-os separados dos Geige.[12]

(Nota: Os Guaigen e os Geige são espíritos ligados à morte ou que levam a morte àqueles que eles tocam).

Contos Tradicionais
A Gruagach de East Bennan (Escócia)

> A Gruagach vivia em East Bennan, em uma caverna que ainda é chamada de "uamh na gruagaich" – caverna de Gruagach, e "uamh na beiste" – caverna do monstro. Ela arrebanhava o gado da *townland* de Bennan. E nenhuma perda, morte, incidente, morrinha, jamais aconteceu aos animais, enquanto eles cresciam, engordavam e se multiplicavam muito bem.
>
> A Gruagach aparecia com o sol radiante, seu cabelo dourado esvoaçando na brisa da manhã, e sua voz intensa preenchendo o ar com melodia. Ela esperava em um outeiro relvado distante, até as pessoas trazerem suas "creatairean", criaturas, entoando em voz baixa uma canção

---
12. Alexander Carmichael, *Carmina Gadelica Vol. II* Edinburgh: T. and A. Constable, 1900), 306. <http://www.sacred-texts.com/neu/celt/cg2/cg2111.htm>.

de embalar e dando passos para a frente e para trás. O seguinte fragmento é uma de suas canções:
Ho, hi, ho! mach na boidhean,
Boidhean boidheach brogach beanmach,

Ho, hi, ho! mach na boidhean.
Crodh Mhicugain, croch Mhiceannain,
Crodh MhicFhearachair mhoir a Bheannain,
Ho, hi, ho! mach na boidhean.
Corp us carn air graisg na Beurla,
Mharbh iad orm mo cheile falaich,
Ho, hi, ho! mach na boidhean,
Ruisg iad mi gu ruig mo leine,
Struill agus streuill mo leannan,
Ho, hi, ho! mach na boidhean.
Oidhch an Arainn, oidhch an Ile,
'S an Cinntire uaine a bharraich,
Ho, hi, ho! mach na boidhean'.
Ho, hi, ho! Leve o kine, [13]
Belo gado com casco e chifre,
Ho, hi, ho! Leve o kine.
As vacas de MacCugan, as vacas de Mackinnon,
As vacas do grande Macfarquhar de Brennan,
Ho, hi, ho! leve o kine.
Eles tomaram a minha vez,
Eles agrediram e machucaram o meu amante,
Ho, hi, ho! Leve o kine.
Uma noite em Arran, uma noite em Islay,
E no verde Kintyre das bétulas,[14]
Ho, hi, ho! Leve o kine.

O povo de Brennan ficou tão satisfeito com o cuidado delicado que a Gruagach teve com seu milho e seu

---

13. Kine – gado.
14. Bennan fica na costa oeste da Escócia. Arran e Islay são ilhas nas Hébridas, e Kintyre é uma península no sudoeste da Escócia. Todos esses destinos são relativamente perto uns dos outros.

gado que resolveu dar-lhe uma roupa de linho para cobrir seu corpo, e sandálias para cobrir seus pés. Eles colocaram esses objetos em um outeiro perto da Gruagach e observaram de longe. Porém, em vez ficar agradecida, ela ficou ofendida, e ressentiu tanto a intrusão que ficou determinada a abandonar aquele distrito. Ela colocou o pé esquerdo em Ben Bhuidhe, em Arran, e o pé direito em Allasan, Ailsa Craig, fazendo desta um trampolim para atravessar até o continente da Escócia ou da Irlanda.

Enquanto a Gruagach completava o gesto de mover o pé esquerdo, um navio de três mastros passou por baixo, e o mastro principal feriu-a na coxa e jogou-a no mar. O povo de Brennan lastimou a morte da Gruagach por muito tempo, de forma ruidosa. Eles lamentaram a intromissão que cometeram.[15]

Prática
Buscando uma fada amiga

Conquistar aliados conhecidos como *Co-Choisiche* ou *Coimimeadh* (em gaélico escocês, "aquele que caminha com você", ou "co-viajante") e outros contatos espirituais, quando trabalhar com fadas e o outro mundo, é muito importante. O mundo espiritual, em suas várias formas, não é positivo nem negativo, em vez disso funciona como um grande caldeirão que transforma e evolui. Ele representa as energias profundas da Terra, a alma da própria Terra. Aqui, você pode interagir com a consciência daqueles que vivem nos reinos da superfície do plano material. Esses reinos podem ser lugares excelentes para a cura e para aprender sobre você mesmo de uma forma mais profunda. Porém, é fácil se perder nos reflexos infinitos de nossa consciência, que poderemos encontrar ali sem um guia ou um amigo.

Da mesma forma, nem todos os seres espirituais e fadas que encontramos são amigáveis. Alguns podem não ter nenhum interesse em nós, e outros podem ter intenções prejudiciais por diversas

---
15. Carmichael. *Camina Gallica*. Vol. II, p.308.

razões. A humanidade nem sempre foi boa para a Terra, ou respeitosa com os espíritos. Enquanto alguns seres espirituais podem ter uma natureza maligna, é mais comum encontrar seres ressentidos, desconfiados, que precisam de cura ou um sinal de que pretendemos honrá-los e restabelecer entre todos nós os laços sagrados que uma vez existiram (e ainda existem, de muitas maneiras).

Embora seja importante ser cauteloso, o outro mundo celta não é um lugar para temer – ele é, no entanto, um lugar para respeitar e estimular nosso autoconhecimento, assim como o conhecimento vital de que encontramos ali seres espirituais em seu próprio direito, e não apenas aspectos de nós mesmos. Nem tudo existe para nos servir ou nos ajudar. Por isso, devemos ser como viajantes independentes que estudam o terreno (e a língua, se possível), buscam um guia e mantêm os olhos abertos.

Tente o seguinte exercício para se conectar com os reinos das fadas do outro mundo celta e buscar um aliado ou uma fada amiga para ajudá-lo.

Sente-se confortavelmente, de preferência na natureza, em algum lugar onde você não será perturbado ou em algum lugar sagrado interno. Acomode-se e faça três respirações lentas e profundas. Tente sentar-se com as costas eretas, seja com as pernas cruzadas ou seus pés assentes no chão. Genuinamente, sintonize com a terra que está por baixo de você. Lembre-se que, basicamente, você faz parte de um ecossistema e de um organismo do tamanho de um planeta. Respire lentamente com a Terra, permitindo que ela envolva e sustente seu corpo. Um pouco depois, comece a inspirar essa conexão com a Terra para dentro do seu corpo – em sua visão interior, perceba-a como sendo a seiva vivificadora, ou uma luz verde dourada. Permita que ela preencha seu corpo, seu campo de energia, sua alma ou aura, lentamente. Reserve bastante tempo para isso.

Com sua visão interior, imagine, na sua frente, um arco formado por dois carvalhos e um caminho de pedras claras que conduz a uma floresta que está diante de você. Essa floresta é um lugar amplo e atemporal, a grande floresta boreal de espíritos que abrange todos os tempos e atravessa todas as terras do Norte, desde a Sibéria até a

Escócia, Canadá e Mongólia. Todas as coisas podem ser encontradas ali, pois a floresta é rica em segredos e maravilhas.

Primeiro, contemple o caminho diante de você; em sua mente, estabeleça a intenção de procurar uma fada aliada. Diga em voz alta, para o bosque à sua frente: "Venho com amizade e respeito, procurar um guia para o reino das fadas, e um aliado neste lugar!" Utilize suas próprias palavras, da forma que preferir. Olhe para seus pés descalços no caminho e comece a andar entre as árvores. Observe a sensação do ar e da aparência da luz – é dia ou noite? Aurora ou crepúsculo? Permita que a visão diante de você cresça em profundidade e detalhe.

Conforme segue o caminho, você é, progressivamente, conduzido a uma larga encosta entre as árvores. O caminho à sua frente curva-se e arqueia, e você sente que pode estar subindo uma colina por uma espiral, para cima, para cima, à volta e à volta. Você ouve o som de cascos no caminho e vê um clarão branco adiante. Por um momento, vislumbra a forma delgada de um veado branco saltando e correndo diante de você, ao longe. Era um veado ou uma corça?

Você começa a sentir uma mudança na atmosfera e, de vez em quando, quase ouve uma música ao longe que parece desaparecer assim que presta atenção. Você continua pelo caminho até ver um grande monte de terra erguer-se à sua frente, em meio às árvores. Seja dia ou noite, o monte parece brilhar com sua própria luz especial, muito distinta da área circundante.

Conforme se aproxima do monte, você vê uma figura sentada, calmamente, perto das árvores. Será esse o seu aliado? O que seu coração sente? Sua intuição? Você pode se aproximar da figura, ou ela de você. Diga que você vem com amizade e respeito, em busca de um aliado. Como a figura responde?

Encontrar seu aliado pode ser simples e bem-sucedido em sua primeira visita, ou você deverá retornar a esse lugar várias vezes até encontrar o guia certo para si, que você poderá invocar para o trabalho de visão interior, conforme caminha pela região, ou para qualquer outra atividade. Uma fada aliada é uma grande coisa e deve ser estimada, mas ela não deve ser forçada. Boa sorte e bênçãos em sua busca!

Se o ser diante de si for um aliado, você sentirá que a conexão e a conversa são claras e se desenvolvem bem. No entanto, você não tem obrigação de aceitar um aliado que não sente que seja o ideal. Se as coisas correrem bem nessa ocasião, pergunte um pouco sobre como aprender acerca das fadas e do outro mundo, e como construir sua conexão com seu aliado. Porém, se muitas perguntas não parecerem claras, não se apresse. Confie no processo, já foi um bom começo, e retorne em outra ocasião. Após algum tempo, será o momento de regressar pelo caminho na floresta. Agradeça ao seu aliado e retorne para seu corpo, repetindo a rota ao contrário, sem desviar do caminho.

Faça algumas respirações profundas, sentindo o ar em seus pulmões e o sangue em suas veias. Abra os olhos e mexa os dedos dos pés e das mãos para se sentir totalmente de volta ao seu corpo.

O *fetch* ou coviajante

O *fetch*, às vezes conhecido como *Taise* (irlandês) ou *Coimimeadh* (gaélico escocês que significa "coviajante" ou "cocaminhante") é um aliado que sempre esteve com você ao longo da vida, embora você não saiba. Ter uma relação consciente e clara com seu *fetch* é algo profundamente pessoal e poderoso, e marca certo nível de autoconhecimento e claridade psíquica.

Muito parecido com o cocaminhante, ou *Coimimeadh* descrito pelo reverendo Robert Kirk em seu excelente tratado sobre a fé das fadas escocesas, *The Secret Commonwealth of Elves, Fauns and Faeries*, o *fetch* pode assumir qualquer forma, mudar e alterar de formas sempre que quiser. Sendo, em geral, uma fada de algum tipo, o *fetch* é seu aliado espiritual para toda a vida que vivencia alguma extensão do mundo mortal por, literalmente, caminhar com você na vida. Em troca, eles poderão ajudá-lo com padrões mais profundos ou de longo prazo e com o crescimento espiritual. Um *fetch*, ou cocaminhante, pode, realmente, ser um aliado útil. Sua presença pode ser sentida poderosamente, ou ele pode, simplesmente, dar-lhe uma indicação sutil de que você está acompanhado, de alguma forma, em certos momentos de sua vida, dependendo da relação que construir com ele.

Não há uma tradição estabelecida de como esses aliados trabalharão com você, pois todos somos diferentes, mas trabalhar com um *fetch* pode ser uma magia poderosa que suscitará mudanças reais. Trabalhar em conjunto também pode ajudar o praticante com desafios ao longo da vida e mesmo ampliar a evolução da alma.

No folclore irlandês, diz-se que o *fetch* tem a exata aparência da pessoa que ele acompanha, e quando visto (em geral a distância por alguém que sabe que a pessoa está, na verdade, a quilômetros daquele lugar), dizem ser um presságio de sua morte.

No entanto, há muitos outros relatos, em primeira mão, que dizem que um *fetch* é visto, e não é isso o que acontece; já vi vários *fetches* ao longo dos anos e nenhum deles anunciou uma morte. Em vez disso, um *fetch* pode ir a algum lugar antes da pessoa que ele acompanha para verificar a área previamente, trazer algo de lá, ou alertar quem os vê ali de que a pessoa com a qual ele se parece precisa de ajuda ou visitará em breve.

Prática
Invocando o *fetch*

Todos já passamos por aqueles momentos em que sentimos que alguém está mesmo ao lado ou atrás de nós. Essa presença, geralmente, é seu *fetch*, embora essa não seja a única interpretação. Em outras ocasiões, um *fetch* pode aparecer em seus sonhos ou você pode, repetidamente, ver uma imagem em seu cotidiano que suscita uma comoção emocional mais profunda e invoca a presença dele. A relação com o *fetch* é algo que as pessoas, em geral, só se tornam conscientes conforme envelhecem. As muitas vezes em que elas sentiram a presença, ou sonharam com o *fetch*, tornam-se compreendidas como um padrão que toma forma ao longo dos anos.

O *fetch* é o principal espírito que pode ajudá-lo a recuperar instintos e intuições perdidos não apenas para si mesmo, mas para toda sua linhagem. Com ele, você pode curar padrões antigos que persistem ao longo de gerações, pois o *fetch* pode ter ajudado algum dos seus antepassados antes de você. Ao estabelecer uma relação estreita com esse espírito, você poderá sentir seu eu interior natural retornando para ajudá-lo em sua caminhada pela vida com um sentido de equilíbrio e conexão interna que, anteriormente, era impensável.

Inovar seu *fetch* leva tempo, e o esforço terá melhores resultados com seu coração como líder e instrutor principais. Faça oferendas ao *fetch*, talvez reserve um lugar especial em sua casa para deixar as oferendas; também coloque coisas que invoquem o sentimento mais profundo que surge com a presença dele. Quando encontrar momentos em seu dia que estiver sozinho, fale com ele como se fosse um amigo da vida toda, e esteja atento ao toque sutil de sua presença.

Mantenha um diário de sonhos e registre seus sonhos com a sensação de que, talvez, eles tiveram muitas formas ao longo do tempo, mas foi o mesmo sentimento todas as vezes. Corteje seu *fetch* como se fosse uma alma mais baixa, ou sua própria alma – afinal, ele carrega seus desejos, planos e conhecimentos mais profundos de uma vida para a outra. Trate-o com paciência e cortesia, pedindo que ele se deixe conhecer, e trate-o com honra e cuidado.

No devido tempo, ele se mostrará cada vez mais, e você poderá acessar sua sabedoria com maior facilidade e clareza. Não há um mapa para essa prática, pois se trata da relação mágica mais profunda, e você deve recorrer ao seu eu mais autêntico para essa tarefa, sem projeções ou ideias preconcebidas.

Dois
Terra

Nas tradições celtas, a triplicidade da Terra, mar e céu, ou ar, vista como três reinos (sendo que o quarto elemento, o Fogo, é visto como sagrado, porém separado) repete-se com frequência na tradição sobrevivente. Por essa razão, exploraremos as tradições de cada reino e elemento separadamente, começando com o elemento e o reino da Terra, da manifestação e da vida material assim como as rochas, o solo e o próprio Planeta Terra.

Magia terrestre, consciência terrestre

A Terra tem sido o repositório de tanta negatividade nos últimos séculos, com todo o dano ambiental e desrespeito que ela suporta. Ela tem sido vista como algo sujo, grosseiro, algo do qual o buscador espiritual deve ascender ou escapar. Esse ponto de vista justifica muito horror e destruição.

Antigamente, nações ao redor do mundo honravam a Terra como uma deusa, doadora de vida, a fonte de todas as coisas, a base da sabedoria e da beneficência, porém não é mais assim. A Terra se tornou, aos olhos da humanidade, um recurso para ser abusado para um benefício em curto prazo. Ao retornar a essa visão do espírito interior da Terra, sua divindade sempre presente e incorporada, podemos nos afastar bastante dessa ignorância e entrar novamente na consciência. Podemos alterar as raízes de nossa conexão com a Terra de utilizadores e abusadores para filhos amorosos e cuidadores, mais uma vez.

Se honrarmos a Terra, poderá acontecer uma alteração fundamental em nossa consciência, uma mudança que poderá incitar e inspirar nossa habilidade de mudar nossas vidas materiais e encontrar soluções, grandes e pequenas, para corrigir o prejuízo.

Poderemos curar as feridas que infligimos. O foco aqui não é culpa ou vergonha, mas poder e responsabilidade – todos os dias, cada geração tem a oportunidade de mudar. Esta é nossa vez, nossa oportunidade.

Formas de se conectar com a Terra e sua alma residente

Caminhe descalço, plante árvores, medite enquanto estiver sentado no chão, crie *land art*, calcule sua pegada de carbono e tome ações práticas regulares para reduzi-la. Tire o lixo da sua região. Mude para eletricidade verde ou instale painéis solares em sua casa. Reduza as viagens de carro. Reduza, ou elimine, o uso de plásticos. Plante sua própria comida. Compre localmente. Recicle. Recicle. Recicle. Honre a Terra viva e qualquer biodiversidade.

Prática
Construindo relacionamentos

Em geral, um relacionamento com a Terra significa conhecer realmente sua paisagem e passar o máximo de tempo que você puder na natureza, mesmo que isso signifique ir ao parque ou a um pequeno bosque local. A maioria das cidades possui alguns espaços verdes que podem ser explorados ao máximo. Os espíritos da Terra, que vivem em áreas construídas, em geral respondem bem aos sinais de cuidado e conexão. Melhor ainda é passar tempo em locais remotos e selvagens.

A conexão com a Terra requer tempo. Os espíritos da Terra não devem ser apressados, e é necessário paciência. Realmente reserve tempo, aprendendo sobre a região à sua volta, sua flora e fauna, como os rios e os mananciais viajam pela região, se houver algum. Como eles se alteram ao longo das estações e quais são seus padrões de crescimento e declínio, como eles respondem a climas diferentes e, claro, como as diferentes áreas da paisagem se sentem. Permita que cada parte da região em seu entorno mostre seu caráter, energia e presença únicos.

Após certo tempo, áreas da paisagem que dão a sensação de possuir mais magia ou espíritos moradores se tornarão, gradualmente, aparentes. Procure lugares perto da água, ou entradas para a terra, mas, da mesma forma, procure lugares com uma beleza especial ou com uma luz de qualidade. Pode ser qualquer lugar em que você apenas se sinta bem, ou algum local com uma árvore especial ou uma vista magnífica... Às vezes, é um local em que o jogo entre luz e sombra cria um belo efeito, ou um riacho que canta uma canção especialmente bela conforme você passa por ele, ou um lugar onde você nota os pássaros empoleirados ou cantando ao entardecer. Permita que sua sutil intuição interior e uma atração pela beleza revelem um local para você.

Da mesma forma, procure por locais que pareçam mais sombrios ou tristes. Há lugares que precisam do seu cuidado. Toda paisagem é diferente, e dedicar tempo para conhecê-las, como você faria com um grupo de amigos, requer tempo e sensibilidade. Não projete muito de suas próprias ideias na região, mesmo que ela possua um folclore interessante ou famoso. Permita que a natureza única dessa região fale com você da maneira dela. Você pode muito bem achar que as lendas e histórias de determinado lugar soam verdadeiras quando você passa a conhecê-lo melhor. Porém, não vá até esse local com ideias preconcebidas. Deixe que ele se revele a você com o tempo, caso ele assim decida.

Se você sentir que encontrou uma área com uma magia ou percepção especiais, preste mais atenção a ela, e passe mais tempo ali. Quando for pela primeira vez, não leve planos – apenas visite regularmente, e dedique seu tempo e paciência ao lugar. Aprenda a perceber seus detalhes.

Um pouco depois, você pode decidir se levará oferendas ao local – uma pequena canção ou um pouco de creme derramado no sopé de uma árvore, talvez. Certifique-se de que a oferenda é biodegradável e não seja prejudicial. Um presente como comida para pássaros é bom, ou você pode se dedicar a limpar a sujeira por onde passa. Ofereça seu tempo à Terra – os espíritos sempre notam essas coisas.

Por fim, quando parecer o momento certo, veja se você é capaz de se conectar com o espírito residente, com o *genius loci* ("espírito do lugar"), ou outro ser guardião e cuidador. Encontre um local e sente-se confortavelmente. Realmente desacelere, acalme sua mente e respire de forma lenta e profunda. Sinta a Terra abaixo de você, e o Céu acima.

Tente observar, conforme respira, os cheiros à sua volta; o aroma da terra, a água, as árvores – elas estão em folha ou galhos de inverno? Como o vento se move enquanto você está sentado ali, ele chega até você, o local é fechado e protegido por plantas ou possui características geográficas de uma colina ou de um barranco? Como é estar sentado ali?

Agora, suavemente, tente estender sua consciência para fora de você, e permita-se reconhecer as presenças espirituais à sua volta – você pode não as sentir de forma explícita, mas aceite que elas estão presentes.

Feche os olhos e respire lenta e profundamente, mantendo a sensação de estar totalmente presente, o máximo que puder. Peça a essas presenças espirituais que se aproximem e se revelem a você. Declare que você vem em amizade e respeito, e para aprender com eles como é a região, de acordo com a perspectiva deles. Comunique-se com esses seres de maneira honesta e simples, e aguarde a resposta. É sempre melhor utilizar suas próprias palavras, mas tente estas como exemplo:

"Espíritos guardiões deste lugar. Em venho em amizade, mostrem-se, para que eu possa aprender os vossos caminhos".

Continue respirando lenta e profundamente. Mantenha aquela sensação de equilíbrio interior e presença. Permita que seus sentidos se estendam ao seu redor. Você pode sentir uma presença à sua volta ou por trás, poderá sentir um sopro do vento em seu rosto ou notar que uma folha flutuou até seu colo. Do mesmo modo, você deve ter a clara sensação de um ser pronto para se comunicar com você com palavras ou outros gestos. Esteja aberto a todas as possibilidades, permita que tudo que você vivencia seja uma forma de comunicação para você interpretar com seu conhecimento interior, seu coração ou sua barriga, em vez de sua mente.

Permita que a experiência seja da maneira que for. Agradeça aos espíritos claramente. Deixe novamente uma oferenda para eles, ou mostre outra forma de atenção pelo lugar. Repita o exercício quando retornar ali. Essa técnica evolui e cresce de acordo com a própria Terra. Demora, mas, por fim, ela florescerá em uma clara sensação de relacionamento, uma via de duas mãos para a comunicação e para a comunhão.

As pedras das bruxas

As pedras das bruxas são seixos ou pedaços de pedra com buracos que surgem nelas naturalmente e são encontradas pelo caminho. Elas são encantos antigos e poderosos para a proteção, e também ajudam a ver espíritos e fadas de todos os tipos. As pedras das bruxas funcionam como portais para outros reinos quando colocadas diante do olho e vemos através delas. Utilizadas dessa forma, uma pedra de bruxa permite que o praticante veja coisas, normalmente, invisíveis.

Espíritos de todos os tipos podem ser identificados, assim como ferimentos energéticos e outros fenômenos, como tiro de elfo – quando o campo energético, ou o corpo físico, de alguém foi ferido por uma arma espiritual ou por flechas de elfos. O espírito da pedra de bruxa deve ser sempre honrado como um espírito terrestre por direito próprio, e deve ser lembrado como um amigo. Possuir uma pedra de bruxa é uma bênção poderosa. Pendurada na porta por uma fita vermelha, ela se transforma em um poderoso guardião que não permitirá que nenhuma animosidade passe por ela.

Interpretando o natural

Sentir-se realmente em sintonia com a natureza ao seu redor pode levar tempo, prática e boa observação. Conhecer todos os animais e plantas que frequentam a região à sua volta pode demorar, mas abrirá outro mundo de interconexões que é uma prática mágica e espiritual por si só, e envolve sua vida espiritual e o mundo cotidiano ao seu redor. Dessa maneira, o próprio mundo pode se tornar uma ferramenta de adivinhação, e você achará que navega pelo seu dia de acordo com as dicas e direções que a grande teia da vida revela para você.

Prática
Consciência da natureza

Sente-se em algum lugar na natureza e tente apenas estar ali, em silêncio, por 20 minutos. Use esse tempo para estar tranquilo e observe todas as coisas vivas ao seu redor – todas as plantas e árvores, cada animal e inseto. Repita esse exercício uma vez por semana ou uma vez por dia (caso seja possível), e repita também ao longo de toda uma estação do ano ou, melhor ainda, o ano inteiro. Quanto mais tempo você estiver sentado em silêncio e sossegado, mais os animais relaxarão e se revelarão.

Gradualmente, você sentirá as mudanças e alterações, e as coisas que se mantêm inalteradas. Alguns elementos se apresentarão como o ponto central em determinada área, ecológica e energeticamente, e outras ganharão proeminência durante certo período. Por exemplo, você notará que alguns pássaros adoram determinada árvore, e em outra árvore, você verá um enxame de um inseto em particular, mas apenas por uma estação. Tente fazer esse exercício na aurora ou ao entardecer, e perceba a mudança entre as criaturas diurnas e noturnas.

Tento me dedicar a essa prática todos os dias, quando posso, e fui abençoada ao ver um rebanho inteiro de veados selvagens passar por mim, alimentando-se calmamente enquanto estava sentada, em silêncio. Os animais selvagens britânicos são muito nervosos, pois não temos muitos espaços selvagens amplos, mas enquanto estava sentada, texugos fungaram e brincaram aos meus pés.

Tenho um lugar favorito para me sentar, ao lado de um velho carvalho onde as corujas fazem seus ninhos; observei-as chegando em casa e saindo para caçar, sem nenhum distúrbio, e perto o suficiente para tocá-las. As corujas, por exemplo, são espíritos aliados poderosos, e se conectar com elas dessa forma cria um laço que nos ajudará muito na vida cotidiana e no trabalho espiritual. As corujas também nos lembram que vivemos em um mundo maravilhoso, repleto de sua própria magia viva.

Sentar-se tranquilamente reduz muito o susto que o animal terá ao vê-lo naquela área, e tudo que você verá será maravilhoso. Aos poucos, notará as diferenças e as localizações do canto dos pássaros, dos ninhos e tocas, pequenos roedores correndo para casa com comida, e animais maiores, como os veados que, em geral, passam despercebidos apesar de seu tamanho.

Você também notará quais pássaros toleram-se uns aos outros e quais não, e mesmo como uma área muda quando pessoas ou um predador chegam ou partem. Você também começará a notar todo um grupo de outros detalhes que são únicos da sua região e que, de outra maneira, não veria. Em determinado momento, verá que pode reconhecer certo tipo de árvore pelo som que o vento faz em suas folhas antes mesmo de vê-la (isso mudará conforme a estação).

Por fim, você saberá quais são os melhores lugares para procurar qualquer planta necessária em qualquer época do ano – não apenas sua localização, mas em que condições e áreas crescem as melhores espécies com a maior energia vital e fecundidade. Você reconquistará seu próprio conhecimento natural da área, seus próprios sentidos e instintos animais e seu próprio lugar no entrelaçado sutil e mágico da Terra.

Prática
A sabedoria da Terra

Quando sentir que conhece sua paisagem muito bem, será possível abrir-se para uma comunicação contínua com a região e permitir que a natureza e seu lugar entre e dentro dela informe-o das alterações energéticas e atmosféricas. Sua paisagem poderá até iluminá-lo em relação a assuntos de sua vida.

Nós e a natureza vivemos em uma relação constante, imersos um no outro, mesmo que sejamos conscientes disso ou não. Essa teia infinita de conexões funciona muito bem, como um sistema vivo de adivinhação, se estivermos sensíveis e presentes o suficiente para perceber os sinais.

Prática
Sentindo a teia

Da próxima vez que estiver na natureza, faça uma caminhada para meditar e simplesmente tornar-se mais consciente das imediações e mais sintonizado com as sutis comunicações e inter-relações entre todas as coisas.

Comece apenas respirando. Imagine, em sua visão interior, a vasta e infinita teia que conecta você a toda a criação, e a tudo que não é criação – a todo o espaço e tempo. Veja-se como um ponto e momento único dentro dessa criação. Não dedique muito tempo a essa parte, caso não lhe convenha. Apenas imagine que você está conectado a tudo ao seu redor, perto e longe, e que vocês são um ponto dentro da teia e também viajam por um único fio condutor.

Conforme faz sua caminhada, esteja silenciosamente atento ao contexto dessa teia e ao fio condutor pelo qual você viaja, e tenha como objetivo se tornar cada vez mais delicadamente consciente de seus pés assentes na terra e do lugar exato da sua presença na Terra – este lugar aqui, onde você está.

Enquanto caminha, permita que sua consciência se mova, suavemente, para além de você, e permita que toda a natureza ao seu redor, por sua vez, seja uma comunicação e uma expressão de *Toda* a teia. Esteja consciente das sensações em seu corpo, do seu plexo solar e, especialmente, de seu coração.

Conforme se move, perceba as mudanças em seu humor e a atmosfera dos locais por onde você caminha, as sutis alterações de luz e temperatura, assim como a presença dos elementos naturais, as rochas e as árvores, por exemplo; o comportamento dos animais e o voo dos pássaros, e também todas as sensações energéticas e espirituais.

Não tenha planos, apenas a consciência aberta de seu lugar na teia e da experiência de testemunhar a expressão da criação à sua volta. Observe a voz da natureza em todas as suas formas e tudo que surge conforme você avança. Não analise, apenas testemunhe – esteja tranquilo e receptivo.

Faça quantas caminhadas conseguir por esse trajeto e, gradualmente, você se tornará consciente dos animais e dos diferentes tipos de árvores e plantas que nunca notou no início. Assim como espaços energéticos e presenças espirituais, fios condutores e caminhos energéticos mais distintos que outros, alguns muito mais delicados e mais sutis.

Essa prática tem muito a ensinar sobre a diferença nas formas como espírito e magia são explicados de maneira racional e com o que, na verdade, estamos nos envolvendo. O que realmente *somos* em relação a todo o restante. Pode ser algo que nos torna humildes, mas também é incrivelmente fortalecedor conforme você começa a aprender sobre a Terra, e ela começa a aprender sobre você. Também é algo muito regenerador.

Você poderá se surpreender ao notar que o ritmo e a disposição do que você vê na natureza pode ser espelhado naquilo que acontece à vida das pessoas, na sua área, naquele dia. Um pouco depois, notará a inter-relação entre as coisas – o voo dos pássaros sobre o rio conforme o mal tempo se aproxima, a dança rodopiante das folhas do outono pelas ruas seguindo o fluxo de uma rajada de vento. Esses podem ser indicadores e sinais de um cenário energético ainda maior, formas de adivinhar acontecimentos mais abrangentes assim como seus assuntos pessoais.

Trata-se de uma arte orgânica, mais do que algo lógico ou linear que devemos aprender, mas você se treinará no conhecimento instintivo que nossos antepassados ancestrais e o que nossos primos animais subestimam.

Prática
Lendo a teia

Digamos que você tem uma reunião importante (de trabalho ou pessoal), ou algo que requer alguma preparação interna. No dia da reunião, qual é a primeira coisa que você vê e ouve quando acorda? Observe os simples detalhes, pois eles são a primeira pista na teia pela qual você viajará ao longo da vida naquele dia. Logo antes de sair, imagine-se partindo em uma teia infinita de informação e conexão entre você e todas as coisas.

Lembre-se de que todas as coisas e possibilidades infinitas nos cercam o tempo todo, com muitas oportunidades para redirecionar nossa rota, sempre que quisermos. Peça agora aos seus espíritos aliados para guiá-lo em direção aos melhores resultados em sua reunião – seja o mais claro possível quando definir o destino que você escolhe para o resultado do seu dia. Faça três respirações profundas para estar centrado e realmente presente.

Seja claro em relação à sua intenção, conforme sai de casa. Quais são os primeiros ruídos que você ouve quando sai? Quais são as primeiras coisas que você vê conforme dá os primeiros passos fora de casa? Não se preocupe, se você vive em uma área urbana ou na cidade, é a mesma coisa.

Conforme viaja, faça-o de forma relaxada. Preste atenção aos cartazes nos ônibus, aos nomes das casas, sinais de trânsito, assim como coisas mais naturais, como as árvores à beira da estrada ou o voo dos pássaros. Não despreze o voo dos pombos ou das gaivotas, a criança que atravessa seu caminho ou a idosa sentada no banco. Permita que eles formem uma narrativa em sua cabeça, cada um deles é um símbolo do processo no qual você se envolve.

À medida que se aproxima de seu destino, torne-se consciente de entrar em uma bolha energética, que é o ambiente para sua reunião – ela pode ser grande, atravessar muitas ruas ou ser do tamanho da sala. Como você se sente quando se aproxima desse novo limite? Permita-se tempo para respirar e fique centrado, guardando essa nova informação como se fosse o conselho de um amigo.

Prática
Kit de adivinhação natural

O conhecimento íntimo de sua paisagem pode ser útil de muitas maneiras. Um relacionamento mais próximo com sua região significa um relacionamento mais próximo com os espíritos, caso você consiga trabalhar com eles claramente, ou sinta necessidade de ferramentas para ajudá-lo.

Uma dessas ferramentas úteis é o *kit* de adivinhação natural feito com objetos encontrados. Em geral, trata-se de uma coleção de algo como 13 a 30 objetos pequenos e naturais (ou a maior parte deles deve ser natural) que foram encontrados. Não há problema incluir alguns objetos fabricados, desde que eles pareçam corretos para você.

Aqueles que vivem em cidades podem, talvez, acrescentar itens pequenos encontrados em lojas e mercados, mas a questão aqui não é comprar coisas – o importante é, gradualmente, obter um pequeno grupo de itens utilizáveis que expressam, para você, a paisagem e todos os habitantes que vivem nela.

Esse *kit* trabalha de várias maneiras, por isso, como você o fará, depende da sua paisagem, sentimentos, preferências e caminho pessoal. Cada um desses itens deverá vir até você ou ser encontrado por você. Ele funcionará melhor se você reconhecer o espírito habitante em cada coisa que encontrar.

Reserve um tempo para tomar consciência de qualquer significado simbólico e permita que as ideias sobre como usá-lo venham até você. Criar seu próprio conjunto de adivinhações pode levar tempo – na verdade, é melhor que não se apresse e permita que o *kit* se construa, mesmo que leve muitos anos, acrescentando coisas e, esporadicamente, tirando coisas, de acordo com a orientação e instrução dos objetos.

Você precisará de um pano simples ou de uma bolsa de couro para guardar seus itens, assim como um pano para feitiços (opcional), um corte de tecido quadrado sobre o qual colocará seus itens. Também poderá incluir um diário ou caderno para anotar quaisquer observações e leituras realizadas com seu *kit*, para aumentar seu conhecimento conforme se familiariza com ele.

Comece entrando em seu espaço sagrado – um altar em sua casa ou um local favorito na natureza. Peça aos espíritos da Terra para lhe concederem coisas que você pode usar para orientação e adivinhação. Alguns desses objetos poderão ser úteis também em trabalhos de feitiço.

Em seguida, faça uma caminhada com a clara intenção de encontrar o primeiro item para seu *kit*. Não tenha pressa – afinal de contas, a natureza não tem pressa. Tente estar o mais atento e consciente possível conforme caminha pelo bosque ou pelo parque local.

Deixe que algo venha até você. Pode ser um pequeno seixo que encontrar pelo caminho, uma pena ou algum outro item pequeno. Quando se deparar com alguma coisa, segure-a e respire com ela por algum tempo. Pergunte a si mesmo: "Este é o item para o qual fui direcionado?". Se sentir que a resposta é sim, reserve algum tempo para meditar com o objeto ou, talvez, realizar uma viagem xamanística ou visionária para buscar a comunhão com o espírito do objeto e adivinhar qual é a mensagem que ele tem para você.

Tenha o cuidado de agradecer aos espíritos e ao objeto, verbalmente, cada vez que acrescentar alguma coisa ao *kit*. E não tente construir um *kit* completo de uma vez. Deixe que sua coleção se construa lentamente, não mais do que um objeto de cada vez. Permita que a energia e a constituição da área conversem com você por meio daquilo que você encontra, não importa se são moedas de prata, alfinetes de roupa, bugalhos de carvalho ou bolas de musgo. Deixe que a Terra manifeste sua voz e se dedique a criar um *kit* que ajude você a ouvi-la.

Interpretação do divino

Permita que cada objeto fale com você e reserve tempo para se permitir a ouvi-los. Sua intuição o guiará aqui. Algumas coisas terão sentimentos e energias muito específicos ligados a elas, enquanto outras coisas poderão ter uma relevância mais simbólica, o que também é bom.

Aqui está uma lista de símbolos comuns para um *kit* de adivinhação natural:

- Pena
- Seixo redondo
- Moeda
- Pedra em formato de coração
- Bolota
- Bugalho de carvalho
- Avelã
- Concha

- Um ramo ou galho interessante
- Vidro polido
- Castanha-da-índia
- Folha vermelha
- Graveto queimado
- Tronco ou madeira flutuante
- Amuleto em forma de garrafinha de água
- Musgo
- Dente de animal
- Garras
- Osso pequeno
- Sementes ou aquelas cascas que contêm a semente
- Folha ou semente de freixo
- Alfinete
- Cristais
- Prego enferrujado (cego)

Utilizando seu *kit*

Você poderá usar seu *kit* assim que tiver mais de uma coisa na bolsa. A forma mais fácil de usá-lo é se preparar, fazer uma pergunta, colocar a mão dentro da bolsa e retirar o objeto que representa sua resposta. No entanto, uma leitura mais diferenciada pode ser realizada utilizando técnicas de outros sistemas de adivinhação, como o tarô.

Tente a leitura feita com três objetos, para uma resposta simples sobre o passado, o presente e o futuro. Ou uma leitura com 12 objetos, que representam as casas astrológicas para algo mais complexo. Essas "tiragens" podem ser feitas sobre seu tecido, e você pode fazer com um objeto de cada vez para discernir o significado das posições e a relação entre uma carta e outra.

Uma das formas mais interessantes de utilizar esse *kit* é realizando uma adivinhação de forma livre, também conhecida como lançamento livre: simplesmente segure a bolsa, faça sua pergunta e, em seguida, agarre um punhado de objetos e jogue-os, gentilmente, sobre o tecido. Essa técnica requer boa sensibilidade e visão interior para trabalhar melhor, mas qualquer um pode fazê-la, e fica ainda mais fácil com prática.

Faça algumas respirações e deixe seus olhos repousarem sobre o tecido e os objetos. Considere tudo individualmente e como um conjunto. Que formas os objetos fazem sobre o tecido? Procure um modo geral e maior, assim como "constelações" de pequenos grupos e padrões. Abra seus sentidos e ignore seu pensamento mais lógico – permita-se sentir o que os objetos dizem. Confie em você e na sua relação com os objetos para revelar seu significado.

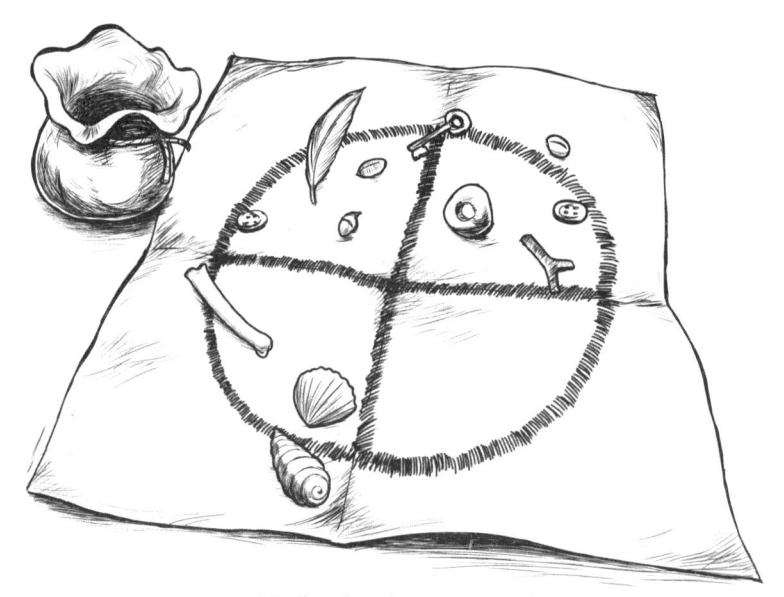

Kit de adivinhação natural

Algumas pessoas gostam de sobrepor um padrão no olho da mente sobre as suas leituras de lançamento livre, como a roda do ano ou o zodíaco. E veem essas posições, assim como os itens, como guia para sua interpretação, enquanto outras utilizam apenas sua visão interior. Todas as pessoas são ligeiramente distintas ao utilizarem essas técnicas, por isso o melhor é você sentir qual a melhor forma para si.

Toda adivinhação realmente boa é uma arte sentida, em vez de uma coisa lógica e assimilada. Embora os sistemas de aprendizagem e os símbolos possam ajudar, eles apenas levam você até determinado ponto; por isso, permita-se experimentar e divirta-se na busca de sua própria orientação interior para encontrar um caminho que tenha significado e poder para você.

Guias e espíritos animais

Os celtas da Idade do Ferro tinham uma relação poderosa com os animais e os espíritos dos animais, e trabalhavam com eles para poder e magia, assim como na agricultura e na caça. Os primeiros caçadores, provavelmente, aprenderam muito observando os animais no mundo natural, e essas características continuaram a ser observadas e utilizadas para construir uma grande coleção de tradições relacionadas com os espíritos dos animais e aliados, assim como sua utilização prática, que sobreviveu até a era moderna, tornando-se a crença animal do século XVI até o século XIX.

Esse conhecimento dos animais está sendo reavivado hoje em dia, e há grandes projetos ao longo da Grã-Bretanha e da Irlanda para restaurar o solo para a vida natural e mesmo reintroduzir animais que se tornaram extintos da paisagem britânica ao longo das últimas poucas centenas de anos, como os javalis, os castores e as águias-rabalvas.

Cernuno e o pastor selvagem

Os celtas da Idade do Ferro, em toda a parte, sobretudo na Gália, veneravam uma divindade com chifres que era associada aos chifres dos veados, às serpentes e a outros animais. Essa figura é comumente conhecida como Cernuno, muito provavelmente oriundo da palavra celta *cer*, que significa *chifre*. Evidências epigráficas de sua veneração são vistas no famoso Pilar dos Barqueiros, encontrado em Paris, lar original da tribo dos Parísios, e data por volta século XIV. Assim como em Luxemburgo, onde uma placa de metal dedicada a ele foi encontrada, provavelmente feita pela tribo local dos Tréveros.

Debates foram estabelecidos e associam Cernuno à figura inglesa medieval de Herne, e à figura irlandesa do século VIII, Conall

Cernach, encontrado no *Táin Bó Fraích* (ataque ao gado em Fraech) do ciclo do Ulster. Outros deuses com chifres são encontrados ao longo da diáspora celta; petróglifos e esculturas de deuses com chifres foram vistos na Gália Cisalpina e em Celtiberos.

A figura de Cernuno mais famosa é vista em um relevo do Caldeirão de Gundestrup, encontrado em Jutlândia, em 1891. Discussões sobre a datação do caldeirão são complexas e variam entre os anos 150 e 100 a.C. Outros debates, ainda maiores, datam o objeto a partir do ano 300 da nossa era, mas esses argumentos são menos convincentes.

O relevo de Cernuno no caldeirão fornece sua imagem mais clássica e apropriada, sentado com as pernas cruzadas, chifres e colares de metal, segurando uma serpente com chifres. Aqui, vemos Cernuno como uma figura xamanística e meditativa, senhor dos animais, porém representado tranquilo e conectado, em vez de caçando ou pastoreando o rebanho... dando-nos grandes indícios sobre como utilizar esse caminho ancestral para conectar com os espíritos e com a região à nossa volta. E como trabalhar com o próprio Cernuno.

Prática
Cernuno – buscando a sabedoria do caçador selvagem

Tente este exercício para se conectar com o caçador selvagem e aprofundar sua conexão com os espíritos animais.

Encontre um local para se sentar confortavelmente, de preferência na natureza, onde você não será perturbado, ou então em algum lugar interno que seja sagrado, caso seja necessário. Prepare-se e faça três respirações lentas e profundas. Tente se sentar com as costas retas, com as pernas cruzadas ou os pés descalços apoiados no chão.

Sintonize-se realmente com a Terra abaixo de você, lembre-se de que, essencialmente, você faz parte de um organismo e ecossistema do tamanho de um planeta, e respire lentamente com a Terra, permitindo que ela envolva e sustente seu corpo.

Um pouco depois, comece a respirar essa conexão com a Terra para o interior de seu corpo, veja a respiração em sua visão interna como a seiva vivificadora, ou uma luz verde dourada, e permita que ela preencha, lentamente, seu corpo e seu campo energético, sua alma ou aura. Dedique bastante tempo a isso.

Em sua visão interior, imagine, gradualmente, um arco diante de você feito por dois carvalhos e com um caminho de pedras claras que conduz a uma floresta. Essa floresta é um local amplo e atemporal – é a grande floresta boreal de espíritos que abrange todas as épocas ao longo das regiões nortenhas da Sibéria à Escócia, do Canadá à Mongólia.

Todas as coisas podem ser encontradas ali, pois a floresta é rica em segredos e maravilhas. Veja seus pés descalços no caminho e percorra-o pelo meio das árvores. Observe a sensação do ar e da luz – é dia ou noite? Aurora ou crepúsculo? Permita que a visão diante de si cresça em profundidade e detalhe. Quais árvores você consegue ver? Quais animais? Qual é a sensação de entrar nesse lugar grandioso e antigo?

No devido tempo, esse caminho o guiará até uma clareira grande e sagrada. Os celtas chamavam-nas de *Nemetons*, ou bosques sagrados. E no centro da clareira está um carvalho alto e magnífico, antigo e resplandecente. Na Irlanda, ele é conhecido como *Bile*, a árvore do mundo sagrado, onde deuses e homens se reúnem. Assim que entrar nesse recinto sagrado, você notará uma mudança na atmosfera – uma tranquilidade, uma sensação de poder no ar. Não tenha pressa e vagueie pelo espaço, sentindo que você está presente nesse lugar entre os mundos.

No momento certo, você notará o canto dos pássaros e ouvirá, por baixo dele, uma música calma e lenta – é o som das flautas e o vento nos bambus, assobiando e ascendendo pelo canto dos pássaros. A melodia parece entrar e sair de sua percepção antes de se tornar mais forte e mais clara. Formas começam a emergir das árvores, e você se vê em um encontro de muitos seres – homens, mulheres, pássaros e animais de todos os tipos – reunidos diante do carvalho e sentados calmamente diante dele. Você toma seu lugar entre eles.

A árvore diante de si é enorme, muito maior que qualquer árvore que você viu antes. Ela é como um ser gigante e senciente, consciente e vibrando com vitalidade e poder. Durante algum tempo, você fica deslumbrado com a simples presença do carvalho, mas logo depois começa a ver uma figura sentada em sua base, entre as raízes. A figura é um homem, muitas vezes maior que qualquer homem vivo e com chifres grandes brotando de sua testa. Os olhos dele são profundos e escuros como o lago de uma floresta, e você nota uma grande serpente enrolada aos pés dele. Ela empina a cabeça para o homem, enquanto ele está sentado em contemplação.

Passe algum tempo com esse antigo deus da floresta, procure a sabedoria dele. Você pode fazer perguntas ou mistérios poderão ser apresentados a você. Considere aqui sua relação com a natureza, com a própria floresta e com todos os lugares selvagens. Considere sua relação com o reino animal. O que você pode fazer para fortalecer seus laços com o mundo natural?

Quando sentir que é o momento, ou então quando ele o dispensar, agradeça a Cernuno. Vire as costas e retorne pelo mesmo caminho que você veio.

Cernuno

Faça algumas respirações profundas. Sinta o ar em seus pulmões e o sangue em suas veias. Abra os olhos e agite os dedos das mãos e dos pés para se sentir inteiramente de volta ao seu corpo.

Prática
Os animais aliados

Dê passos práticos no mundo real para apoiar a ecologia e, especialmente, o bem-estar dos animais. Aumente seu conhecimento sobre os animais que vivem à sua volta – há muitas espécies animais vivendo de maneira natural mesmo nas cidades. O que você pode fazer para ajudá-los e construir sua conexão com o mundo animal? Quais alterações no estilo de vida ambiental e consumista você pode fazer? Há lugares para os quais você pode doar dinheiro e/ou tempo para ajudar os animais do mundo?

Prática
Procurando animais na natureza

Nota: o texto a seguir não substitui o bom senso e não deve ser utilizado para se aproximar de animais perigosos, para ajudar na caça ou para colocá-lo em qualquer risco. Se você estiver rastreando um animal que possa ser perigoso, evite-o. Reserve tempo para aprender sobre os comportamentos específicos do animal antes de tentar este exercício. E sempre seja responsável pela sua segurança.

Uma técnica há muito utilizada por caçadores e xamãs em muitas partes do mundo consiste em imitar o comportamento do animal. Por exemplo, os humanos primitivos aprenderam a caçar copiando os lobos, e muitas culturas xamanísticas possuem cerimônias em que os espíritos dos animais são invocados e copiados em suas posturas e movimentos com o objetivo de atrair sua sabedoria e seu poder.

Outra técnica, utilizada para perseguir veados, ensina a baixar lentamente a cabeça e torso enquanto mantemos os olhos fixos no animal. Outra técnica que pode funcionar com os pássaros: vire a cabeça para imitar os movimentos deles. Em outras ocasiões, ir a um lugar onde poderá observar os animais despercebidos pode ser uma experiência impressionante, mas você deve ter muita paciência e intuição. O método mais comum é construir um esconderijo de animais, com galhos e folhas, ou utilizar uma barraca camuflada.

Rastrear e seguir animais requer muito conhecimento e experiência, mas o objetivo não deve ser a caça – em vez disso, você pode utilizar esses métodos para adquirir um conhecimento mais profundo sobre determinado animal e caminhar em conexão mais próxima com o ambiente natural, mantendo uma presença mais silenciosa e humilde na floresta ou em qualquer ambiente natural.

Esta técnica pode ser utilizada sem ter em mente um animal em particular, mas ela transformará sua experiência de caminhar pela natureza e aumentará as chances de se deparar com animais desprevenidos.

Comece com os dois pés apoiados no chão, calmo e relaxado. De alguma forma, os animais o veem mais facilmente se sua linguagem corporal for tensa.

Lentamente, erga um dos pés e coloque todo o peso do corpo na perna oposta, equilibrando-se como uma garça. Esteja totalmente consciente do local onde você colocará o pé no chão. Coloque o pé no chão suavemente, para não causar nenhum ruído, ajustando seu equilíbrio com tranquilidade. Se o movimento causar ruído, faça tudo muito lentamente. Caso se sinta desequilibrado, volte para o outro pé novamente e ajuste.

Repita com o outro pé, lenta e totalmente consciente de seu entorno e da colocação dos dois pés. Seu passo ficará menor e mais lento, mas, com a prática, parecerá bastante relaxado e fluido. Respire lentamente, baixe os ombros, sinta-se em contato com a Terra, toda sua tensão está afundando suavemente. Com prática, você se tornará bastante silencioso e deixará o mínimo de rastro.

Caso veja algum animal, permita que seus movimentos reflitam o que está acontecendo. Se o animal estiver alerta, olhando à volta e ouvindo, fique calmamente imóvel e aguarde. Permita-se estar consciente, mas em paz. Deixe que sua consciência se misture com as árvores e a natureza à sua volta e você chamará menos atenção. Aguarde até que o animal volte a se alimentar e faça um pouco de ruído.

Caso seja relativamente seguro, vá descalço ou utilize um calçado macio em vez de botas grossas, assim você sentirá os contornos do solo.

Tente expandir seus sentidos e suavizar a visão. Assimile detalhes periféricos enquanto foca seus passos imediatos ou o animal que você observa. Seja calmo e suave em seus gestos para ouvir mais à sua volta e localizar os ruídos de modo mais eficiente.

Observe para que lado o vento sopra. Posicione-se a favor do vento em relação ao animal que você observa para ele não sentir seu cheiro.

Preste atenção. Pare quando o ar estiver parado e tire vantagem do vento soprando, dos ruídos que ele provoca, e encubra seus próprios movimentos. O ruído da chuva caindo também ajuda nesse sentido. É mais fácil se aproximar de um animal que está se alimentando, ou então que está distraído, do que de um animal consciente da sua presença.

Tire vantagem das proteções visuais, árvores, características da paisagem e áreas de sombra. Você será visto muito mais facilmente aproximando-se de um local aberto. Reflita antecipadamente sobre a paisagem e planeje sua rota de antemão, quando for possível.

Às vezes, o silêncio total é a única opção. Esteja preparado para movimentar seu corpo de acordo com as necessidades da situação. Você poderá ter de agachar ou mesmo rastejar. Também terá de ficar totalmente imóvel por uma quantidade de tempo desconfortável... paciência extrema, às vezes, é necessária caso você deseje se aproximar de um animal.

Preste atenção aos pássaros. Se você perturbar as aves, é provável que o veado perceberá e fugirá.

Utilize os movimentos do próprio animal a seu favor. Se perceber que o animal vem em sua direção, tente se esconder e encontre uma boa posição com antecedência.

Lembre-se de que você também é um animal. Quase todos os seus antepassados, exceto aqueles dos dois últimos séculos, utilizavam essas habilidades o tempo todo. Trabalhe para se manter centrado e presente. Deixe os ombros caírem e desperte sua intuição. Seu bom senso contribuirá se você estiver calmamente consciente de si mesmo e de sua posição na paisagem. Deixe seu animal interior e seu caçador interior guiá-lo. Seu corpo conhece o caminho.

Animais familiares

Um animal familiar, ou espírito auxiliar, é o aliado perfeito para ajudá-lo a navegar por sua vida cotidiana e manter sua consciência poderosa e presente para os dons e desafios do reino do meio. Os animais aliados podem ser trabalhados de diversas maneiras. Eles podem fornecer discernimento e conforto em tempos difíceis, assim como apoio emocional, proteção física e inspiração que o ajudam a adotar as características únicas deles para resolver problemas e descobrir novos caminhos para seus objetivos. Eles encorajam a resiliência e aprimoram seus instintos e intuição.

Prática
Procurando seu familiar

Tente este exercício para se conectar com um espírito animal e transformá-lo em seu familiar, guia e aliado no reino do meio, o reino mortal. Ele aprofunda seu trabalho para viajar e encontrar Cernuno no bosque selvagem.

Assim como fizemos com o exercício anterior quando contatamos Cernuno, começamos nos sentando confortavelmente. De preferência na natureza, em algum local onde você não será perturbado. Mas também pode ser em um lugar sagrado interno, caso seja necessário. Acomode-se e faça três respirações lentas e profundas. Tente sentar-se com as costas eretas, com as pernas cruzadas ou seus pés apoiados no chão. Genuinamente, sintonize com a terra que está por baixo de você. Lembre-se de que, basicamente, você faz parte de um ecossistema e de um organismo do tamanho de um planeta.

Respire lentamente com a Terra, permitindo que ela envolva e sustente seu corpo. Um pouco depois, comece a inspirar essa conexão com a Terra para dentro do seu corpo – em sua visão interior, perceba-a como sendo a seiva vivificadora, ou uma luz verde dourada. Permita que ela preencha seu corpo, seu campo de energia, sua alma ou aura lentamente. Reserve bastante tempo para isso.

Assim como fizemos anteriormente, permita, aos poucos, que sua visão interior imagine diante de você um arco feito por dois carvalhos e um caminho com pedras claras que conduz a uma floresta.

Lembre-se de que essa floresta é um lugar amplo e atemporal, a grande floresta boreal dos espíritos que abrange todas as épocas e atravessa todas as regiões do norte da Sibéria à Escócia, e do Canadá à Mongólia.

Todas as coisas podem ser encontradas ali, pois a floresta é rica em segredos e maravilhas. Olhe para seus pés descalços no caminho e comece a andar entre as árvores. Observe a sensação do ar e da aparência da luz – é dia ou noite? Aurora ou crepúsculo? Permita que a visão diante de si cresça em profundidade e detalhe. Quais árvores você consegue ver? Quais animais? Qual é a sensação de entrar nesse lugar grandioso e antigo?

No devido tempo, o caminho o conduzirá a uma clareira ampla e sagrada. No centro dessa clareira está o carvalho grandioso e alto, antigo e resplandecente. Ele é Bile, a árvore sagrada do mundo, onde deuses e homens se reúnem. Assim que entrar nesse recinto sagrado, você notará uma alteração na atmosfera...uma quietude, uma sensação de poder no ar. Não tenha pressa, caminhe pelo espaço e sinta-se presente nesse lugar entre os mundos.

Por fim, você notará o canto dos pássaros e ouvirá, por baixo dele, uma música calma e lenta – é o som das flautas e o vento nos bambus, assobiando e ascendendo pelo canto dos pássaros. A melodia parece entrar e sair de sua percepção antes de se tornar mais forte e mais clara. Quando esteve ali anteriormente, você encontrou muitos seres e o próprio grande deus Cernuno.

Desta vez, no entanto, você anda pela clareira sozinho e se aproxima do carvalho grandioso. Conforme se acerca, você estende o braço para tocar sua casca áspera e pede, em seu coração, para encontrar seu animal aliado, seu guia, seu animal familiar.

Agora, uma criatura emerge da floresta e se aproxima de você no centro da clareira. Ela se coloca na sua frente e o observa com olhos profundos e brilhantes. Que animal é esse? Isso parece correto para você? Você tem permissão para pedir outro aliado, caso esse não pareça o correto – o mundo dos espíritos tem seus próprios caminhos, e você poderá ser testado e ter muitas opções. Se desejar, volte outra vez.

Caso sinta que o animal diante de si é seu aliado, acene com a cabeça lentamente e olhe profundamente em seus olhos. Pergunte se ele está disposto a ajudá-lo. Ele pode responder com palavras, usar linguagem corporal ou outros sinais e sons. Passe tempo com seu aliado para fazer as perguntas que desejar, ligando-se a ele como você faria com um novo amigo.

Quando sentir que é o momento apropriado, pergunte ao seu aliado como ele trabalhará com você no mundo mortal. Depois que ele responder, ofereça seus agradecimentos e retorne pelo mesmo caminho.

Faça algumas respirações profundas. Sinta o ar em seus pulmões e o sangue em suas veias. Abra os olhos e agite os dedos das mãos e dos pés para se sentir inteiramente de volta ao seu corpo.

Fith-fath: metamorfose

Geralmente traduzido como "aspecto de veado", *fith-fath* é um termo gaélico que se refere a um encantamento e uma técnica que podem ter suas origens em práticas de caça e também são descritos em várias orações celtas, sugestivas de práticas de metamorfose anteriores à Era Cristã.

Alguns desses encantamentos verbais podem ser encontrados em coleções de orações do gaélico escocês. Uma versão elementar que invoca as qualidades do fogo, da luz, do mar e da Terra pode ser encontrada na *Couraça de São Patrício*, uma famosa oração de proteção irlandesa. A maioria das pessoas recorre às qualidades espirituais dos animais para magia poderosa, proteção e para invocar invisibilidade. Um *fith-fath* simples pode ser encontrado em uma coleção de tradições das Hébridas Exteriores, a *Carmina Gadelica*.

Fath Fith

Ni mi ort,
Le Muire na frithe,
Le Bride na brot,
Bho chire, bho ruta,
Bho mhise, bho bhoc,
Bho shionn, 's bho mhac-tire,
Bho chrain, 's bho thorc,
Bho, chu, 's bho chat.
Bho mhaghan masaich,

Bho chu fasaich,
Bho scan foirir,
Bho bho, bho mharc,
Bho tharbh, bho earc,
Bho mhurn, bho mhac,
Bho iantaidh an adhar,

Fath fith
Eu farei em ti,
Pela Maria dos augúrios,
Pela noiva do espartilho,
Da ovelha, do carneiro,
Da cabra, do veado,
Da raposa, do lobo,
Da porca, do javali,
Do cão, do gato,
Do urso com quadris largos,
Do cão selvagem,
Do "olhar" vigilante,
Da vaca, do cavalo,
Do touro, do novilho,
Da filha, do filho.[16]

Outro encantamento, da famosa bruxa escocesa Isobel Gowdie, fala da transformação em uma lebre:

Eu entrarei em uma lebre,
Com pesar, suspiro e muito cuidado;
E irei em nome do demônio
Até chegar em casa novamente.
Para voltar à forma humana, o encantamento era:
Lebre, lebre, que Deus te envie cuidado.
Eu estou semelhante a uma lebre agora;
Mas estarei igual a uma mulher agora.[17]

---

16. Carmichael, *Carmina Gadelica Vol. II*, p. 24-25.
17. Robert Pitcairn, *Ancient Criminal Trials in Scotland, 3, part, 2*, (Bannatyne Club: 1883), p. 607.

Prática
Metamorfose

Não execute este exercício até ter ser recuperado completamente de qualquer problema de saúde mental sério ou doenças. Embora a metamorfose possa ser muito poderosa, ela requer um sentido robusto do eu e um comportamento aterrado.

Após terminar a viagem para encontrar seu animal aliado várias vezes, quando sentir que estabeleceu uma relação boa e de confiança, peça a ele para acompanhá-lo no caminho de volta ao cotidiano do mundo do meio. Quando terminar sua viagem interior, mantenha por algum tempo a consciência do seu animal familiar com você e respire com ele, lenta e profundamente.

Imagine, em sua visão interior, que ele está sentado ao seu lado e compartilha sua respiração. Quando você expira, ele inspira, quando você inspira, ele expira. Faça isso por alguns minutos antes de tentar se mover, permitindo que seus movimentos expressem os movimentos do seu animal guia.

Como ele se move? Quais são os gestos e as expressões dele, como ele movimenta os membros, a espinha, a cabeça? Imagine que ele se move com você e imite os movimentos dele conforme os observa em sua visão interior.

Permita se divertir e expressar-se, e também expressar a sabedoria do seu corpo, em conjunto com seu familiar. Tenha uma conexão física com ele – deixe que seus músculos e seu próprio ser explorem o elemento animal dentro de você.

Após alguns minutos – não mais que dez em suas primeiras tentativas – agradeça ao seu aliado e peça-lhe que retorne ao reino espiritual. Bata os pés no chão. Sem hiperventilar, expire boas lufadas de ar para sentir que sua conexão foi quebrada. Bata palmas e sinta suas costas retas e elevadas. Sinta que, mais uma vez, você preenche inteiramente sua forma humana.

Prática
Trabalhando com seu familiar

Após sentir que construiu uma boa ligação com seu familiar, ou animal aliado, a ponto de poder utilizar essa conexão para senti-lo e mover-se com ele pelo recinto, chegou o momento de trabalhar com o familiar de maneiras mais funcionais.

Uma das melhores práticas a desenvolver depende de certa quantidade de visão interior e vidência, além de uma forte sensação de presença em seu dia. Essa prática pode ser adotada por qualquer um que esteja disposto a dedicar-lhe tempo e desenvolver sua sensibilidade, já que o familiar fará seu melhor para se comunicar com você sem levar em conta suas habilidades psíquicas ou a falta delas.

Quando começar o dia, convide seu familiar para caminhar com você ao longo do dia e apontar coisas quando necessário, tais como avisos ou sugestões de onde ir ou que lugares evitar. Peça a ele a mesma orientação em relação às pessoas e outras decisões, como por exemplo que alimentos comprar no mercado, que caminho escolher para ir para casa e assim por diante.

Porém, não entregue a responsabilidade de tudo ao seu familiar – utilize seu próprio bom senso e faça suas próprias escolhas. O que você faz aqui é desenvolver uma consciência de seu familiar quando ele está na rua com você, e como prestar atenção aos avisos que ele fornece.

Às vezes, isso pode ser a visão real do tipo de animal durante seu dia, comportando-se de maneira excepcional; algumas vezes isso será um clarão no olho de sua mente; em outras ocasiões, poderá ser mais sutil como em rótulos de produtos, sinais de rua ou de lojas, ou representado de outras maneiras.

Igualmente, você poderá desenvolver o hábito de chamá-lo em sua vida cotidiana e aumentar sua habilidade de compreender a forma de comunicação do seu familiar carregando objetos associados a ele, como joias, a imagem de um cartão-postal ou uma imagem dele colada no painel do seu carro.

Outra maneira de trabalhar com seu familiar no dia a dia consiste em utilizar exemplos dele quando necessário, como incorporar seus comportamentos ou associações tradicionais como características do seu próprio comportamento. Por exemplo, um cão aliado ou familiar é um amigo leal e um poderoso guardião que protege ferozmente quem ele gosta. Talvez um cão que venha até você seja uma sugestão para desenvolver essas qualidades em si mesmo, durante algum tempo.

Além disso, um cão aliado pode ser invocado para proteger a casa durante a noite e proteger limites físicos, assim como espirituais e psíquicos. Ele também pode ser direcionado para a caça de coisas que você precisa, como informação, objetos ou mesmo oportunidades.

Cada animal familiar é diferente, mas seu trabalho com eles sempre dependerá do seu relacionamento, que deve ser de respeito mútuo. Comunique-se com ele em rituais e em seu dia a dia.

Entrelace as comunicações entre seu lado mundano e seu lado mágico, e sempre agradeça ao seu familiar pela ajuda que ele ofereceu. Também faça oferendas frequentes. Pergunte o que ele gostaria de receber, ou faça oferendas apropriadas ao seu tipo de animal.

Animais de clã

Muitos clãs escoceses e irlandeses eram representados por animais e utilizavam-nos em seus brasões. Mas também era comum para um animal representar a "alma" do clã, como um ser espiritual abrangente ou *riochd nan Daoine* (gaélico escocês), que surge com frequência em sonhos e visões para representar e incorporar o próprio clã.

> Em outras ocasiões, as almas de membros do clã já falecidos eram vistas em forma animal. Era muito comum ideias sobre espíritos, fantasmas, animais "familiares" e mesmo demônios sobreporem-se nas culturas celtas. A experiência comum de ver espíritos, que tem suas raízes nas culturas pré-cristãs, sobreviveu e até se desenvolveu em várias formas ao longo das eras cristãs e além, continuando até hoje.

Aqueles [fantasmas] de pessoas prestes a morrer ou que morreram recentemente, ou de pessoas dormindo, podem surgir como pássaros, mariposas, borboletas, abelhas, gado, cães, gatos, ratos, cavalos, sapos, porcos, veados, etc. Na Ilha de Arran, sonhar com certos cães significa sonhar com MacGregors, MacAlisters ou MacDonalds. Outros clãs em forma de almas são as abelhas (Mackenzies), tarambolas (Curries), pombas (MacKelvies), gatos (MacNicols e MacNeishes), coelhos (MacKinnons), sapos (Sillars) e ovelhas (Kerrs). O inseto ou animal com alma de clã era chamado de *riochd nan daoine* ("sinal", "forma" ou "espírito" do povo).[18]

Animais da tradição celta
Víbora
Nathair (gaélico irlandês e escocês), Neidr (galês)

Nas culturas ao redor do mundo, as cobras são, há muito tempo, associadas à transformação e às energias da Terra. Em geral, elas também são vistas como representações do poder fálico e da fertilidade. Simbolizando a viagem da alma para o mundo subterrâneo e seu retorno, elas eram intimamente ligadas ao Druidismo e representadas em pedras pictas.

As serpentes também eram importantes para os anglo-saxões, para quem elas representavam as mesmas coisas – transformação, sexualidade, energia vital e cura. Dizem que São Patrício eliminou todas as cobras da Irlanda – uma possível referência ao triunfo do Cristianismo sobre os druidas, pois a Irlanda não possui uma cobra nativa.

Os bardos galeses, às vezes, referiam-se aos druidas como *Naddred* – víboras – provavelmente por causa do trabalho destes com a energia vital e a magia. Embora as cobras fossem, geralmente, associadas a ideias sobre a sexualidade masculina, elas também estavam ligadas às deusas, como guardiãs sagradas de poços e nascentes sacras. Especialmente Brígida, que mais tarde foi cristianizada como Santa Brígida.

As cobras também eram intimamente associadas ao deus com chifres Cernuno que, em geral, era representado vestindo ou portando cobras. As cobras também eram representadas com ovos, e há uma ligação estreita entre essas duas formas de poder criativo – pensava-se

---

18. Donald Mackenzie, *Scottish Folk-Lore and Folk Life: Studies n Race, Culture and Tradition*, (Read Books Ltd. 1933). Edição para Kindle, localização 4202.

que os druidas galeses tinham uma pedra preciosa conhecida como o ovo do druida, ou o ovo da serpente, que era o maior tesouro deles, e a ferramenta mágica mais poderosa.

Como um presságio, familiar ou aliado, a cobra ensina a importância da transformação e de viver perto da terra, totalmente incorporado, como fonte de poder e sabedoria.

Urso
Béar (irlandês), mathan (gaélico escocês), arth (galês)

Os ursos são guardiões da energia terrestre e do poder ancestral profundo e primitivo. Os celtas gauleses veneravam a deusa ursa Artio, e um deus urso, Artaio, principalmente na cidade de Berna (cidade *Bear*), na Suíça.

Um altar dedicado ao deus urso foi encontrado na cidade de Saint-Pé-d'Ardet, no *Vale do Urso*, perto de Lourdes, na França. Os ursos sempre foram honrados como animais poderosos desde os tempos primordiais. Possíveis sinais de sua veneração – especialmente do urso de caverna – foram encontrados e datam da era do Paleolítico Médio, há 50 mil anos.[19]

O urso celta da Caledônia era considerado tão feroz que era muito premiado em Roma por lutar na arena, e muitos chefes tribais e guerreiros utilizavam pele de urso como um sinal de sua ferocidade e *status*.

O lendário Rei Artur, que, provavelmente, foi um deus, talvez incorporado por um líder de guerra britânico pré-romano, recebeu seu nome dos ursos – *art* – como um feroz protetor do solo que carrega consigo o poder dos ancestrais e da Terra.

Da mesma forma, a Estrela Polar, parte da constelação Ursa Maior, é vista como um guia e um aliado quando se atravessa o mundo subterrâneo, quando nos debatemos em nossas vidas ou durante os meses escuros de inverno no Norte.

Por essa razão, os druidas modernos chamam o Solstício de Inverno de *Alban Arthan*, a luz de Artur, para invocar sua presença

---

19. Ina Wunn, "Beginning of Religion". *Numen* 47, nº 4 (2000): 435-436. http://www.jstor.org.ezproxy.ac.uk/stable/327307.

protetora tanto na forma terrestre como estelar. O urso como augúrio, aliado animal ou familiar, pede que você se lembre de seu conhecimento da natureza, e também que honre suas raízes ancestrais.

Protetor e poderoso, o urso ensina sobre o equilíbrio entre inverno e verão como indicadores de nossa viagem espiritual; e o equilíbrio entre nosso conhecimento instintivo e nossa razão superior, indicando que ambos são necessários para buscar a sabedoria e o autoconhecimento.

Javali
Torc (gaélico irlandês e escocês), twrch, baedd (galês)

Os javalis eram associados à guerra e à liderança ao longo da Idade do Ferro, na Grã-Bretanha e na Irlanda, assim como no norte da Europa. Eles eram muito importantes para os pictos, onde fica hoje a Escócia. Muitas pedras pictas entalhadas e famosas foram encontradas, com belos desenhos de javalis, com os pelos eriçados, prontos para a batalha.

A Pedra Javali Knocknagael é uma placa de ardósia com um entalhe de javali muito bonito. Por cima dele, há um disco ou uma forma retangular conhecida como "desenho de caixa de espelho", datada do século VII.

A pedra mostra que a importância cultural do javali continuou e seguiu pela Era Cristã. Em outras regiões a famosa pedra de javali, em Dunadd, fica próxima de onde os reis de Dál Riata foram coroados.

Os javalis também eram símbolos populares na decoração da armadura celta, e um capacete com uma crista de javali foi encontrado no País de Gales. O javali simboliza ferocidade e o poder intimidador; eles podem ser animais muito perigosos e, no passado, caçar javali era um sinal da grande destreza masculina.

No início do período celta, a caça ao javali pode muito bem ter sido um ritual significativo, e suas menções na literatura celta do País de Gales e da Irlanda concedem-lhe importância mítica. A caça ao javali pode ter representado, nos mitos, uma viagem ao mundo subterrâneo, com os temas correspondentes de vida e morte.

Encarar seus medos e demônios interiores, representados pelo feroz javali, pode ter sido visto como um tesouro espiritual complacente quando os heróis retornavam, transformando-os, na volta para o mundo mortal.

O ciclo irlandês Fionn menciona *Formael*, um javali enorme que mata 50 guerreiros e 50 cães de caça em um dia. No conto galês *Culhwch and Olwen*, dois javalis – *Ysgithyrwyn*, o rei dos javalis, e *Twrch Trwyth*, o javali de Trwyth – devem ser mortos pelo herói Culhwch para que ele possa desposar Olwen, a filha do gigante *Yspadadden Penncawr*. Twrch Trwyth tem um pente e uma tesoura (talvez símbolos da deusa antiga) emaranhados em sua cabeça e devem ser retirados para arrumar o cabelo do gigante.

Um javali como presságio, familiar ou animal aliado ensina as qualidades da valentia e da liderança, assim como o benefício de confrontar nossa própria substância interior e do mundo subterrâneo para transformá-la e ganhar seu poder.

Raposa
Sionnach (gaélico irlandês e escocês), llwynog (galês)

Faz muito tempo que as raposas são consideradas criaturas de inteligência e astúcia selvagens. Nas Ilhas Britânicas, esses animais inteligentes e esquivos tornaram-se, com frequência, o foco de raiva por parte daqueles que veem a natureza como algo que deve ser controlado, domesticado, temido ou, mesmo, erradicado.

E, no entanto, como um de nossos últimos predadores remanescentes, o mal que as raposas provocam é quase inexistente, completamente desequilibrado em relação à ferocidade da oposição que elas encontram no campo e na cidade.

Apesar desse desafio, as raposas se provaram animais altamente adaptáveis que encontraram uma forma de sobreviver mesmo nos ambientes urbanos mais severos, onde muitos animais não sobreviveriam.

Elas trazem consigo o alerta de que a natureza sempre encontrará uma maneira. Foram essas qualidades que tornaram as raposas famosas entre os celtas, sendo adotadas como animais de símbolo tribal com grande entusiasmo.

Um chefe tribal gaulês, Louernius, era conhecido como filho de uma raposa, e na Irlanda, os chefes tribais de *status* elevado do clã O'Catharniagh, eram conhecidos como os Sinnachs, ou as raposas.

O Homem de Lindow, um corpo da Idade do Ferro encontrado em uma turfeira em Lindow, perto de Manchester, portava um bracelete de pelo de raposa entre outros detalhes que sugeriam que ele era um indivíduo de *status* que, possivelmente, foi sacrificado em um ritual.

Pode ser que até as próprias raposas tenham sido sacrificadas pelos celtas, pois elas foram encontradas enterradas de forma ritualística na França e na Inglaterra. Um fosso ritualístico em Hampshire continha um veado vermelho e 12 raposas, sugerindo uma ligação entre a cor de suas peles e, talvez, um significado mágico atribuído ao seu pelo vermelho.

Como presságio, familiar ou animal aliado, a raposa ensina sobre nosso relacionamento com o natural, seja no mundo à nossa volta ou em nosso interior. Astutas e adaptáveis, as raposas carregam uma inteligência inata e podem desaparecer em uma paisagem quase sem deixar rastro. Mas elas também são um depositório para os medos e preconceitos das pessoas. Se a raposa for seu aliado, caminhe suavemente e procure estar consciente do seu entorno.

Touro
Tarbh (gaélico irlandês e escocês), Tarw (galês)

Os touros simbolizavam grande poder e fertilidade nas tradições celtas. Os irlandeses, antigamente, realizavam a *Tarbh Feis*, a festa do touro, como parte de um ritual que determinava quem seria o próximo rei. E eles eram intimamente ligados ao deus do trovão, Taranis, que diziam ancorar expansividade e abundância, a grande fertilidade do céu para a Terra.

Os touros representam potência e persistência resoluta para atingir objetivos ao longo do tempo. Eles também são guardiões territoriais da Terra. Símbolos de riqueza, virilidade e poder, os touros significam reinado no sentido em que encorajam nossa soberania interior, e a sábia utilização da força para ultrapassar os desafios da vida e conquistar nossos objetivos. Especialmente se eles envolverem proteção ou incremento do bem-estar da família, da tribo ou do coletivo.

Se o touro ou a vaca forem um presságio, um familiar ou um animal aliado, você aprenderá que a força é desenvolvida com o tempo e deveria ser utilizada com honra e integridade como fonte de poder para sustentar aqueles à sua volta, assim como você mesmo. Um animal de grande nobreza e abundância, o touro ensina a importância da generosidade e resistência em relação à liderança e ao cuidado. Somos lembrados de que aqueles que estão no poder também têm responsabilidade moral com as pessoas à volta deles.

Cão
Cù (gaélico irlandês e escocês), Ci (galês)

O cão representa proteção e lealdade, o companheiro. Os cães são sempre vistos como guardiões dos mistérios, capazes de viajar pelo mundo subterrâneo. Eles são excelentes aliados para guiá-lo pelo mundo subterrâneo e alertá-lo dos perigos e do consumo de energia negativa.

Os cães representam fidelidade e lealdade, ferocidade e orientação. O herói irlandês Cù Chulainn, o cão de caça do Ulster, do famoso conto Táin Bó Cúailnge (*O Ladrão de Gado de Cooley*) foi assim nomeado em homenagem a um cão de caça que ele matou, e pela responsabilidade que assumiu em ser o guarda fiel do povo do Ulster contra seus inimigos.

Há vários outros cães de caça famosos nas tradições celtas, como o cão do Rei Artur, *Caball*, e *Dormach*, do focinho avermelhado, o cão do caçador galês Gwyn ap Nudd. Gwyn e seu cão lideram a caça selvagem espectral.

As fadas, ou cães de caça sobrenaturais, *Cŵn Annwn*, também conhecidos em algumas partes do Reino Unido como cães de caça *wish* ou *wisked* – uma tradição que foi cristianizada chamando-os de cães de caça do inferno, uma vez que as tradições das fadas caçadoras foram integradas às ideias de uma caça demoníaca que conduzia sua presa ao inferno.

Se um cão, ou um cão de caça, surgir como um presságio, familiar ou aliado, você está convocado a aprender sobre a sabedoria da lealdade e da fidelidade em seus relacionamentos, e também como rescindir essa lealdade. Os cães também são guias poderosos para ajudá-lo a acessar o outro mundo ou o mundo subterrâneo e protegê-lo quando você atravessa esses reinos em espírito.

Veado
Fia (irlandês), Fiadh (gaélico escocês), Carw (galês)

Cervos e veados, intimamente ligados a Cernuno, são o símbolo arquetípico do natural – graciosos e poderosos, eles estão totalmente presentes em seu entorno, incorporam a dignidade e possuem uma qualidade majestosa e orgulhosa.

Visto como os reis da floresta, os veados são conhecidos por sua bela galhada e suas batalhas espetaculares durante a estação do cio. Sexualidade, poder, independência e integridade são todos representados pelo veado, que tem sido honrado na Irlanda e no Reino Unido por milênios.

Depósitos rituais com galhadas, provavelmente honrando os deuses da caça, foram encontrados e datam do Período Neolítico e mesmo antes. Em Star Carr, Yorkshire, muitas descobertas arqueológicas que datam do Período Mesolítico (o sítio estava em uso entre, aproximadamente, 9300 a.C. e 8480 a.C.) foram feitas, apontando para a utilização ritualística de enfeites para a cabeça feitos com galhadas, que foram fantasticamente preservados na turfa alagada.

Elementos da veneração ao veado e aos deuses cervos permanecem até hoje. A famosa dança de chifre Abbots Bromely acontece em setembro, e marca o início do outono no Hemisfério Norte com festividades e uma dança de ritual folclórico que utiliza galhadas. A dança é uma tradição que data do século XI e ilustra a importância do veado na cultura folclórica britânica.

Na Irlanda, a esposa do herói mago Fionn Mac Cumhail era uma mulher chamada Sadhbh, que foi transformada em veado por um pretendente ciumento. Disseram-lhe que ela ficaria livre do seu encantamento caso fosse para Dun Fionn (castelo), onde ela foi, por magia, transformada novamente em sua forma humana.

Fionn apaixonou-se perdidamente por ela, mas Sadhbh foi transformada em veado novamente. Enquanto Fionn procurava por ela incessantemente, ele só conseguiu resgatar o filho deles, Oisin, do encantamento. Sadhbh nunca mais foi vista novamente.

Se um veado vier até você como presságio, familiar ou animal aliado, você está convocado a aprender sobre a sabedoria do seu coração, sobre sua natureza sexual e também a aprender como carregar as qualidades da emoção e da sexualidade com elegância e equilíbrio.

O amor e a fertilidade estão no reino do veado, assim como a discreta majestade da natureza. Aprenda a ficar quieto e em silêncio, e sinta que avançará do seu coração e do núcleo do conhecimento fundamental.

Lobo
Faolchú/Mactíre (irlandês), Allaidh (gaélico escocês), Blaidd (galês)

Os lobos sempre foram conhecidos como professores, assim como guias, nos lugares selvagens. Geralmente temidos, os lobos são, na verdade, animais tímidos e reservados que são ferozmente leais à matilha e aos seus parceiros.

Eles nos ensinam sobre a utilização de nossa intuição e instintos. Havia muitos clãs escoceses que tinham o lobo como seu totem, tais como os MacLennans e os MacMillans. As imagens dos lobos eram as favoritas na iconografia do final da Idade do Ferro e, geralmente, eles eram representados com o deus com chifres.

O Caldeirão de Gundestrup retrata os lobos com os veados, a cobra e o javali. Os lobos já estiveram, outrora, difundidos pela Grã-Bretanha e pela Irlanda, mas foram caçados até a extinção, talvez, em parte, por causa da natureza insular de ambas as áreas.

O último lobo foi morto na Irlanda no fim dos anos 1700, alguns 300 anos depois de estarem extintos na Inglaterra. No entanto, os lobos aparecem com força, especialmente na mitologia irlandesa. Dizem que o mitológico Alto Rei da Irlanda, Cormac mac Airt, foi criado por lobos e conhecia a fala deles, e que ele foi acompanhado por quatro lobos ao longo de sua vida.

Dizem que a deusa da guerra Mórríghan se transformava em um lobo vermelho, especialmente em sua batalha contra Cù

Chulainn. E no Ciclo Feniano há um personagem chamado Airitech cujas filhas aparecem como lobisomens.

Como augúrio, familiar ou animal aliado, os lobos são amigos inabaláveis que nos ensinam a valorizar a experiência e a sabedoria adquirida pelo corpo. Somos convocados a confiar em nossa intuição e em nosso instinto animal, assim como em nosso eu interior natural.

Três
Mar

Continuando em nossas explorações do elemento terra na triplicidade sagrada celta da terra, do mar e do céu, agora direcionamos nossa atenção para o elemento da água e do mar que circundam essas regiões, tão frequentemente compreendidas como o ponto de acesso liminar para os outros mundos e para os espíritos.

A magia da água

Nas Ilhas Britânicas e na Irlanda, corpos de água, rios, fontes naturais, poços e locais liminares pantanosos da paisagem foram venerados desde os tempos mais remotos. Traços de atividade ritualística foram encontrados e ocorreram à volta de corpos de água desde o Período Neolítico, há alguns 6 mil anos, datando de 4000 da Era Comum.

Uma prática tradicional consistia em fazer oferendas ao espírito das águas, tais como cabeças de machado de pedra e (posteriormente) espadas de bronze e de ferro, assim como outros bens e itens preciosos.

Outra oferenda comum eram os itens que careciam de habilidade para preparar, como grandes recipientes de madeira para manteiga, conhecidos como *bog butter*. Por volta da Idade do Ferro, os espíritos das águas eram considerados divindades femininas, com muitos rios sendo chamados de acordo com sua deusa tutelar.

É provável que essa tradição já tivesse milhares de anos nessa época. A prática da veneração das fontes de água como lugares de ritual e significado espiritual continuou – muitas fontes naturais se tornaram os poços sagrados da Era Cristã, e muitas deusas originais foram despromovidas, especialmente no País de Gales, a santas.

Entretanto, a tradição de honrar e visitar poços sagrados como uma atividade espiritual continua até hoje de vários modos.

Formas de se comunicar com a água e os espíritos do mar

Abençoe a água que você bebe e utiliza para cozinhar. Procure poços e fontes naturais. Limite sua poluição da água com produtos de limpeza ecológicos. Controle o desperdício de água. Armazene água da chuva para o jardim. Nade. Procure nadar em rios selvagens quando for seguro. Caminhe na chuva.

Doe e apoie instituições de caridade que ajudam a água, faça campanhas para limitar a poluição da água. Procure rios e siga o curso deles. Utilize radiestesia para procurar água. Chore de tristeza. Chore de alegria. Visite o mar. Cante para as ondas. Aprenda sobre as marés. Ouça seu coração e seus sentimentos. Faça oferendas biodegradáveis à Água, com flores, arte e produtos fermentados ou assados.

Fontes sagradas e divindades aquáticas

Fontes e poços sagrados sempre tiveram uma magia especial, como entradas para o ventre da Terra e para o outro mundo em suas várias formas. Como as antigas minas de sílex que foram encontradas e datam de antes da Era Paleolítica, elas eram honradas, provavelmente, como locais de energia ctônica ou terrestre e como a casa de espíritos, antepassados e deuses. Também eram tratadas com alguma medida de medo e trepidação.

Por volta da Idade do Ferro celta, as fontes eram locais de adivinhação ritual e, possivelmente, de sacrifício. A vida da tribo ou da comunidade dependia de suas fontes de água, que podiam trazer cura ou doença. Sendo assim, os espíritos das águas tinham o poder da vida e da morte sobre as pessoas.

Nossa dependência da água, no mundo ocidental, pode parecer afastada de nossa paisagem imediata agora, com a criação do encanamento moderno, mas os espíritos da água têm muito poder sobre nossas vidas como sempre.

Conforme o mundo e nosso clima se alteram, períodos de seca e chuva excessiva podem ter efeitos devastadores em nossas vidas. A poluição de nossos sistemas hídricos pode causar um dano terrível à vida natural, à nossa saúde, assim como à nossa conexão e relação com a água e outros espíritos da natureza que nos cercam. Se desrespeitamos nosso meio ambiente, por que os espíritos inerentes ao nosso meio ambiente nos respeitariam?

Nossa relação com os espíritos da água pode ser reparada e vastamente incrementada se oferecermos a eles nosso cuidado e respeito. Retomaremos as práticas antigas de fazer oferendas e de considerar corpos de água como locais sagrados e liminares.

Deuses e deusas das águas e das ondas

Para os celtas da Idade do Ferro e para os romanos da Britânia, poços, lagos e rios eram todos receptores de seus próprios espíritos e das deusas residentes – evidências arqueológicas nos forneceram alguns nomes dessas divindades e dicas sobre sua veneração.

Contos medievais posteriores, especialmente na Irlanda, provavelmente preservaram alguma dessas crenças e tradições orais e nos forneceram alguma mitologia vívida, contos folclóricos e ensinamentos misteriosos. Aqui está uma lista com algumas das mais notáveis divindades aquáticas.

Lir/Ler (irlandês), Llŷr (galês)

Encontrado em contos folclóricos e medievais e, muito provavelmente, oriundo de fontes anteriores, Lir é muito visto como um deus ancestral do mar, e é mais conhecido como pai do deus do mar Mannanán Mac Lir, que parece ter tomado seu lugar.

Lir também é conhecido no conto "O Destino dos Filhos de Lir", em que sua segunda esposa, Aoife, com ciúme de seus filhos, transformou-os em cines por 900 anos. Símbolos de poesia e da arte bárdica, os cisnes são animais sagrados na mitologia celta. Esse conto inclui elementos de ensinamento relacionados com a inspiração – conhecida como *Imbas* em irlandês –, encontrados por meio de contatos com o mar e viagens sobrenaturais, pois o outro mundo celta, geralmente, é descrito como visto além do oceano.

O galês Llŷr aparece na coleção de contos conhecida como *Mabinogion*, o pai de Bran e Branwen e, provavelmente, é o mesmo ser.

Manannán mac Lir (irlandês), Manannan mac y Leir (Manx),
Manawydan fab Llŷr (galês)

Manannán Mac Lir aparece amplamente na mitologia irlandesa como um dos deuses irlandeses entre os Thutha Dé Danann, como seu pai, Lir. Um guardião do outro mundo, dizem que Manannán Mac Lir possuía uma carruagem que viajava pelo mar conduzida pelo cavalo *Enbarr* ("espuma da água", concedido ao deus Lugh) e possuía uma espada poderosa chamada *Fragarach* ("a retaliadora"), e *féth fíada*, um manto de invisibilidade.

Às vezes, ele é visto como um trapaceiro e, em geral, orienta personagens em suas experiências transformacionais, especialmente no conto de Cormac Mac Airt. Ele é o rei das "ilhas abençoadas" sobrenaturais Mag Mell e Emhain Abhlach, a ilha das Macieiras, cujo equivalente britânico é a Ilha de Avalon.

Na Ilha de Man, que dizem ter sido nomeada segundo ele, Manannán Mac Lir é visto como um deus do mar e um trapaceiro – um mágico que foi o primeiro rei da ilha. Também dizem, na Ilha de Man, que ele foi o padrasto do deus Lugh.

Nechtan (irlandês), Nuada (irlandês), Nectan (inglês),
Nodens (romano-britânico), Nudd (galês)

Nechtan surge na mitologia irlandesa como o deus da fonte, que é a nascente do rio Boyne, conhecido como o poço de Nechtan, e também como *Tobar Segais*, ou Poço da Sabedoria, e em volta dele cresciam nove aveleiras que imbuíam a água com seu conhecimento mágico.

Ele pode ser o mesmo que o rei Nuada dos deuses irlandeses, os Tuatha Dé Danann, embora na coleção de textos conhecida como *Dindsenchas* (que significa "a tradição dos lugares" e data, pelo menos, do século XI) ele seja mencionado como filho de Nuada.

Nuada também ficou conhecido como Nuada Airgetlám (ou Airgeadlámh, que significa "mão/braço prateado") após perder um braço em uma batalha, que foi substituído por um de prata.

Nechtan surge em muitos contos folclóricos relacionado a corpos de água sagrada. Na Cornualha, o famoso Vale de São Nechtan, com seu arco de pedra e cascata, era claramente um lugar sagrado antes da chegada do Cristianismo. E São Nechtan é, muito provavelmente, uma versão da mesma figura.

No País de Gales, ele é conhecido como Nudd, e é o pai do deus de Annwn, o mundo subterrâneo, Gwyn ap Nudd. Ele era venerado como Nodens, a fonte etmológica para Nechtan, Nuada e Nudd na Idade do Ferro e na Britânia Romana como um deus da caça, dos sonhos, da cura e, possivelmente, da pesca.

Um templo celta romano dedicado a Nodens, em Lydney Park, com vista para o estuário de Severn, entre a Inglaterra e o País de Gales, foi interpretado como um santuário de cura, conhecido como *incubatio* – um lugar para peregrinos sonharem com um remédio da cura, ou então para receberem a cura do deus por meio de seus sonhos.

Boann

Boann é a deusa do rio Boyne, na Irlanda, na mitologia irlandesa e no *Dindsenchas*; o texto informa que ela era esposa de Nechtan, que a proibiu de entrar nas águas de seu poço da sabedoria. Ela quebrou a regra, caminhando à volta do poço no sentido anti-horário e libertando as águas que se tornaram no rio.

Apanhada na inundação, ela perdeu um braço, uma perna e um olho no processo – uma desfiguração particular que é um tema recorrente na tradição irlandesa, sugerindo, em geral, que a figura caminha entre os mundos e tem visões e habilidades sobrenaturais por causa de o outro olho, braço e a perna estarem no outro mundo.

Em outra versão da história, ela se afoga depois de se lavar no poço de Nechtan para esconder sua infidelidade depois de dormir com o deus Dagda e dar à luz seu filho, Oengus. Boann significa "vaca branca" (irlandês: *bô fihonn*; irlandês antigo: *bó find*). Ela também é vista como deusa da terra e da fertilidade.

Como deusa da sabedoria, ela também está associada às avelãs que ficam suspensas no poço de Nechtan, imbuindo-o com sabedoria. No século II da Era Comum, o escritor romano Ptolomeu registrou que o rio era chamado de Bouvinda, que deriva do protocéltico *Bou Vindā*, "vaca branca", ilustrando a grande antiguidade da reverencia à deusa no local.[20]

Sulis

Sulis é deusa local nas fontes termais da cidade de Bath, em Somerset, no sudoeste da Inglaterra. Seu nome parece estar relacionado a palavras que significam sol e olho, *súil*, em irlandês antigo e protocelta. Ela está associada à cura, mas também a maldições, pois arqueólogos encontraram muitas tábuas voltadas às maldições jogadas em suas águas, pedindo a Sulis (e seu nome celta-romano, Sulis Minerva) ajuda para se vingar de injustiças recebidas.

Seu templo, os banhos romanos, receberam seu nome em homenagem a *Aquae Sulis*, "as águas de Sulis". Minerva, a deusa romana a quem ela foi associada durante a ocupação romana, era a deusa da sabedoria e da guerra, aludindo, talvez, às associações de Sulis também com o tempo.

As águas termais de Sulis fluem ainda hoje, e são altamente benéficas para aliviar coisas como reumatismo, assim como um grupo de doenças mais sutis do espírito e do coração. Há evidências de que as pessoas vinham a Aquae Sulis por vários tipos de queixas. As mulheres visitavam as nascentes para tratar das doenças femininas e para auxiliar no parto. Pequenos modelos de peito foram encontrados, que podem ser amuletos para o parto.

As nascentes também eram importantes na cura dos olhos – pomada para os olhos era fornecida, e havia médicos e especialistas em olhos no local para ajudar os peregrinos. Essa deusa poderosa era tão popular que parecia ter sucesso sob a ocupação romana, e é reverenciada até hoje.

Coventina

Coventina pode ter sido a mais importante deusa aquática no norte da Inglaterra durante o período celta-romano. Seu culto era

---

20. Thomas F. O'Rahilly, *Early Irish History and Mythology* (Dublin, IE: Dublin Institute for Advanced Studies, 1946), p. 3.

centrado perto da Muralha de Adriano, que separava o que é hoje a Inglaterra do reino dos pictos (hoje, Escócia), no limite a norte do Império Romano.

Seu sítio principal parece ficar em Carrawburgh, onde ela era o espírito personificado da nascente sagrada, que alimentava um poço. Este foi construído no ano 130 da Era Comum, em um recinto com uma praça amuralhada que, gradualmente, ganhou mais fama espiritual que importância ao longo do tempo, até o auge do seu culto, no século III.

Seus devotos tentaram esconder o culto a Coventina colocando pedras achatadas sobre seu santuário para escondê-lo e protegê-lo, em resposta ao Édito de Tessalônica de 391 da Era Comum, quando os rituais pagãos foram considerados ilegais e os templos foram fechados.

Antes disso, ela era respeitada pelo Império Romano e recebeu outros títulos, como *Sancta* e *Augusta*, termos latinos que significam *sagrado* e *venerado*. Assim como o culto de Sulis, em Bath, Coventina recebia oferendas de moedas e de joias – anéis, broches e máscaras interessantes feitas de bronze. Também havia oferendas votivas de ossos, vidro, azeviche e xisto. Coventina é, em geral, representada, em relevos de pedras, sentada com as ninfas do mar ou como uma deusa com três aparências.

Acredita-se que ela foi, outrora, uma deusa beneficente "versátil", que supervisionava muitas áreas de interesse, não apenas curativos. Ela era cuidadora e protetora de todas as pessoas em várias provações da humanidade.

Prática
Oferendas e espaços liminares

Prepare uma oferenda para os espíritos da água – algo que precisou de cuidado e atenção na preparação, que seja feito à mão e biodegradável, como esculturas de vime feitas para esse propósito, um buquê de flores que você plantou, um vinho ou licor que você fez.

Leve sua oferenda até um rio ou mar, o que for mais próximo para você, durante a aurora ou o crepúsculo, horas liminares do dia, quando a fronteira permeável entre o mundo mortal e o mundo dos espíritos está mais acessível.

Aproxime-se da margem e dirija-se aos espíritos – utilize suas próprias palavras ou tente estas abaixo para começar. Algo simples está ótimo.

"Espíritos das águas, por favor, aceitem esta oferenda em amizade e respeito."

Lance sua oferenda nas águas com cuidado e reverência. Baixe a cabeça e agradeça pelas grandes dádivas que esses espíritos concederam à raça humana.

Prática
Encontrando os espíritos da água

Este exercício oferece os primeiros passos para se conectar com o espírito da fonte hídrica que está perto de você. Trate-o como um simples mapa para sua conexão e sinta-se livre para adaptá-lo da forma que quiser, embora seja melhor fazer isso depois de seguir este exercício à risca algumas vezes.

Após certo tempo, você começará a desenvolver uma conexão com os espíritos da água ligados ao seu local escolhido, e poderá, talvez, conversar com eles de maneira mais espontânea, permitindo que a versão do espírito da sua localidade e os próprios espíritos o guiem e orientem sobre como eles gostam de ser abordados. Mas, por agora, utilize este exercício como um simples modelo para começar e iniciar sua conexão.

Tente este exercício na beira da água, em um lago, nascente ou poço. Sente-se confortavelmente, feche os olhos e faça três respirações profundas.

Em sua visão interior, ou falando em voz alta, invoque seus guias e aliados para ajudá-lo e acompanhá-lo. Anuncie sua intenção de conhecer o espírito guardião da água daquele local em que você está sentado. Respire lenta e profundamente, sinta seus pés solidamente firmes no chão e mantenha as costas retas.

Deixe que sua atenção permaneça, suavemente, em seu corpo e, em seguida, no ambiente à sua volta. O que você ouve e sente enquanto está sentado? Qual é a sensação física e, mais sutilmente, emocional ou energética?

Agora, permita que sua atenção se fixe na presença da água à sua volta, na forma que for – rio, fonte, lago, mar ou outra. Você consegue ouvir os ruídos que ela faz, baixos ou altos? Dedique sua total atenção a isso, como se fosse a voz de um ente querido ou de um professor.

Confie que há sabedoria nessa voz, caso você pudesse compreendê-la. Com seu coração, em sua visão interior, ou (melhor ainda) em voz alta, chame o espírito da água e peça para encontrar o espírito guardião da água.

Diga que você vem em amizade e respeito, saliente suas boas e respeitosas intenções e diga que você procura apenas conexão. Alguns corpos de água são locais de ressentimento, pelo menos nas camadas superficiais, por isso é importante mostrar sua boa vontade e atitude respeitosa. Desacelere a respiração e aguarde.

Um pouco depois, você pode sentir uma alteração em suas percepções, ou ter alguma sensação física pelo corpo. Preste atenção a mudanças realmente sutis, talvez um assobio ou uma mudança de pressão em seu ouvido... tente ao máximo não ficar preso em como você imagina que será essa conexão, ou qual será a aparência dos espíritos aquáticos – tente tirar isso de sua cabeça e libere espaço para a conexão real acontecer. Isso requer tempo e prática.

Você pode sentir imagens surgindo de repente em sua mente, ou é tomado por uma sensação. Do mesmo modo, você pode sentir uma alteração em suas emoções. Se tiver sorte, é possível ter a clara sensação de uma presença, um ser que se aproxima de você. Exatamente como sabemos quando alguém está atrás de nós, se formos receptivos o suficiente, poderemos sentir a presença da pessoa fisicamente.

Não se preocupe se isso não acontecer rapidamente. Cada pessoa e cada espírito são diferentes, e é um erro fazer muitas suposições sobre que forma sua conexão acontecerá, pois isso pode evitar que estejamos totalmente presentes na experiência.

Prática
Limpeza e cura

Poços e nascentes sagrados são utilizados há muito tempo para bênçãos, curas e limpezas. Na Irlanda e nas Ilhas Britânicas, esses lugares eram associados a deusas específicas, poderes do lugar e deuses locais chamados de *genius loci* pelos romanos, que informaram sobre a existência deles.

Ao longo do tempo, eles se tornaram associados aos santos cristãos, e muitas das antigas tradições foram transpostas para a nova religião. Conhecer os espíritos da fonte de água com quem você trabalha, sua história e tradições, caso seja possível, é sempre importante.

Uma tradição duradoura consiste em pendurar *clooties*, uma palavra dialética que se refere a pedaços de roupa em galhos de espinheiros que crescem em torno de poços e nascentes. Esses *clooties* eram utilizados para curar e tirar o mau-olhado de alguém mergulhando o pedaço de roupa na água e lavando com ele o corpo da pessoa doente. Depois disso, esse pedaço de pano era pendurado na árvore para eliminar a doença ou as energias negativas.

Os espinheiros e os poços sagrados estão sempre juntos, e trata-se de uma combinação mágica interessante. Os espinheiros são muito bons para trabalhar com o coração, nossos sentimentos mais profundos e sua proximidade com a energia da água, já que ela sai da terra, literalmente emergindo de lugares profundos, os lugares liminares sobrenaturais, para a luz do dia. Isso significa que eles apresentam uma oportunidade única para buscar a cura profunda e o conhecimento interior.

O espinheiro pode auxiliar o curador, a pessoa que precisa de cura ou qualquer investigador espiritual a ter maior conhecimento de seu coração, de onde qualquer transformação acontecerá.

Tomar banhos regulares em água fresca de nascente, em poços ou fontes sagradas, bem como nadar em locais selvagens quando for seguro, são formas excelentes de atrair as energias curativas da região e das águas para seu corpo e alma, e para reconectar com sua própria fisicalidade sagrada.

Somos seres sensitivos e vitais, no entanto, com frequência, o mundo moderno bloqueia a conexão íntima entre nós mesmos e a região à nossa volta. Reatar com as fontes aquáticas de forma sagrada pode nos devolver esse estado natural abençoado.

Se nadar em águas selvagens não é uma opção, lembre-se de que mesmo a água da torneira faz parte de todo o sistema hídrico da Terra. Qualquer água é sagrada; com o uso de filtros e uma atitude consciente, podemos melhorar a qualidade da água da nossa torneira imensamente.

Também podemos acessar água de nascente engarrafada de um modo muito fácil, e isso deve ser feito da forma mais ética e consciente possível. Tome cuidado com água de nascente em garrafas de plástico, outro problema de poluição. Água de nascente é muito melhor que água tratada diretamente da torneira, mas mesmo a água de torneira pode ser melhorada com filtros, oração e bênção.

Com isso em mente, tente encher a banheira (caso tenha), pelo menos parcialmente, com água de nascente ou água filtrada e um punhado de sal marinho para uma limpeza energética. Você pode acrescentar abençoando você mesmo à água. Tente estas palavras, ou use as suas:

"Águas sagradas, vocês viajaram pela Terra e pelo céu, dos lugares mais profundos para os mais altos... Peço que me tragam as bênçãos da natureza, da terra, da chuva, dos rios e dos mares... Segurem-me como um bebê no ventre da Terra e me concedam a cura".

Contemple a água e envie para ela seu amor e seu carinho. Em sua visão interior, imagine a viagem da água pelos rios, mares e nuvens de chuva até o momento em que ela chega até você. Veja a água como algo sagrado. Espalhe o sal marinho e faça outra oração, talvez como esta:

"Que este seja um banho de bênção e cura... Obrigado, espíritos das águas!".

Decoração de poços

Ao longo do tempo, os poços sagrados da Idade do Ferro celta pagã, e do período da Britânia romana, tornaram-se poços sagrados cristãos, em geral associados a santos específicos que podem ou não ter visitado os lugares aos quais estão associados.

Muitos desses santos podem ter sido adaptados de deuses anteriores e dos *genius loci*, os deuses locais associados àquela área. Alguns poços ou nascentes foram associados a igrejas ou mosteiros, particularmente no País de Gales, onde líderes dessas organizações religiosas eram, em geral, santificados após sua morte. Mas esses locais também possuíam histórias de santidade muito antes da chegada dos cristãos. O próprio fato de esses locais serem utilizados por tanto tempo sugere uma santidade anterior ao Cristianismo.

Uma prática tradicional que, provavelmente, antecede o Cristianismo é a decoração dos poços – geralmente associada a Beltane ou o Dia de Maio. Um poço, ou nascente, é decorado com flores e outras oferendas, assim como velas, para honrar o espírito do poço, que, nos dias de hoje, é geralmente um santo ou a Virgem Maria.

No norte da Inglaterra, especialmente em Lancashire, a prática de decorar os poços se tornou altamente estilizada com desenhos complexos trabalhados em flores prensadas em uma grande tábua de argila.

Dessa forma, as flores permanecem frescas por vários dias e podem ser utilizadas para um arranjo com um símbolo ou uma imagem inteira. A tábua de argila, em uma moldura de madeira, é então colocada no poço como uma oferenda. No entanto, uma prática mais poderosa pode ser a construção, ao longo do tempo, de uma relação com as fontes hídricas em sua própria região e fazer oferendas menores, porém mais pessoais, ao espírito – flores ainda são uma boa opção, canções e poesias, assim como a limpeza de lixo, também são comoventes e algo que os espíritos reconhecerão.

Dessa forma, sua conexão poderá ser simples, porém sincera, e o ato da peregrinação para visitar essas fontes de água em momentos significativos do ano, como o Beltane, dá continuidade a essa prática antiga sem as implicações do Cristianismo moderno.

Visitas ou peregrinações durante a Lua Cheia, em tempos de crise pessoal ou encruzilhadas, também são importantes para construir uma relação próxima entre você e os espíritos de tais lugares.

Quando respeitamos, lembramo-nos e retribuímos aos espíritos das águas sagradas, não estamos apenas restabelecendo uma prática ancestral – estamos renovando e dando continuidade a ela com tanta validade agora como em qualquer momento do passado.

Água de chuva e água da lua

Além da água de nascente, você também pode trabalhar com a água da chuva se tiver um pouco de cuidado. A água da chuva pode ser guardada em contêineres para uso em jardins e várias outras coisas em casa.

Geralmente, ela pode ser bebida, embora isso necessite, realmente, de testes e controles prévios. Armazene água da chuva também para utilizar em bênçãos e magia, onde ela poderá ser uma alternativa à água fresca de nascente, pois ela carrega as energias do ar e do mundo superior em vez da energia da Terra.

Água de chuva é água natural – ela vem de longe, traz mensagens de locais distantes, e suscita, dentro de nós, uma lembrança para sermos espontâneos, para nos rendermos porque a natureza sempre fará o que deseja e sempre será mais forte que nós. Ao contrário dos rios ou das nascentes, que devemos viajar e procurar para encontrá-los, a água da chuva vem até nós, tamborilando seus dedos insistentes nas vidraças de nossas almas.

Assim como sua viagem até nós, onde a água é armazenada tem grande significado. Muitos celtas e locais sagrados primitivos, como os círculos de pedras e afloramentos altos e rochosos, em lugares como as Terras Altas da Escócia, e Dartmoor, na Inglaterra, possuem espaços onde a água da chuva fica armazenada e eram, provavelmente, utilizados por aqueles que veneravam ali desde os primórdios dos tempos.

Uma característica comum na arte rupestre são os petróglifos, depressões pequenas e circulares talhadas em pedras sagradas. Pode ser que, em alguns casos, eram lugares que juntavam água para ser utilizada de forma sagrada, ou eram o ponto de encontro em que a água tocava a pedra e surgia uma magia especial.

Nenhum desse tipo de entalhe em pedras está posicionado horizontalmente. Em geral, eles parecem o padrão de gotas de chuva ondulantes sobre a superfície da água. Em outros locais, as depressões no topo de pedras que estão de pé, e outras características, formam bacias naturais que armazenam água e a carregam com sua energia de uma forma que, certamente, era intencional para aqueles que construíram e utilizaram tais lugares originalmente.

A água também é carregada e influenciada por aquilo que ela reflete. A luz do sol e das estrelas, assim como da lua, possuem um grande papel na magia aquática. E a água da lua, especialmente, é uma poção natural poderosa e útil.

Prática
Preparando a água da lua

A preparação da água da lua é uma prática de magia tradicional que muitos caminhos utilizaram desde tempos imemoriais. A água da lua é utilizada para abençoar e limpar uma pessoa, um espaço ou um objeto. Ela também serve como base para poções herbais e tisanas, essências vibracionais ou para qualquer uso que necessite de água.

Ela ainda é bebida para conceder ou restaurar poderes, para atribuir sabedoria e conhecimento psíquico. A água da lua é fácil de fazer, mas fica muito melhor quando uma forte conexão espiritual com a lua já foi estabelecida.

Junte um pouco de água da fonte ou água da chuva e coloque-a em um copo ou em uma tigela de prata pura. Deixe a água do lado de fora, onde ela apanhará a luz da Lua Cheia durante a noite. Faça uma oração à lua para carregar e abençoar seu trabalho.

Como qualquer trabalho mágico, sua própria espontaneidade e relação terão melhor uso se você adicionar uma oração. O que está a seguir são minhas próprias palavras. Sinta-se bem-vindo para utilizá-las da maneira que quiser, até encontrar suas próprias palavras.

"Senhora da lua, agora seu poder está no auge, abençoe esta água, derrame sua luz sobre ela. Conceda seu poder às minhas magias..."

Caso tivesse alguma necessidade específica para a água, eu mencionaria agora. Caso contrário, agradeceria à lua e deixaria a água do lado de fora para ser recolhida logo de manhã e engarrafada em um contêiner de vidro escuro.

Às vezes, em vez de utilizar um contêiner de prata para preparar sua água da lua, uma peça de prata – talvez uma peça de joalheria, desde que seja de prata pura – poderá ser colocada na água. A compatibilidade energética entre água, prata e lua está bem estabelecida, e a prata dará à água mais pureza e limpeza.

Caso pretenda beber sua água da lua, certifique-se de que ela vem de uma nascente segura, ou filtre-a de maneira apropriada previamente.

Hidromancia e busca de sabedoria

Os druidas antigos procuravam sonhos de sabedoria e cura dormindo ou meditando perto de água corrente. Passar algum tempo apenas ouvindo o fluxo de um rio, seu rugido, uma cascata, ou o tamborilar de gotas de chuva no telhado é uma forma excelente de desligar a mente consciente e acessar um estado de consciência alterado em que o profundo conhecimento ou conexão espiritual podem ser encontrados.

Passar o tempo apenas ouvindo o bater das ondas à beira-mar tem o mesmo efeito, e quase pode nos hipnotizar ou nos embalar até dormir, de tal forma que nunca estamos totalmente conscientes de nós mesmos. E podemos ser atingidos por visões e pensamentos brilhantes e poderosos.

A água corrente pode ser descrita como tendo sua própria voz, às vezes um rugido e, outra vezes, sussurros, risada ou canto. Os sons que a água produz variam infinitamente e nunca são repetidos. A água é uma excelente ferramenta para adivinhação, e pode nos ajudar a acessar a voz da Terra e os próprios deuses.

Tente fazer campismo natural perto de um rio, de uma cachoeira ou do mar. Antes de se retirar para dormir, vá até a beira da água e faça uma oferenda – um presente sincero, talvez flores, vinho ou uma canção. Invoque especificamente o espírito das águas presente e peça sua sabedoria e conexão.

Conforme pega no sono, você pode sentir que tem clarões repentinos de visões, ou que tem sonhos significativos. Preste atenção e escreva os sonhos assim que acordar, e agradeça às águas pelo presente.

Iniciação na cachoeira

As cachoeiras, especialmente, foram utilizadas no passado como locais para iniciação e renascimento – em geral, as piscinas que elas criam são chamadas de "caldeirões", sugerindo uma associação a esse propósito que sobreviveu ao longo dos séculos.

Tomar banho nesses locais pode ser perigoso por diversas razões, mas caso precauções adequadas forem tomadas e se você conhecer bem o local, será possível executar sua própria iniciação e renascimento nesses locais, durante várias fases de sua vida – quando sentir que um fim ou um novo começo estão próximos, ou quando desejar se dedicar ao caminho natural.

Quando nos rendemos às águas e permitimos que o poder delas nos lavem e limpem de nosso passado, padrões anteriores e encarnações, poderemos emergir das águas abençoados, renovados e carregados com o poder elementar para tomar uma nova direção.

Espíritos da água e do mar

Espíritos da água e do mar, nas tradições celtas da Grã-Bretanha e da Irlanda, surgem em grande variedade de formas, e falar de cada um deles com profundidade daria outro livro.

No entanto, alguns se sobressaem mais como tipos comuns de fadas e espíritos da natureza, ou surgem em contos ou folclore, especialmente famosos, ligados a eles. Muitos desses seres podem muito bem ter sido honrados como deuses em outros tempos, e alguns podem ter sido conhecidos apenas a partir da Era Cristã, ou sempre foram conhecidos mais como seres espirituais e fadas.

Contos tradicionais

Os homens azuis de Minch (Hébridas Exteriores)

Lendas de *Na h-Eileanan Siar* (gaélico escocês: Ilhas Ocidentais, também conhecidas como Hébridas Exteriores) narram que há três grupos principais de espíritos de fadas. Alguns dizem que eles caíram do céu, mas antes disso relatam que eram filhos da antiga deusa celta coroada chamada *Cailleach*. Trata-se dos Homens Ágeis e das Donzelas Felizes (também conhecidas como os Dançarinos Felizes), gigantes que dançavam nas luzes da Aurora Boreal.

Os outros eram as fadas que viviam por baixo da terra, nas colinas das fadas, e o terceiro grupo, do mar, era conhecido como os homens azuis. Em algumas ocasiões, também conhecidos como os *kelpies* da tempestade, os homens azuis de Minch são, em sua maioria, tradicionalmente, homens com o tamanho humano e pele cinza azulada.

Os homens azuis preferem as águas mais perigosas, deleitam-se com tempestades e navios naufragados. No entanto, nem sempre eles foram maliciosos. Seu líder, Shooney, ou Seonaidh, recebia oferendas de cerveja em troca de presentes de alga marinha para fertilizar os campos.

Senaidh é o gaélico escocês para *Johnnie*, por isso, o que temos aqui é um nome genérico ou nome de uso, pois sabia que seu nome acarretaria algumas medidas de poder contra ele, coisa que os *kelpies* nunca permitiriam.

O grande Selkie O'Suleskerry (Órcades e Shetland)

"UMA nourris[21] terreste senta-se e canta,
E sim ele canta, Ba, lily wean![22]
Little ken I my barinis father,[23]
Pouco distante é a região onde ele mora
Então ele acordou nos pés da cama dela,
E um hóspede perturbado tenho certeza de que ele era,
'Eu estou aqui, o pai do seu bebê,
Embora eu não seja gracioso.
'Eu sou um homem sobre a Terra,
E sou um *silkie* do mar;
E quando estou longe, bem longe da Terra,
Minha morada é em Sule Skerrie.'
'Isso não é bom', disse a donzela,
'Não é nada bom', disse ela,
'O Grande Silkie de Sule Skerrie[24]

---

21. Mulher terrestre que está amamentando, uma ama.
22. *Ba, lily wean* – grite, adorável criança.
23. Pouco conheço o seu pai.
24. "The Great Silkie of Sule Skerry" ou "The Great Selkie of Sule Skerry" é uma canção do folclore tradicional de Shetland e Órcades. Uma mulher tem seu filho levado pelo pai,

Agora possui uma bolsa de ouro,
E ele tocou no joelho dela,
Dizendo, dê para mim, meu pequeno filho,
E fique com o pagamento da ama,
E chegará um dia de verão,
Em que o sol arderá em todas as pedras
E pegarei meu pequeno filho,
E o ensinarei a nadar no mar,
E você se casará com um caçador orgulhoso,
E um caçador orgulhoso tenho certeza de que ele será.
E o primeiro tiro que ele disparar,
Ele matará meu jovem filho e eu.[25]

Selkies (escocês)

Selkie é uma palavra de dialeto que significa *foca* ao longo da Escócia e do arquipélago das Órcades. Também é o nome dos espíritos das focas, focas homens e mulheres que, ocasionalmente, vêm até a costa, trocam sua pele de foca para dançar na areia e cantar sob a Lua Cheia.

Nos contos antigos, os homens e as mulheres selkies são sempre bonitos e, frequentemente, pescadores se apaixonam pelas mulheres selkies e se casam com elas. Eles escondem as peles de foca delas, assim elas não podem se transformar novamente e voltar para o mar. Mas as mulheres selkies, com o tempo, sempre encontram sua pele e deixam os filhos e o marido desamparados, ansiando pelo seu retorno. Com frequência, a mulher selkie retorna, mas, uma vez por ano, para ver os filhos e ensiná-los magias do mar e poções curativas.

Dizem que os homens selkies são tão bonitos quanto as mulheres e encantavam as mulheres humanas com seus olhos escuros e profundos. Os homens foca deixavam suas peles escondidas

---

o grande selkie de Sule Skerry, que pode se transformar de foca em homem (Fonte: Wikipédia)

25. "*The Great Selkie* (ou *Silkie*) *de Suller Skerry*" foi compilado pela primeira vez por uma mulher em Snarra Voe. Shetland, publicado por Capt. E. W. L. Thomas nos anos 1850. Posteriormente, essa canção tradicional foi gravada em uma antologia como "Child Ballad 113". '<https://sacred-texts.com/neu/eng/child/ch113.htm.>'

voluntariamente e iam à busca de mulheres mortais, no interior da região, para seduzir. Em outras ocasiões, as mulheres procuravam um amante selkie indo até a costa, na maré alta, e derramando sete lágrimas nas ondas.

O antiquário e folclorista das Órcades, Walter Traill Dennison, escreveu um relato moderno sobre essa prática no *Scottish Antiquary*, em 1893:

> Ela ia bem cedo pela manhã e sentava-se em uma rocha, na marca da maré alta, e quando vinha a maré alta, ela derramava sete lágrimas no mar. As pessoas diziam que eram as únicas lágrimas que ela alguma vez derramou. Mas sabemos que isso é o que deve ser feito se ela quiser falar com o povo selkie. Bem, quando o primeiro vislumbre da aurora tornou as águas cinzas, ela viu um selkie grande nadando em direção à rocha.
>
> Ele ergueu a cabeça e disse a ela: "O que você quer comigo, bela dama?".
>
> Ela provavelmente disse a ele o que tinha em mente; e ele disse-lhe que a visitaria durante a sétima corrente [maré da primavera], pois esse era o momento em que ele poderia aparecer na forma humana.
>
> Assim, quando chegou o momento, ele surgiu. E eles se encontraram várias vezes. E, sem dúvida, não era para o bem que eles se encontravam com tanta frequência. De qualquer forma, quando os filhos de Ursilla nasceram, todos eles tinham pés e mãos em forma de teias, como as patas de um selkie.[26]

Diziam que em Shetland, as mães protegiam suas filhas dos selkies pintando uma cruz vermelha no peito delas, e os selkies tinham medo, assim como seus primos quase idênticos, os finfolk.

---

26. *Scottish Antiquary* 1983, vol 7. JSTOR: <https://www.jstor.org/stable/2551655?seq=1#page_scan_tab_contents>.

Finfolk

Os finfolk são outra raça sobrenatural que vive nos mares à volta das Órcades e de Shetland. Diziam que eram feiticeiros do mar escuros e terríveis, que chegavam à costa e tomavam a forma humana que quisessem. Diziam que eles raptavam rapazes e moças mortais e levavam-nos para suas casas, em Finfolkaheem, seu reino por baixo do mar. Ou então para sua ilha que desaparecia por mágica, Hildaland.

Os finfolk tinham habilidades marítimas incríveis e podiam controlar o tempo, trazer tempestades ou calmaria para os oceanos por meio de sua magia. Vestígios das tradições da língua nórdica antiga podem ser vistos nesses contos, pois as regiões onde os lapões viviam, no extremo norte, costumava se chamar *emark*.

Magia do mar: as marés e a lua

As magias da água e do mar estão intimamente ligadas aos ciclos da lua. Isso se deve, em parte, à ressonância energética entre os dois. Os espíritos aquáticos têm grande afinidade com a lua e suas energias misteriosas, sutis e instáveis. Ambos causam grande impacto nas emoções humanas, nos sentidos psíquicos, no subconsciente e em nossa consciência intuitiva profunda.

Cientificamente, sabemos que os movimentos das marés e, por extensão, todos os corpos de água da Terra, são afetados de forma gravitacional pela lua e, em menor grau, pelo sol. De acordo com a ciência, os efeitos da proximidade da lua com a Terra – que cria as marés – tem um efeito minúsculo nos lagos e em menores corpos de água, incluindo o corpo humano. Mas isso ainda é algo que muitas pessoas sentem. Entretanto, os efeitos da lua sobre os oceanos terrestres são enormes, causando marés energéticas e físicas com as quais podemos trabalhar de maneira muito eficiente.

Falando livremente, as marés baixas podem esgotar a energia de algo – para banir, limpar, ou enterrar algo que já não nos serve. Também podemos utilizar a maré alta para ancorar coisas – para abençoar, tornar um projeto fértil e aproximar aquilo que queremos atrair.

É muito útil saber as horas das marés nos oceanos próximos à sua localização (são facilmente encontradas na internet), pois não precisamos estar fisicamente presentes na margem da água para trabalhar com elas, embora isso ajude.

Da mesma forma, vale salientar que os períodos próximos às marés mais altas e mais baixas serão os mais eficazes para realizar magias – guarde os pontos mais altos e baixos das marés para coisas como comunhão com espíritos, adivinhação ou para virar situações que estão contra você.

Prática
Magia das marés

Quando a maré virar, começar a desaparecer e a lua estiver minguante, pegue uma concha. Segure-a perto do ouvido e veja se consegue ouvir o mar dentro dela. Se ouvir, diga à concha tudo aquilo que você quer se livrar e transformar no próximo mês. Sejam problemas, relacionamentos difíceis, má saúde, contas complicadas, sejam qualidades interiores que você deve abandonar, como raiva, tristeza ou desgosto. Quando sentir que disse à concha tudo aquilo de que você precisa se livrar, agradeça-a, segure-a perto de seu coração por um instante, para honrá-la, e jogue-a no mar.

A magia oposta pode ser realizada quando a maré alta estiver se aproximando e a Lua estiver Crescente para Cheia. Vá até a costa e invoque a lua, as ondas e tudo o que você deseja para o próximo mês. Abra bem os braços e inspire o poder que se ergue à sua volta. Quando estiver preparado, pegue uma pequena garrafa ou um frasco de vidro e guarde um pouco de água do mar.

Curve a cabeça em agradecimento à mãe do oceano e aos espíritos do mar e carregue a água – o poder da maré alta – com você durante um mês inteiro. Após ter passado um mês, devolva a água onde ela foi recolhida com gratidão.

Maré viva, corrente de maré e macaréu

A maré viva, também conhecida como maré rei, em inglês, chama-se *spring tide*. Ela tem esse nome porque passa a ideia de nascente (*spring*) que brota durante as Luas Nova e Cheia, fazendo com que as ondas e a maré fiquem ligeiramente mais altas.

A maré morta ocorre no meio, nos quartos lunares, em torno de sete dias mais tarde, com o efeito oposto. Isso significa que a maré baixa está ligeiramente mais alta, e a maré alta está ligeiramente mais baixa, pelo fato de o sol e à lua estarem a ângulos retos de nossa perspectiva na Terra, anulando a força gravitacional um do outro.

Nem é preciso dizer que a magia realizada durante a maré viva, ou marés baixas, terá mais poder que aquela realizada durante a maré morta, uma vez que trabalharemos com os ritmos naturais. Portanto, no dia ou na noite anterior (no mais tardar), diretamente antes da Lua Cheia, conforme a maré surge, ou no máximo quando ela estiver atingindo seu ponto inferior, é quando deve ser banida.

A maré alta da Lua Cheia (ou logo antes) é o momento ideal para capturar ou atrair a energia crescente. Meditar, viajar pela sua visão interior ou procurar contato espiritual durante esses pontos altos da Lua Cheia, e pontos mais baixos da Lua Nova, são igualmente mais poderosos do que a maré viva que está no meio.

A corrente das marés acontece quando a maré alta, com uma corrente muito rápida, é forçada a passar por um espaço muito estreito e forma redemoinhos, ondas e correntes perigosas. Um exemplo famoso é o Golfo de Corryvreckan, entre as ilhas Jura e Scarba, na costa oeste da Escócia. Essa corrente de maré flui por uma série de obstáculos subaquáticos que se combinam para criar o redemoinho de Corryvreckan, o terceiro maior do mundo.

Do gaélico, *Coire Bhreacain*, corryvreckan significa o *caldeirão de tartã*, que dizem ser, no folclore, o caldeirão de Cailleach, a anciã do inverno. Dizem que ela lava seu tartã dentro do caldeirão antes de jogá-lo sobre a Terra para criar um profundo cobertor de neve. Dizem que Corryvreckan também é a casa dos *na fir ghorma*, os homens azuis.

Trabalhar com correntes de marés e com os macaréus é altamente poderoso, apesar de também ser bastante caótico – as forças marítimas estão no seu momento mais violento e têm pouco interesse em nossas preocupações. Elas chegam a toda parte, por isso, orações e oferendas para a paz ou cura, por exemplo, feitas (com cuidado, sem risco de afogamento!) em uma corrente de maré podem ter um alcance abrangente correspondente, caso a paz seja desejada em um tema mais amplo que algo individual, como a saúde de uma comunidade, ou uma oração pela saúde do próprio mar.

Fazer magia com intenção para circunstâncias individuais em uma corrente de maré não é algo que eu recomendaria – o mar tem sua vontade própria, e as necessidades pessoais podem, facilmente, se perder em tal poder. O potencial para a reação de uma magia compreensiva, durante uma corrente de maré, na vida de alguém, muito provavelmente é algo que não deve ser desejado! Já uma oração altruísta dedicada à senhora do mar pode correr bem, caso ela esteja bem-disposta.

O macaréu acontece quando o bordo de ataque de uma maré crescente é forçado rio acima ou por uma baía estreita contra a direção das correntes fluviais. Isso acontece, especialmente, em marés vivas altas, especialmente durante o equinócio de primavera (outro macaréu poderoso pode acontecer, também, durante o equinócio de outono).

Um exemplo famoso de um macaréu fica no estuário de Severn, entre o País de Gales e a Inglaterra. Trabalhar magicamente com um macaréu segue as mesmas linhas que trabalhar com as marés em geral – entregue seus cuidados ou doenças para a maré que recua. Embora eles tenham entrado em sua vida, também podem sair. Da mesma forma, uma vida que passa por uma grande estiagem, pode ser refrescada e renovada com as bênçãos de um macaréu, que trará nova vida e oportunidades.

Ferramentas mágicas da costa

A costa e o litoral são ótimos locais para procurar recursos e objetos mágicos naturais. Esses objetos podem crescer ou viver na área, ou podem ter sido levados pelas ondas, cruzando longas distâncias. Tais objetos, em geral, possuem atributos mágicos que os conectam com a região, com um animal, uma planta e o próprio mar, pois o oceano assinala todos eles como sua propriedade.

Objetos mágicos trazidos pelo mar possuem suas qualidades e poder únicos, e assim como o movimento das ondas e o sal afetam sua aparência, a água do mar e seus movimentos baseados na lua acrescentarão suas energias a essa mistura. Da mesma forma, itens mágicos podem ser lavados pela água do mar para uma limpeza profunda e para eliminar quaisquer energias negativas. Mas deve-se tomar cuidado para que a água do mar não os danifique enquanto incute neles sua própria magia poderosa. A lista seguinte contém as ferramentas mágicas mais comuns encontradas no mar e na costa.

Bolsas de sereia

Bolsas de sereia são objetos pequenos, duros, mais ou menos retangulares que, em geral, são encontrados ao longo da linha da maré, pelo litoral. Normalmente, possuem uma cor marrom-escuro e são, hoje em dia, os sacos de ovos vazios de vários tipos de tubarões. Esses objetos estranhos e encantadores possuem uma tradição ancestral de sua utilização entre as bruxas do mar para magia de proteção, riqueza e fertilidade. Também servem como um poderoso talismã natural.

Associada às sereias, aqueles espíritos marítimos poderosos, belos e traiçoeiros, essa magia é considerada distintamente feminina, embora possa ser usada por qualquer um. Se levar uma bolsa de sereia para casa com você, será importante oferecer um presente ao mar em retribuição, como uma moeda de prata, um buquê de flores ou uma canção. Seja sempre consciente ambientalmente quando fizer oferendas naturais. Presentes como uma poesia ou uma canção são preferíveis a presentes físicos. Embora oferendas físicas fossem comuns no passado, deixá-las requer um planejamento cuidadoso, quando optamos por elas hoje em dia.

Um uso tradicional da bolsa de sereia consistia em enterrá-la na entrada da casa ou enterrar uma em cada canto da propriedade. Outro uso seria juntar as bolsas a outros itens e fazer um amuleto com várias peças para a fertilidade, utilizando ervas e outros encantamentos, como conchas e sementes. Carregar ou meditar com um desses amuletos ajuda a acessar os reinos das águas espirituais, as próprias sereias ou os poderes profundos do mar.

Conchas

As cochas são ferramentas de magia maravilhosas. Uma combinação entre magia da terra e da água, acredita-se que, muitas vezes, elas correspondam a ideias em torno da fertilidade e da magia do amor, assim como abundância de beleza e a deusa do trabalho. As conchas são fantásticas para armazenar água em cerimônias e rituais, e como tigelas especiais para oferendas. Elas também podem ter um papel útil em *kits* de adivinhação natural.

As belas e simétricas conchas de vieira são sagradas para as deusas Vênus e Afrodite, e são úteis na magia do amor como parte de um ritual ou encanto, também para usar como um talismã ou como parte de um amuleto mágico. Uma concha de nautilidae, em formato de espiral, revela uma geometria sagrada impressionante, o nautilidae não sai da concha e aumenta o tamanho desta conforme ele cresce. Sua concha é útil para a magia relacionada a crescimento, expansão e renovação, assim como trabalhos com o tempo e viagens xamanísticas, como a espiral tripla sagrada celta, associados a nascimento, morte e renascimento.

A concha espiral e pontuda do terebridae, que vem de um caracol marinho predador, é considerada masculina e feminina, e seu formato de chifre pontudo sugere uma correspondência com o planeta Marte e a fertilidade masculina. Essas conchas maravilhosas são altamente protetoras e são complementos úteis a varinhas e trajes ritualísticos.

O formato de vulva da concha do búzio, por sua vez, é altamente feminina e útil na magia sexual, assim como para a fertilidade e para invocar a abundância. Elas também são popularmente utilizadas na adivinhação.

Estrela-do-mar

As estrelas-do-mar são criaturas mágicas associadas a sorte e proteção, e têm conexão com os reinos estelares superiores – um belo exemplo de "assim como é em cima, é embaixo". As estrelas-do-mar servem como uma versão de bruxa marítima do pentagrama. Os pentagramas também simbolizam o planeta Vênus e são, por isso, úteis na magia do amor. Como essas criaturas conseguem regenerar seus membros, elas também são úteis como amuletos para a cura e para a recuperação de traumas.

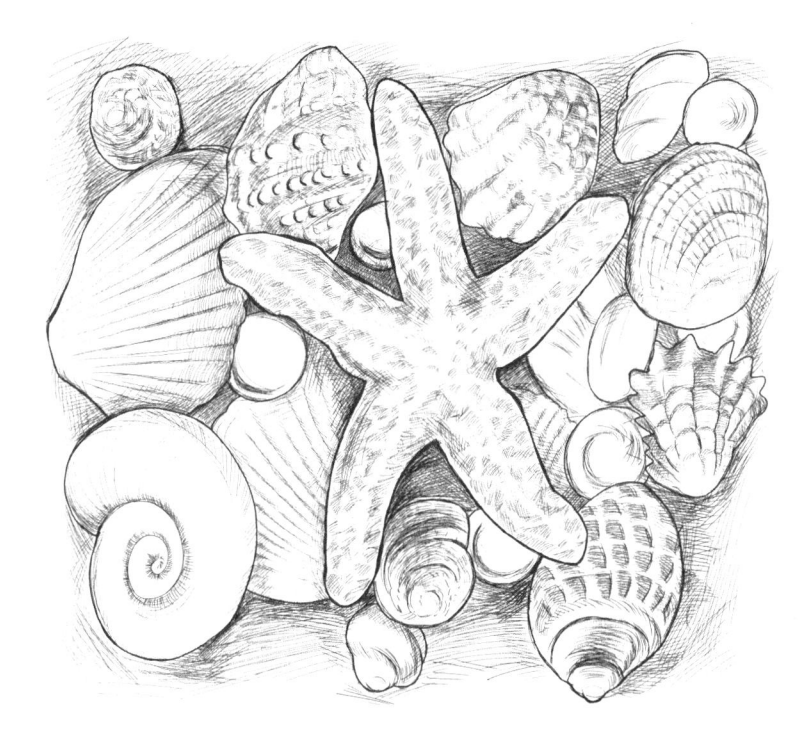

Conchas e estrelas-do-mar

Seixos e pedras trazidas pela água

A água tem um efeito poderoso sobre as pedras, e os seixos virados e arredondados da costa, ou do leito dos rios, são aliados úteis que podem ser ferramentas para a adivinhação quando inscritos com palavras, runas ou letras do alfabeto ogam.[27] Eles são poderosos da mesma forma, quando sentidos e quando se medita sobre eles, pois possuem uma orientação individual única. Os seixos que rolam também podem ser úteis para preencher chocalhos feitos à mão e como decoração para seus próprios lugares sagrados e ferramentas, pois eles carregam as energias do mar ou rio e da terra.

Uma pedra particularmente útil encontrada na costa é o quartzo branco que, em geral, é visto entre outras pedras e pode ser detec-

---

27. Para mais informação, veja *Celtic Tree Magic: Ogham Lore and Druid Mysteries*, de Danu Forrest (Llewellyn, 2014).

tado em virtude das suas qualidades mais vítreas que outros seixos brancos. Esse cristal naturalmente liso é encontrado com frequência em sítios arqueológicos celtas e do início da Idade do Bronze, especialmente à volta de sepulturas ou locais associados a cerimônias.

Grandes versões desse cristal foram descobertas generosamente espalhadas por um complexo irlandês em Newgrange, e tem sido utilizadas para restabelecer sua entrada decorativa. O quartzo branco tombado naturalmente pelas águas possui uma energia muita clara, porém aterrada, que pode ser utilizada em hidromancia e cura. Juntar algumas pedras quando você as encontrar e deixá-las como oferenda em lugares sagrados é uma boa prática, desde que seja feito com moderação e sensibilidade.

Prática
Feitiços para bons mares e marés

Entoe este feitiço tradicional das Ilhas Ocidentais para a Lua Nova e peça mares e marés amigáveis:

Saudações a você, Lua Nova iluminada
Eu dobro o joelho, rainha tão bela;
Em meio às nuvens escuras, está seu caminho,
Você que guia todas as estrelas;
Embora sua luz me preencha de alegria
Coloque o fluxo da maré na corrente
Envie o fluxo para a corrente.[28]

Banindo a baleia (Shetland)

Uma técnica extraordinariamente inteligente era utilizada pelos pescadores de Shetland para espantar as baleias. Essa técnica também era conhecida como *fjaedin* ou *bredgie*. Esses enormes animais marinhos eram algo que os pescadores temiam quase que acima de qualquer outra coisa, pois apenas o tamanho deles tinha a habilidade de destruir os pequenos barcos de madeira, afogando todos eles.

---

28. Kenneth Macleod, *The Road to the Isles* (Robert Grant & sons, 1927), reproduzido em Graham King, *The British Book of Spells & Charms* (Troy Books, 2015), p. 251.

No entanto, a proteção principal aqui não era feita com métodos mágicos, além do amuleto da sorte feito com uma moeda de cobre. Quando avistava uma baleia, o pescador segurava a moeda dentro da água e arranhava sua superfície com a ponta de aço de sua faca. Acreditava-se que todo barco que fosse protegido dessa forma estaria a salvo de todas as baleias, pois elas não perderiam tempo em nadar para longe deles o mais rápido possível, assim que isso era feito. Talvez o som estridente de metal contra metal tivesse um efeito desagradável sobre a sensível audição sonar das baleias.[29]

---

29. John Spencer Jr., *Shetland Folklore* (1899), reproduzido por AlbaCraft Publishing, 2013. Edição Kindle, localização 802.

Quatro
Céu

Após explorar a triplicidade elementar sagrada da Terra, do mar e do céu, e examinar as presenças espirituais e mágicas da Terra e mar/água, agora voltamos nossa atenção para o elemento e a magia do Ar e para as presenças espirituais do céu conforme compreendidas pelas culturas celtas.

Os quatro pontos cardeais

Na Escócia, especialmente nas Terras Altas, existe a tradição dos quatro *airts** ou direções, e cada direção está associada a uma estação, um vento e a um conjunto de outras tradições. O leste está relacionado com a primavera, o sul, com o verão, o oeste com o outono, e o norte, com o inverno. Muito foi feito para se movimentar na direção do sol, ou direção *deisil*, para abençoar alguém ou uma região. E muitas vezes eram feitas procissões especialmente para transportar o fogo, caminhando na direção do sol em volta dos quatro pontos cardeais para eliminar o mal ou trazer boa saúde.

Em contrapartida, caminhar *tuaithiuil*, no sentido anti-horário, ou contra o sol, também conhecido como *widershins* (ao contrário), atraía magia ruim, ou servia para expulsar algo de uma área, ir contra o sentido da natureza. Os quatro pontos cardeais

---

* N. T.: *Airt*, em gaélico, significa, literalmente, "um ponto da bússola".

estavam intimamente ligados aos quatro ventos, que eram vistos como portadores da energia ou qualidades de suas respectivas direções, transportando espíritos em seu despertar.

Dizia-se que o leste e o vento do leste ancoravam coisas boas, vida, assim como também estavam associados à primavera, o sul associado ao verão trazia bons ventos, e talvez estiagem. O oeste trazia tempestades associadas ao outono, que chegava com o clima hostil do mar outonal. Mas o vento do norte era o mais temido, pois era o vento do inverno, que trazia o frio cruel do norte glacial; o vento que transporta Cailleach, a anciã do inverno.

Conecte-se com o ar e os espíritos do céu

Pendure sinos de vento. Arranje um barômetro. Ouça o vento. Aprenda a fazer seus próprios incensos. Cante. Entoe. Respire. Respire profundamente. Recolha penas caídas. Observe o vento nas árvores. Procure lugares altos. Preste atenção às nuvens. Minimize sua poluição atmosférica, participe de campanhas para um ar mais puro. Empine pipas. Faça doação para um santuário de pássaros ou para uma instituição de caridade para pássaros. Olhe para o horizonte. Observe os raios. Procure a Aurora Boreal. Aprenda as tradições das estrelas. Arranje um telescópio.

Os 12 ventos e suas cores (irlandês)

Na tradição irlandesa, existe a crença fascinante de que cada um dos ventos possui diferentes qualidades e até diferentes cores. Dizem que a direção do vento que soprou no dia em que você nasceu possui um significado particular, pois ele sopra o ar de sua primeira respiração em seus pulmões e leva consigo sabedoria e lições. Assim, toda a região pela qual ele viajou lhe deu a vida naquele momento, e carregará você até o último de seus dias.

A principal fonte para essa crença vem de uma impressionante coleção de poesia, o *Saltair na Rann* (o Salmo dos Quatro), que dizem narrar a história sagrada do mundo. O *Saltair na Rann* é amplamente atribuído a santo Óengus mac Óengobann (Angus Mac Og), do século XIX, mas essa autoria é questionada; grande parte do trabalho pode ser muito mais antiga.

Criação dos ventos com suas cores, segundo o Saltair na Rann:

Rei que mandou os oito ventos
avançarem sem incerteza, repletos de beleza,
os quatro ventos principais que ele restringe,
os quatro poderosos ventos inferiores.

Há outros quatro ventos inferiores,
como dizem os autores eruditos,
este deve ser o número, sem erro,
dos ventos, doze ventos.

Rei que criou as cores dos ventos,
que os colocou em caminhos seguros,
segundo a maneira deles, em disposição bem ordenada,
com as variedades das múltiplas tonalidades.

O branco, o púrpura-claro,
o azul, o verde muito forte,
o amarelo, o vermelho, confiante de conhecimento,
em seus encontros gentis, a ira não tomou conta deles.

O preto, o cinza, o manchado,
o escuro e o marrom intenso,
o pardo, tonalidades escuras,
eles não são luzes, facilmente controláveis.

Rei que os enviou para cada brecha,
os oito ventos inferiores selvagens,
que estabeleceu sem imperfeições
os limites dos quatro ventos principais.

Do Leste, o púrpura sorridente,
do Sul, o branco puro, maravilhoso,
do Norte, o vento preto vociferante que resmunga,
do Oeste, a brisa parda balbuciante.

O vermelho e o amarelo também vão,
o branco e o púrpura,
o verde, o azul, ele é corajoso,
o pardo e o branco puro.

O cinza, o marrom escuro, detestável sua dureza,
o pardo e o preto intenso;
o vento escuro e manchado que vem do leste,
preto e púrpura.

Suas formas corretamente ordenadas,
sua disposição foi decretada;
abertamente, com ajustes sábios,
de acordo com suas posições e seus lugares fixos.[30]

Os 12 ventos e seus significados podem ser desvendados aplicando aquilo que sabemos a respeito dos quatro pontos cardeais gaélico-escoceses, e as estações às quais eles estão associados podem ter uma origem semelhante, que hoje está perdida. Enquanto essas duas tradições foram registradas na Era Cristã, ambas provavelmente possuem raízes pré-cristãs, e havia laços estreitos, culturais e linguísticos, entre a Escócia e a Irlanda.

Devemos transpor a ideia dos ventos representando as estações, e sim pensar nas estações metafóricas da vida, do nascimento até a morte, colocando a nova vida na aurora, ou no nordeste, a infância ou nascimento no leste, a maturidade no sul, a velhice no oeste, e a morte/renascimento no norte.

As 12 cores do vento

 Leste: púrpura, luz da madrugada/nascimento
 Amarelo, começo do dia/juventude
 Vermelho, sol forte/adolescência
 Sul: branco, luz do meio-dia/maturidade
 Verde, crescimento/fertilidade
 Verde-escuro, crescimento maduro
 Oeste: pardo, crepúsculo/primeiros tons do outono
 Cinza, ossos/céus outonais
 Marrom, terra cultivada/raízes
 Norte: preto, morte/o vazio

---

30. *The Saltair Na Rann*, atribuído a Oengus, o Culdee, séculos IX e X. Eleanor Hull, ed. *Poem book of the Gael*, Chicago: Chatto and Windus, 1913, p. 5-7. <https://archiveorg/details/poembookofgael00hulliala/page/4>.

Azul-escuro, primeiros sinais
Pardo/azul-claro, a primeira aproximação da luz

Chamando os ventos

Há muitas formas de trabalhar com os ventos multicoloridos. Por sua natureza, eles invocam nossa criatividade e inspiração; por isso, são limitados apenas pela nossa visão. Aqui está uma forma de trabalhar com eles para buscar equilíbrio e o entrelaçamento das bênçãos deles com você. E também outra forma de trabalhar com eles individualmente.

Prática
Entrelaçando os ventos

Se puder, procure um lugar alto debaixo de um céu bem aberto. Chame seus espíritos guardiões, familiares e espíritos aliados. Fique de pé e faça algumas respirações profundas para se acalmar e se centrar. Vire para o leste, e utilize sua voz para invocar o vento púrpura do leste na sua direção. Não se preocupe, caso você não seja um cantor ou esteja indeciso sobre o que dizer – apenas utilize sua respiração, suspire, assobie, entoe ou faça qualquer ruído, o mais alto que você puder.

Chame o vento oeste com seu coração e sua intenção. Talvez você goste de tentar a primeira sílaba de uma das palavras para inspiração. *Imbas*, em irlandês, o som de *eeee*. A questão é não se preocupar em como sua voz soou, e sim abrir suas vias respiratórias e cordas vocais e invocar de maneira tangível e física o vento fresco. Sinta-se livre para fazer uma respiração e produzir o som novamente, ou para segurar o tom, conforme sentir.

Conforme invoca o vento, visualize-o vindo em sua direção, pelo ar, atravessando a região como uma nova corrente de vento púrpura estimulante, com um fio de azul de um lado e amarelo dourado do outro lado. Os três unidos, transportando com eles toda a energia do vento leste e sua inteligência ágil e brilhante. Inspire essa luz em seus pulmões e em todo seu ser. Veja-a soprando dentro de você e por todo seu corpo.

Um pouco depois, quando se sentir preparado, vire-se para a direção sul e repita seu chamado. Caso esteja utilizando *Imbas*, utilize a sílaba seguinte, *emmm*. Visualize o vento quente do sul vindo até você, trazendo o calor constante do verão e a certeza da idade adulta, a descoberta de que as coisas estão estabelecidas e se desenvolvendo. Veja o vento do sul vindo como uma corrente de ar branco e quente, com um fio de vermelho em um lado e um fio de verde fresco do outro lado. Inspire o vento sul para dentro de todo seu corpo, e veja-o trançando e girando à sua volta, misturando-se e circulando, junto ao vento do leste.

Quando estiver preparado, vire-se para o oeste e invoque o vento oeste, como fez anteriormente, utilizando qualquer som que lhe vier à cabeça, ou utilize o *baaa*, a sílaba seguinte do *Imbas*. Veja o vento oeste da cor parda do outono e campos prontos para a colheita vindo até você, com fios de verde-escuro e cinza dos dois lados, trazendo com eles a sabedoria da fruição, a experiência e o conhecimento profundo do coração. Veja esse vento oeste entrelaçando-se com os ventos do leste e do sul, todos rodopiando dentro de você.

Agora, vire-se para o norte e para o vento negro do inverno. Sinta o frio dos finais e o silêncio da morte, assim como o brilho das estrelas em um céu de noite de veludo. Inspire esse vento de infinidade, com os fios marrons da terra rica e o azul-escuro do espaço, transportando com eles a sabedoria dos antepassados e o mundo espiritual. Invoque o vento do norte, conforme sentir, com as sílabas finais do *Imbas*, *sssss*. Faça uma reverência ao vento do norte, reconhecendo que todos devemos segui-lo quando chegar nossa hora. Veja-o soprando por todo seu corpo e se entrelaçando com os outros três, até eles rodopiarem e florescerem dentro de você.

Após algum tempo, agradeça ao vento do norte e vire-se para o leste, mais uma vez. Dê um passo para trás, para uma posição central e, verbalmente, agradeça a cada um dos ventos e observe as cores estabelecendo-se dentro de você para a quietude de seu coração. Faça três respirações profundas, curve-se por um instante e coloque as mãos na terra, para assinalar a conclusão da cerimônia e trazê-lo de volta, até estar totalmente presente no mundo.

Talvez você queira registrar suas experiências em um diário.

Os ventos coloridos para magia

Quando quiser fazer alguma magia ou oração, considere por um momento qual vento levaria seus desejos para o mundo – talvez o púrpura para um novo começo ou a busca de uma nova forma de encarar um problema. Invocar o vento sul, talvez para o amor ou para encontrar força e conquistar seus objetivos. Chamar o vento pardo do oeste para lhe trazer cura e colheita. Invocar o vento norte para guiar almas perdidas ou para levar orações àqueles que se foram.

Quando escolher o vento que quiser chamar, repita a forma que utilizou para invocar essa corrente em particular durante o exercício de entrelaçamento de ventos. Primeiro crie um lugar sagrado e invoque seus aliados, especialmente um aliado entre os espíritos do ar. Chame o vento apropriado e visualize-o chegando até você, como um ser poderoso e senciente. Peça ajuda ao vento. Essa magia não é apropriada para prejudicar, como magia negativa, em vingança, ciúme ou para controlar os outros.

Pedir aos ventos quando suas intenções forem cruéis não correrá bem e deve ser evitado a qualquer custo. No entanto, se seu pedido for justo, mesmo que seja apenas para você, eles podem concordar em ajudá-lo. Agradeça aos ventos e faça oferendas de incenso ou de canções em amizade pela ajuda que eles concederam.

Aeromancia (adivinhação pelo vento)

Era uma prática nas Terras Altas escocesas e nas Ilhas Ocidentais adivinhar o próximo ano pela direção do vento em *Hogmanay*, ou na véspera do Ano-Novo. Esse vento específico era conhecido como o *velho vento* (ghaoth dhfhàgas à Choluinn), pois esse era o vento prevalecente quando começava o Ano-Novo. Havia um dito que acompanhava a profecia:

> Vento sul – calor e alimento,
> Vento norte – frio e tempestade,
> Vento oeste – peixe e carne,
> Vento leste – frutas nas árvores.[31]

---

31. Campbell, *Witchcraft and Second Sight in the Highlands and Islands of Scotland*, publicado originalmente em 1902. AlbaCraft, 2012. Edição para Kindle, localização 2651.

Prática
Procurando um espírito do Ar

Tente este exercício para se conectar com os espíritos do Ar e do vento, bem como reconquistar suas primeiras respirações e revigorar seu espírito. Essa prática tem mais sucesso quando realizada em um dia ventoso.

Primeiro, se puder, procure um lugar alto, o topo de uma colina é o ideal, algum lugar de onde você consiga ver o horizonte a distância seria perfeito. De outra forma, caso tenha de trabalhar em um lugar fechado, abra todas as janelas e deixe o ar circular o máximo possível.

Fique de pé e sinta seus pés no solo por baixo de você. Estique a coluna suavemente, erguendo e abrindo os braços, como se fosse abraçar o céu. Faça três respirações profundas. Volte-se para o leste e inspire o ar que vem dessa direção de forma realmente longa e profunda. Em sua visão interior, observe todo o ar à sua frente, a leste. Agora, vire-se para o sul e faça a mesma coisa, inspire profundamente o ar que vem do sul. Agora, vire-se para o oeste, e faça a mesma coisa, antes de repetir o exercício voltado para o norte. Sinta-se um ponto central no meio dos quatro pontos cardeais ao seu entorno.

Feche os olhos e sinta o vento. Ele vem de onde, ele sopra de qual direção? Pergunte a si mesmo: ele é frio, quente, molhado, seco? De onde você sente que ele vem? Chame os espíritos do vento, agradeça por sua presença, por tudo que eles trazem. Sinta o vento contra seu corpo, contra seu rosto, como se fosse uma presença viva, ou presenças.

Invoque e peça que um guia ou aliado do vento venha até você agora, um espírito amigável para aconselhá-lo. Em sua visão interior, sinta que um deles se aproxima. Eles podem ser calmos e claros no olho de sua mente, ou podem ser curiosos e mutáveis. Podem tomar qualquer forma. Como eles parecem para você? Como você os sente?

Pergunte ao espírito do vento como é ser alguém do Ar. Torne-se consciente dele como uma presença infinita que está sempre se movendo e tocando todas as coisas.

Peça ao espírito do vento que reúna o primeiro vento que jamais veio até você, quando você nasceu. Neste ponto, você pode se ver voando com o espírito, ascendendo sobre a região até o local e o momento em que você entrou neste mundo. Veja o vento conforme ele se move pela região. Qual era sua direção? Qual era sua natureza?

Peça que esse vento retorne e, nesse momento, lhe dê nova vida. Veja-se cercado e respirando a presença revigorante dele. Quais são as dádivas que esse vento lhe traz? Agradeça ao vento e aprecie sua conexão.

Após algum tempo, retorne no vento para seu corpo e faça algumas respirações lentas, sentindo o ar em seus pulmões trazendo-o de volta à sua forma física, tornando-o consciente de seu peito e de sua barriga, do coração que bate dentro de você.

Preste atenção quando o vento soprar da direção que você descobriu ser sua origem, pois ele trará presentes e o alinhará com seu propósito aqui.

An gaoithe sidhe: a fada do vento (irlândes)

Turbilhões localizados e rajadas de vento singulares eram frequentemente chamados de *An Gaoithe Sidhe*, e acreditava-se serem causados pelas fadas, especialmente aqueles que ocorriam em um pequeno canto de um campo que recolhia tufos de grama ou forragem. Ou onde a outra extremidade permanecia tranquila e silenciosa. Às vezes, eles eram vistos como bênçãos, já que as fadas ajudavam os fazendeiros com seu trabalho, porém em outras ocasiões eram tratados com temor e pensava-se que traziam doenças e azar.

Dizia-se que a fada do vento era especialmente poderosa, capaz de arrancar o teto de uma casa, se aqueles que viviam nela irritassem a *sidhe*, ou se estivessem defendendo seus tesouros e suas terras. As fadas são conhecidas por considerarem qualquer pedaço de terra que possuísse um *rath** como se fosse seu. E enquanto se pensava que elas abençoavam as pessoas que possuíam tais propriedades e as deixavam em paz, também se pensava que elas levavam sua parte das colheitas que cresciam nas proximidades.

Se fosse um turbilhão feérico, a tradição climática poderia ser adivinhada pela sua direção, e dizia-se que um vento que soprava em sentido horário predizia chuva, enquanto um turbilhão que reunia

---

*N.T.: *Rath* é um recinto circular cercado por uma parede de terra utilizado como habitação e fortaleza nos tempos antigos.

pequenos tufos de grama ou colheita predizia um inverno severo adiante, pois era um sinal de que as fadas se reuniam em colheitas adicionais para ajudá-los a passar por aquela dificuldade.

Ensinava-se as crianças a temerem os ventos feéricos, dizendo que elas não cresceriam mais se ficassem no meio deles. No entanto, também era uma prática comum entre aqueles que temiam os turbilhões, ou que desejavam evitar que as fadas levassem algo no meio deles, atirar uma ferradura ou uma faca dentro do turbilhão para neutralizar a magia.

Caso veja um *An Gaoth Sidhe*, procure o conselho de seus familiares ou de sua visão interior para saber o que as fadas estão fazendo – elas são amigáveis ou estão com raiva? Receba o turbilhão com o devido respeito e abençoe sua passagem.

Turbilhão das fadas

A linguagem dos pássaros

Embora o canto dos pássaros seja bonito pela perspectiva humana, ele também representa todo um mundo de comunicação que está além de nossa consciência – às vezes territorial, para intimidar outros pássaros e tirá-los de sua área, ou para atrair um parceiro. No entanto, sua linguagem pode ser utilizada para ajudar-nos a identificar os diferentes tipos de pássaros em nossa região, e quais outros animais podem estar próximos. Essa consciência e experiência naturais apenas ajudarão seu trabalho com os espíritos dos pássaros e tornarão a forma de comunicação deles ainda mais clara.

Os druidas antigos, romanos e inúmeros outros caminhos espirituais e mágicos que existiram ao longo dos anos utilizavam o voo dos pássaros como uma forma de adivinhar a sabedoria da natureza e até fazer profecias ou augúrios de acordo com seu movimento. Há várias formas de fazer essa adivinhação, mas o importante em todas elas é a habilidade de estar conectado, e em paz, em um ambiente natural.

Para ser bem-sucedido, algum trabalho prévio deve ser realizado para você se tornar um observador silencioso na natureza. O conhecimento acerca dos pássaros na sua região e qualquer folclore ligado a eles também são úteis, mas não tão importantes quanto a habilidade de estar totalmente presente na natureza.

Prática
Ornitomancia

Encontre um lugar na natureza para se sentar calmamente, em silêncio completo, permanecendo o mais imóvel e da forma mais confortável possível por, pelo menos, meia hora (mais tempo, se você conseguir). Escolha um local com boa visibilidade à sua volta, idealmente em um bosque ou parque onde, provavelmente, muitos pássaros estarão presentes.

Antes de se sentar, escolha sua pergunta. Depois, sente-se e espere até ouvir o canto dos pássaros antes de fazer sua pergunta em voz alta, ao ar, e a todas as coisas presentes. Desacelere a respiração e sinta a Terra abaixo de você, e o Céu acima. Apenas espere e observe.

O que você procura é uma resposta que virá até você, não por linguagem verbal, mas por gestos da natureza. O voo dos pássaros, seu canto, os movimentos que fazem na sua direção e para se afastar de você, e como interagem entre si será sua resposta. Interpretar isso tudo requer, às vezes, alguma sensibilidade e intuição, em vez de ler a linguagem corporal de alguém.

Aqui, você está lendo a linguagem corporal da natureza para receber orientação. Você pode observar o progresso da situação sobre a qual você pergunta interpretado simbolicamente diante de si durante o tempo em que estiver sentado. Da mesma forma, você pode achar que aconteceu algo que fornece uma afirmação individual mais dramática. Dependerá da sua pergunta e da reposta que a natureza lhe oferecerá. Dedique tempo, pratique regularmente e, de forma gradual, perceberá cada vez mais claramente os sinais que o orientam.

Outra forma de adivinhação que utiliza os pássaros consiste em começar seu dia pedindo um sinal aos espíritos, talvez por meio de uma cerimônia simples e curta, ou apenas enquanto permanece no batente de sua porta antes de sair para o mundo naquele dia. Pergunte em voz alta e seja o mais específico possível. Observe todos os pássaros que cruzam seu caminho durante o dia e interprete sua resposta em relação à tradição dos diferentes pássaros.

Isso será mais fácil se você vir um pássaro dos mais conhecidos, com mais tradições ligadas a ele. Mas permita que sua intuição seja seu guia principal. Interprete os movimentos do pássaro e o contexto em que ele aparece. Qual é a linguagem corporal que a natureza expressa no momento em que o pássaro surge?

Os pássaros nas tradições celtas e britânicas

Coruja
Cailleach Oíche (irlandês, gaélico escocês), Ulchabhán (irlandês)
Comhachag (gaélico escocês), Tylluan (galês)

O nome da coruja em gaélico, *Cailleach Oíche*, ou anciã da noite, diz muito sobre sua natureza e reputação. Capaz de enxergar no escuro, a coruja está associada aos sentidos psíquicos, à vidência de espíritos, assim como à sabedoria e ao conhecimento. A coruja mostra o lado oculto da natureza e ajuda a construir uma consciência do outro mundo. Frequentemente vista durante o crepúsculo, a hora intermediária, quando as fadas e outros espíritos da região também são, muitas vezes, vistos, a coruja ensina a caminhar de forma equilibrada entre este mundo e o outro, transportando o que ela aprendeu ao viajar de um lugar para o outro.

A coruja é um excelente aliado ou familiar para todos os tipos de treino em magia ou oculto, para procurar a iniciação de um estado para o outro; também é um poderoso pássaro para presságios. A coruja pode alertar sobre a morte ou sobre o fim de uma forma de ser, mas ela também é um guia poderoso no mundo subterrâneo, mostrando o caminho aos espíritos perdidos ou mostrando aos vivos como navegar pelas energias profundas da Terra e pelos aspectos subconscientes profundos do nosso eu interior.

A caçadora da noite está intimamente associada à deusa gaulesa Blodeuwedd (*Face Florida*), que se transformou em coruja, o que pode ser o outro lado de sua natureza, como deusa da generosidade natural da terra.

Corvo
Fiach dubh (gaélico irlandês), Fitheach (gaélico escocês), Cigfran/Brân (galês)

O corvo é o pássaro do destino e da profecia. Ele oferece proteção em períodos conturbados, mas também é um presságio associado aos problemas e períodos difíceis da vida, lembrando-nos que estes fazem parte do clima normal em qualquer vida. Os corvos encorajam o uso da verdade e da conduta honrosa, pois estão alinhados com as correntes de soberania dentro de nós, o que demanda um padrão elevado de comportamento para que os dons da profecia e da sabedoria sejam revelados dentro de nós.

Intimamente ligado à deusa da guerra e soberania irlandesa Mórríghan, o corvo também está associado ao deus galês Bran e à sua irmã, Branwen, o corvo branco. Quando foi morto, Bran pediu que sua cabeça fosse levada para a Torre Branca, em Londres, onde ela iria proteger o reino e alertar sobre os perigos. Enquanto permanecesse ali, ela manteria toda a Grã-Bretanha segura. Com o tempo, a Torre de

Londres foi construída ali, e os famosos corvos da torre (que estão ali até hoje) foram instalados para honrar Bran na Era Cristã.

Dizem que depois de sua morte, o Rei Artur foi transformado em corvo, e, em Somerset, era costume tirar o chapéu ou fazer uma reverência com ele para os corvos, em sinal de respeito ao rei. O deus Lugh, ou Lud, também era associado aos corvos, que o avisaram da aproximação de seus inimigos, os Fomorianos, antes da segunda batalha de Maige Tuired.

A associação dos corvos com a guerra também é vista na utilização de totens pelos guerreiros celtas, que decoravam sua armadura com imagens de corvos. O corvo, como aliado ou familiar, pede que você busque uma sabedoria mais profunda e ele marca os momentos de significado especial, justiça e destino.

Águia
Iolar (irlandês), Iolair (gaélico escocês), Eryr (galês)

As águias estão intimamente associadas ao mundo superior e aos lugares sagrados altos da tradição celta, onde os místicos buscam a visão e a iluminação dos deuses. Os chefes dos clãs escoceses e os antigos reis da Irlanda costumavam usar penas de águia nos chapéus como sinal de seu *status*. Outro nome gaélico para a águia é *Suil-na-Greine*, que significa olho do sol, e há muito tempo tem associações solares de poder, vitalidade e sabedoria.

De uma perspectiva elevada, o mundo pode parecer muito diferente, por isso a águia também representa o intelecto e a conquista de uma visão panorâmica da vida. A águia é uma das quatro aves mais importantes e frequentemente mencionadas nas tradições irlandesa e britânica – as outras aves são o cisne, o grou e o corvo.

No conto galês Culhwch e Olwen, a água de Gwernabwy é considerada um dos animais mais antigos, mais recente apenas que o grande salmão, que conhece o lugar sagrado onde Mabon (o jovem divino que simboliza a esperança e a renovação) é preso. No relato irlandês Viagem de Máel Dúin, é contado como Máel Dúin e seus homens observaram a águia mergulhar em um lago secreto e ser renovada.

Esses contos oferecem conhecimento sobre como o mundo superior e o reino da mente precisam acessar as profundezas e as qualidades emocionais da água e do lago, precisam buscar equilíbrio e ter sua sabedoria revigorada. A águia também é mencionada no Mabinogion, no conto do Math ap Mathonwy, em que Leu Llaw Gyffes, o marido de Blodeuwedd, é transformado em águia quando é assassinado. Lleu é uma versão galesa do deus irlandês Lugh, e ele retorna à forma humana por meio do mago Gwydion.

A águia, como familiar ou espírito aliado, encoraja-o a elevar-se e buscar a soberania interior, a coragem, a nobreza de espírito e a renovação emocional.

Grou
Corr (gaélico irlandês e escocês), Crëyr (galês)

O grou é uma ave profundamente sagrada na tradição celta; caçar ou comer sua carne era tabu. Dizia-se que o grou era capaz de prever as condições meteorológicas e de se sentar, imóvel, por horas. O grou ensina a prudência e como estar totalmente presente no mundo, embora separado dele em um espaço meditativo profundo.

Um conto irlandês fala como um grou solitário vive nas Ilhas Inishkea, perto de Condado de Mayo, onde está desde o começo do mundo e permanecerá até o mundo terminar. Os grous estão associados à antiga deusa anciã Cailleach, cuja tradição de veneração deve ser a mais antiga em toda a Irlanda e Ilhas Britânicas. O grou ensina a paciência e a longevidade, e está atribuída a ele a criação de muitos sítios megalíticos antigos na Irlanda e no Reino Unido.

Dizem que a fêmea, a grua, se torna uma anciã no inverno e é renovada com a chegada da primavera. O grou e sua ave associada, a garça, estão relacionados com o conhecimento ancestral e o contato com os espíritos. São capazes de voar até o mundo subterrâneo e voltar, repetindo o ciclo da vida, morte e renascimento.

O deus do mar, Manannan, tinha uma bolsa de pele de grou, a *Corr-bolg*, onde ele transportava ferramentas mágicas profundamente sagradas. E a bolsa de grou, no período moderno, era usada pelos druidas, onde eles guardavam varinhas ogam para adivinhação e magia. O grou ou a garça, como ave de presságio ou espírito familiar, mostra-lhe o conhecimento sagrado e é um mensageiro dos espíritos, pedindo a você que ouça seus sentidos ocultos mais delicados.

Cisne
Eala (gaélico irlandês e escocês), Alarch (galês)

O cisne é a ave dos bardos e dos poetas, ele ancora as qualidades do amor e da emoção em tudo que tocam. Os cisnes representam a viagem da alma ao outro mundo, em busca de inspiração ou do verdadeiro amor. A criatividade é vista como proveniente do outro mundo, ou do mundo das fadas nas tradições celtas, e o cisne é a ave da inspiração e traz essa criatividade para o mundo mortal.

O cisne surge, especialmente, em muitos contos da tradição irlandesa. Na Irlanda, já foi tradição dizer quando se via um cisne: "Minha bênção esteja com você, cisne branco, pelo bem dos filhos de Lir!". Lir era o deus do mar e um rei dos deuses irlandeses, o Tuatha Dé Danann, que tinha quatro filhos lindos, três filhos e uma filha. Eles tinham uma madrasta, Aoife, que tinha ciúme deles e transformou-os em quatro cisnes brancos por 400 anos. Quando o feitiço foi finalmente quebrado, os filhos retornaram à forma humana apenas por morrer, instantaneamente, de velhice.

Enquanto o grou está associado ao transporte de almas, o cisne é, muitas vezes, associado à própria alma e ao delicado coração, que vê a verdade das coisas. É essa sabedoria profunda e comovente do coração que abre o caminho para a inspiração. E a pele e as penas do cisne eram utilizadas para fazer os mantos dos bardos, os *tugen*, para esse propósito. Um cisne como presságio ou espírito familiar será uma mensagem para seu coração. Um chamado para prestar atenção aos seus sentimentos mais profundos e ao seu propósito interior.

Falcão
Seabhac (gaélico irlandês), Seabhag (gaélico escocês), Hebog (galês)

Gaviões e falcões, como as águias, são considerados aves solares, envolvidos com o mundo superior e a nobreza. No entanto, enquanto a águia, talvez a maior entre as aves, está associada à realeza, gaviões e falcões, nos contos celtas, muitas vezes possuem conexões ancestrais ou estão associados a cavaleiros e heróis.

O sobrinho do Rei Artur, Gawain, que desafiou o Cavaleiro Verde, também é conhecido como *Gwaulchmai*, o Facão de Maio. E Galaaz, o filho de Lancelote, era chamado de *Gwalch-y-had*, o Falcão do Verão, incorporando os mais altos padrões heroicos e de cavalaria, em busca do Graal.

Os falcões também estão intimamente ligados a ideias de perspicácia e atenção ao detalhe – ter *olhos de falcão* significa notar tudo à sua volta e todas as implicações de uma situação, como se visse as coisas de cima. Nos tempos medievais, a falcoaria era utilizada por reis e duques, o falcão Merlin era para senhoras, o gavião era para sacerdotes, e o açor era o único pássaro que a guarda real tinha permissão para utilizar.

Portanto, quando o falcão é mencionado em contos antigos, sabemos que suas associações são da mais alta nobreza, com os indivíduos mais dignos e com os princípios mais elevados. No conto irlandês O "Falcão da Ilha de Achill", o falcão é a ave mais antiga, e vê o mundo desde seus tempos primitivos. No grande texto mitológico irlandês *O Livro das Invasões* (*Lehor Gabála Érenn*), Fintan, o grande ancestral xamanístico, se transforma em falcão, salmão e águia durante sua longa vida, carregando consigo o conhecimento primitivo de seu povo para o futuro.

Mas enquanto essas aves estão ligadas à nobreza e ao orgulho, especialmente em nossa herança, também deve ser lembrado que o falcão é um pássaro perigoso, capaz de caçar outros pássaros e mamíferos facilmente. Ele é claro em seu propósito, não é influenciado por sentimentos. Por essa razão, ele deve ser associado à mente e ao espírito mais do que ao fato de estar encarnado neste mundo.

As lições do falcão tratam mais da importância de se elevar e da sabedoria que uma visão panorâmica proporciona àquele que procura. No entanto, o falcão também é agressivo – ele pode ser um predador cruel sempre que quiser, e é um inimigo formidável.

A águia ou o falcão, como ave de presságio ou espírito familiar, estimula você a manter o bom senso e ser claro em seu propósito enquanto se mantém orgulhoso em seu poder e conquistas, sabendo qual é seu valor.

Néladóracht: Aeromancia (irlandês)

Dizem que os antigos druidas possuíam um grupo completo de crenças estelares e tradições meteorológicas ligadas às suas antigas meditações sobre os céus. Mas, atualmente, muito desses conhecimento está perdido, ou apenas fragmentado. Um desses fragmentos é a prática de Néladóracht, aeromancia, ou adivinhação pelas nuvens interpretando as condições atmosféricas.

É difícil saber quão antiga é essa prática, já que muitas evidências escritas acerca da aeromancia surgem em textos irlandeses do século XI. Mas sabemos que tudo o que sobreviveu não é mais que um pequeno fragmento do que se sabia acerca das práticas druídicas, e os fragmentos remanescentes são belamente provocadores.

As fontes principais para nosso conhecimento acerca do Néladóracht vêm de três lugares: a vida de São Columba/Colum Cille of Iona, produzido por volta do ano 1150; a coleção de textos seculares de Fionn Mac Cumhail, conhecida como *Acallam na Senórach, Contos dos Anciãos da Irlanda*; e da versão de Stowe do *Táin Bó Cúailnge* – uma redação medieval tardia sobre o famoso ataque. A fonte que nos fornece mais informação sobre o Néladóracht é o *Acallam na Senórach*, onde Fionn consulta seu druida Cainnelsciath acerca do presságio de algumas nuvens ameaçadoras. E esta é a resposta:

> Eu vejo uma nuvem clara como um cristal,
> Pendurada acima de um *bruiden* com porta (albergue),
> Ali haverá um dia o chefe de um bando,
> Quando o calcário voar das defesas conforme forem devastadas.
> Uma nuvem cinza, pressagiando sofrimento,
> Eu vejo no meio, entre as outras duas.
> Aquilo que os corvos desejam
> Virá com este acontecimento
> Onde haverá o brilho de armas em seu jogo.
> Uma nuvem carmim com sangue não misturado
> Não é mais vermelha,
> Eu vejo ali, posicionada acima das duas.
> Se houve batalha, e sim haverá,

O tom de sangue rubi
Provará ter pressagiado a ira.
Corpos deverão ser torturados,
E grandes multidões perecerão no começo do dia:
Ó rei de Cliu, que conhece todos os dias,
As três nuvens que vejo predizem.[32]

Nesse trabalho, observamos a ocorrência de um poderoso símbolo triplicado que surge com muita frequência na tradição celta; aqui, junto a um exemplo do motivo mágico da combinação entre vermelho, branco e preto/cinza, como um pressagiador da profecia.

A cor vermelha tende a significar sangue e batalha, assim como a força de vida intensa da Terra, o princípio feminino (lembre-se de que a deusa Mórrighan supervisionou o campo de batalha) e o reino das fadas. O branco é a cor associada ao reino espiritual e ao mundo superior, assim como o princípio masculino. Observe que o druida Cainnelsciath associava isso ao destino do senhor ou rei.

As cores vermelho e branco estão, muitas vezes, combinadas ou em desacordo na tradição celta, mais do que o preto e o branco. Preto/cinza, aqui, significa "*a cor dos corvos e das trapaças*" – os corvos são pássaros associados à morte, à sorte ou ao destino, e ao mundo subterrâneo.

Claro que esse exemplo de utilização de aeromancia é altamente dramático, pois faz parte do conto de um herói. No entanto, ele serve como exemplo de como devemos abordar essa prática hoje em dia. É possível perceber sinais e presságios em todos os tipos de coisas quando estamos em um estado puramente meditativo. E contemplar as nuvens é uma oportunidade perfeita para deixar a consciência se expandir e flutuar livremente por algum tempo.

O truque é manter sua mente o mais receptiva possível enquanto mantém um estoque de simbolismo (tradicional ou seu próprio) para ajudá-lo a interpretar o que visualiza e tornar sua prática útil. Para isso, aconselho-o a deixar que sua imaginação se expanda e faça associações livres entre as coisas intuitivamente.

---

32. *Agallamh na Senórach*, traduzido por Standish Hayes O' Grady, em *Silva Gadelica, uma coleção de contos da Irlanda*. London: Williams and Norgate, 1892, p. 261.

Permita que seu fluxo de consciência o leve até a informação que você procura, preste atenção a sinais mais amplos e estabelecidos; e também a presságios que podem conduzir a significados relacionados a aspectos abrangentes da sociedade ao seu redor.

Equilíbrio em todas as coisas! O céu pode ajudar seus sentidos internos a sintonizar com a sabedoria, permitindo que você sinta os fios da grande teia que o conecta com toda a criação. Você pode aprender como discernir o padrão e a vibração desses fios – a chave para qualquer adivinhação em um nível –, mas o céu é um corpo vasto em seu próprio direito. Da mesma forma, ele pode lhe mostrar coisas relacionadas a um mundo mais abrangente quando este próprio mundo quiser... afinal de contas, trata-se de um relacionamento de duas vias.

Prática
Aeromancia (adivinhação pelas nuvens)

Primeiro decida qual será sua pergunta. Ela deve ser clara e sucinta, algo fácil de ter em mente, com detalhes suficientes para ser clara em suas implicações, mas não tão complicada a ponto de ser uma distração no momento de sintonizar.

Para realizar a aeromancia, dirija-se a algum local que tenha visão ampla e clara do céu. Um lugar alto, como uma colina, é o melhor. Mas qualquer lugar com uma boa visão do céu está bom.

Estabeleça-se confortavelmente, deitado de costas ou sentado, e faça algumas respirações. Chame seus aliados e guias para ajudá-lo, especialmente aliados do ar e do céu que você já tenha invocado.

Agora, descanse os olhos em um pedaço do céu – não precisa ser uma visão muito abrangente. A menos que você tenha sorte suficiente para trabalhar onde tenha uma vista ampla e dramática. O importante é que sua cabeça permaneça imóvel e assimile apenas aquilo que cruza sua visão. Às vezes, um pedaço de céu funciona melhor, mas tudo depende da sua localização.

Agora, respire com aquele pedaço de céu – imagine sua respiração como um ciclo de energia entre vocês dois, conforme você inspira esse pedaço de céu; inspire alternadamente. Quando se sentir preparado, faça sua pergunta em voz alta para o céu.

Observando o pedaço de céu que você escolheu, permita que seus olhos descansem e entrem em sintonia com o ânimo do céu. Dedique bastante tempo a isso – pelo menos meia hora – e veja os formatos e movimentos que você consegue detectar. Às vezes, você verá animais, seres ou símbolos. Outras vezes, o movimento das nuvens, a relação entre elas e o mundo à volta delas será sua resposta. Discernir as mensagens das nuvens é mais uma arte sentida e intuitiva do que alguma coisa lógica ou racional. Pergunte a si mesmo: como você se sente? O que você acha que as nuvens dizem?

Quando sentir que recebeu sua mensagem, ou que é hora de terminar o exercício, reserve um momento para agradecer profundamente ao céu e às nuvens pela sua ajuda, assim como seus guias pelo seu apoio. Pare um instante para agitar ou bater os pés no chão para realmente trazer sua atenção de volta para o solo e para seu corpo. Considere, ainda, comer algo pequeno para realmente se sentir aterrado. Você também poderá sentir vontade de registrar sua experiência em um diário.

Magia do tempo

> Ao deixar a região, o barco está sempre seguindo o sol – de leste para oeste – nunca na direção oposta, que é chamado de *widdershins* (sentido anti-horário). Os movimentos das bruxas eram sempre feitos contra o sol, e girando uma tampa de madeira na água ou um moedor em um *looder* (banco de madeira para apoiar um moinho). Eles deveriam erguer o vento como as Erínias e lançar o mar em uma grande comoção, capaz de destruir qualquer coisa flutuante, de um barquinho a remo a uma armada.
> John Spence, *Shetland Folk-lore*.[33]

Mitologia celta, folclore e história mágica estão repletos de histórias e relatos de bruxas que são acusadas de trazer tempestades, ventos e chuva. Nossa tradição de feitiçaria, baseada em uma íntima relação com as fadas, significava que tal magia elementar – literalmente, "dos elementos" – era parte integrante do *kit* de ferramentas

---

33. Spence, *Shetland Folk-lore*, localização 688.

das bruxas ou de uma mulher sábia. E invocar a chuva em um campo seco, um dia, poderia trazer uma bênção, assim como uma tempestade no mar poderia ser uma maldição.

Conforme escrevo este texto, governos ao redor do mundo começam a anunciar a crise climática, em que acontecimentos de condições meteorológicas extremas se tornaram perigosamente comuns. E soluções para problemas muito complicados, que causam essas condições, ainda são escassas. A magia do tempo, sozinha, não será um fator importante para restabelecer algum equilíbrio.

Nós, humanos, precisamos assumir a responsabilidade e tomar medidas práticas para mudar, mas orações para os espíritos do ambiente, especialmente em tempos de estiagem ou dilúvio, podem ser surpreendentemente eficazes e restabelecer um sentido de cocriação e parceria com o mundo natural que tenha efeitos curativos em longo prazo.

Portanto, peço a todos que realizam a magia climática, que tomem muito cuidado e ponderem antes de realizar qualquer projeto. Saliento que esse tipo de magia só deverá ser utilizado para um bem maior, e *não* para tentar alterar as coisas para sua própria conveniência pessoal. Tais atos egoístas, no final, só colocarão em perigo o praticante e não atrairão a ajuda dos espíritos do tempo. Trabalhos bem-intencionados e altruístas, feitos para o bem de todos, são seguros e podem muito bem fazer a diferença em tempos conturbados.

Prática
Capturar o vento

Em um dia tempestuoso, vá a um local alto e invoque seus guias, aliados e, especialmente, seu espírito aliado do Ar. Leve com você um pedaço fino e forte de corda *biodegradável* (nunca plástico ou *nylon*), grossa o suficiente para facilmente desatá-la mais tarde, e fina o suficiente para fazer bons nós.

Chame os ventos para ajudar em sua magia, e faça uma reverência a cada um dos quatro pontos cardeais. Quando estiver preparado, erga a corda bem alto até sentir uma rajada de vento em você e na corda. Faça um nó em uma das extremidades da corda, de forma rápida e firme. Diga em voz alta: "Eu o amarro aqui, vento suave! Essa é a minha vontade, ela será feita"!

Com os braços ainda erguidos, continue segurando a corda com as duas mãos até surgir outra rajada de vento. Quando senti-la, faça um segundo nó. Diga: "Eu o amarro aqui, vento superior! Essa é a minha vontade, ela será feita!".

Mais uma vez, erga os braços e a corda para recolher uma terceira rajada. Faça o último nó dizendo: "Eu o amarro aqui, vento feroz! Essa é a minha vontade, ela será feita, e nenhum dano será feito a vocês três"!

Quando seu terceiro nó estiver feito, segure a corda com os três nós e invoque os ventos. Diga a eles que esses nós serão desfeitos apenas quando necessário, e não prejudicarão ninguém.[34]

Contos tradicionais
Como desatar o vento (Hébridas Exteriores)

Um barqueiro de uma das ilhas do sul ficou muito tempo retido em Lewis por causa dos ventos adversos. Ele cortejava a filha de uma bruxa e pediu a esta que trouxesse ventos favoráveis. Ofereceu-lhe 450 gramas de tabaco e, auxiliado pelas bruxas vizinhas, após três dias de esforço, conseguiu dar três nós na corda.

O primeiro nó era chamado "Venha Suavemente" (Thig gu fòill). Conforme ele se soltou e deixou a costa, uma brisa suave se ergueu. O segundo nó era chamado "Venha Superior" (Teann na's fhearr), e quando ele foi desatado, a brisa "endureceu". Conforme se aproximou do porto, ele desatou o último nó por curiosidade, e o nome deste era "Dificuldade" (Cruaidh-chàs). Surgiu um vento "para tirar os outeiros de seus lugares" (sèideadh nan cnoc), e ele arremessou a palha dos telhados nos sulcos do solo arado, e o barqueiro se afogou. Em Harris, eles dizem que o barco foi levado para terra firme e foi preso antes que o último nó fosse desatado. Ele virou e foi destruído.[35]

---

34. Esse feitiço é da autora, baseado em muitas versões tradicionais encontradas pelo Reino Unido.
35. Campbell, *Witchcraft and Second Sight*, localização 217.

Desate o vento

Esse maravilhoso conto didático nos mostra como é necessário ter muito cuidado quando trabalhamos com os ventos, e quando desatamos o primeiro nó devemos ter certeza de que pedimos aos céus um vento suave. Quando desatamos o segundo nó, devemos pedir um vento superior, mas nunca devemos desatar o terceiro nó, pois dizem que ele sempre soprará uma grande tempestade quando for desfeito. Em vez disso, devemos enterrar a corda quando os dois primeiros nós forem desatados, ou lançá-la ao mar, onde, um dia, o terceiro nó dissolverá, o vento ficará livre e não causará danos.

Prática
Feitiço para erguer o vento

Este tradicional feitiço para erguer o vento é encontrado em inúmeras versões ao longo do Reino Unido. As palavras desta versão

são da sempre fascinante Isobel Gowdie, uma bruxa de Auldearn, na Escócia, que viveu no século XVII.

Pegue um pano de algodão totalmente biodegradável – úmido ou molhado, caso você queira trazer chuva com o vento – e procure um menir ou um grande rochedo na região. Chame primeiro seus aliados para proteção e, em seguida, bata o pano na pedra várias vezes recitando:

"Eu bato este pano na pedra.
Para erguer o vento em nome dos demônios (ou dos *deuses antigos*)*
O pano não terá descanso até eu agradar novamente"! [36]

Permita-se entrar em um semitranse com essa prática, sentindo você mesmo quando deve terminar. Mantenha o pano e guarde-o em algum lugar seguro quando terminar.

Caso sinta que precisa terminar esse feitiço, leve o pano de volta ao local onde está o rochedo e invoque os ventos: "Meu feitiço está feito, agora vá em paz e não danifique nada!". Abra o pano sobre o rochedo. Deixe-o ali por uma hora e, em seguida, enterre-o.

Nota ao leitor: "o demônio" mencionado pelas bruxas escocesas dos séculos XVI e XVII era quase sempre intercambiável com o rei ou a rainha das fadas – não há necessidade de invocar nenhum "demônio" aqui. Em vez disso, chame os "deuses antigos", pois os sinto e os conheço um pouco melhor.

Prática
Diminuindo a tempestade

Este tradicional feitiço do tempo utiliza uma pedra de serpente ou uma pedra furada amarrada a um forte pedaço de corda de aproximadamente 1,2 metro de comprimento. Versões desse feitiço foram executadas especialmente na Cornualha (além de toda a diáspora celta). Às vezes, um rombo[37] era utilizado, ou outra corda ou fio com um peso. Esta versão é minha autoria.

---

36. Do livro *The confessions of Isobel Gowdie*, Auldearne, Escócia, 1662. Reproduzido em *Book of British Spells & Charms* (Troy Books, 2015), 253.
37. N.T.: Rombo é um instrumento musical. Um aerofone livre (Fonte: Wikipédia)

Orações ao deus do trovão, Taranis, cujo símbolo é a roda, também são úteis nessa tarefa. Pode ser que a pedra de serpente giratória ou o rombo imitem o movimento giratório da roda de Taranis. Os rombos foram descobertos na Gra-Bretanha, e podem ter sido utilizados para esse propósito.

Prática
Feitiço para interromper a chuva

Às vezes, a magia antiga fica retida em nossa memória cultural na forma de rimas infantis, e esse é um bom exemplo. A segunda metade, em geral, é esquecida, no entanto, e revela um exemplo da antiga prática de fazer uma oferenda aos espíritos do tempo. Utilize este feitiço quando houver muita chuva, risco de inundação e perigo.

Saia na chuva com a oferenda de um bolo acabado de cozer, o melhor que você conseguir fazer com suas próprias mãos, feito com os melhores ingredientes que você puder pagar.

Fique parado na chuva e recite:

"Chuva, chuva, vá embora, volte outro dia,
E prepararei e cozinharei
E farei outro bolo!".

Coloque o bolo no chão, como uma oferenda para a chuva, faça uma reverência e volte pelo caminho que você veio, sem olhar para trás.

Quando a chuva parar, agradeça aos céus, e quando a chuva retornar, dê a ela outra oferenda acabada de cozer, assim como você disse que faria. Não peça à chuva que vá embora desta vez. Em vez disso, ganhe a confiança e a amizade dela oferecendo o mesmo livremente. Com o tempo, se você construir uma boa relação com os espíritos do clima, eles estarão cada vez mais dispostos a trabalhar com você para o bem superior de todos. Essa é uma prática que leva tempo, não prejudica ninguém e é mais responsável por causa dos desafios ambientais do momento atual.

Navegação natural

É realmente útil possuir uma bússola e reservar tempo para observar os quatro pontos cardeais onde você vive, e o que está na paisagem dos seus horizontes. Com alguma observação, no entanto, você aprenderá a navegar por uma área ou conhecerá seus quatro pontos cardeais notando os sinais da natureza, assim como detalhes solares, lunares e estelares.

O caminho do sol, o caminho da lua

A maioria das pessoas sabe que o sol nasce no leste e se põe no oeste, mas, de fato, a posição do sol na aurora e no poente, e seu percurso através do céu, diferem ao longo do curso de um ano.

No solstício de inverno, no Hemisfério Norte, o sol nasce no sudeste e se põe no sudoeste, viajando pelo céu em sua posição mais meridional durante todo o ano, dando-nos os dias mais curtos e as temperaturas mais frias. O oposto ocorre durante o solstício de verão, quando o sol nasce no nordeste, em sua posição mais setentrional e se põe no noroeste. O sol viaja pelo céu ao longo do eixo leste-oeste duas vezes por ano, durante os equinócios da primavera e do outono.

Ao meio-dia, o sol aparece em seu ponto mais alto no céu, mas é diretamente influenciado pela latitude e pela data – mais alto no céu do meio-dia de junho e mais baixo no final de dezembro. Essas posições podem ser medidas utilizando suas mãos. O sol de dezembro raramente ficará acima de dois punhos do horizonte, enquanto o sol de junho chegará próximo a seis punhos, dependendo do tamanho de suas mãos. Nada supera as observações pessoais de nossas paisagens para ilustrar essas coisas. Uma vez aprendidas, trata-se de conhecimento que nunca será perdido.

Também é possível fazer cálculos utilizando um sextante simples, que mede esses ângulos de forma mais precisa.

Prática
Medindo as sombras

Utilizando uma vara reta, coloque-a no chão, verticalmente, e meça a sombra que ela produz, começando pela manhã e marcando as medidas no chão ao longo de várias horas. A sombra mais curta de cada dia será uma linha norte-sul perfeita, pois o sol deve estar no sul quando no seu ponto mais alto no céu. O comprimento da sombra também é variável ao longo do ano – maior no solstício de inverno, menor no solstício de verão, e em março e setembro, sobre os equinócios, terá o mesmo comprimento.

Pores do sol

É possível saber a que horas o pôr do sol acontecerá erguendo seu punho, novamente, na direção do sol. A cada nó dos dedos que o sol estiver acima do horizonte representa, aproximadamente, um quarto de hora restante de luz solar. Um pouco mais a norte, um pouco menos a sul. O pôr do sol é mais longo e menos profundo mais para o norte, até ficar horizontal no polo sul.

Fases da lua

Geralmente, erguendo-se a nordeste ou sudeste e se pondo a noroeste ou sudoeste, o ciclo da lua leva, aproximadamente, 28 dias para estar completo. Da lua negra ou Lua Nova (quando nenhuma lua é visível ou apenas seu lado crescente mais fino), passando pela Lua Crescente (pela crescente, porém não cheia), até a Lua Cheia, a lua, então, mingua (Lua Minguante), diminuindo gradualmente, passando de quarto minguante, a crescente, a nova ou negra novamente.

O ciclo da lua em relação às estrelas é mais complexo. Em relação às estrelas, observar a posição da lua exatamente na mesma posição leva 19 anos. Conhecido como ciclo metônico, este foi registrado nos alinhamentos de numerosos círculos de pedra neolíticos e trilhas de procissões, assim como foi gravado em pedras em Knowth, na Irlanda, datando de 3200 a.C., há 5 mil anos.

É possível determinar os pontos cardeais – norte, sul, leste e oeste – utilizando a lua. A menos que a lua esteja cheia, esse método funciona muito bem para indicar qual direção é o sul, o que, por sua vez, permite que você identifique as outras direções.

Sempre que ela estiver no céu, utilize as duas extremidades da Lua Crescente para guiá-lo na direção do horizonte. Siga essa linha para baixo, até a Terra; onde ela cair será, aproximadamente, o sul. Quando a lua atingir seu ponto mais elevado no céu, antes de começar a descer novamente, quando estiver se movendo da esquerda para a direita, mas não para cima ou para baixo, você estará, novamente, olhando para o sul.

Quanto mais perto a lua estiver do horizonte, essa prática se torna mais aproximada e menos precisa, mas ela funciona como um guia em muitas circunstâncias. Marcar suas sombras também pode ajudar.

As Luas Cheias erguem-se, aproximadamente, na oposição oposta ao pôr do sol daquele dia – por volta do solstício de verão, elas se erguem bem para norte do leste, e por volta do solstício de inverno, em direção ao sudeste. As Luas Cheias também se erguem na mesma hora que o pôr do sol. Uma Lua Crescente mais jovem se erguerá mais cedo que o pôr do sol, e uma Lua Minguante surgirá mais tarde.

Uma Lua Nova se ergue ao mesmo tempo que o sol, por isso ela é invisível, mas se ergue 50 minutos mais tarde todos os dias, até a Lua Cheia se igualar ao momento do pôr do sol. E então 50 minutos mais tarde, e assim sucessivamente até estar de acordo com o nascer do sol outra vez. Isso é útil saber para quando você planejar caminhadas noturnas e magia da lua!

Tradições estelares: as principais constelações (Hemisfério Norte)

Os druidas da Idade do Ferro eram famosos por estudar as estrelas. Um conhecimento que, provavelmente, foi passando de geração a geração. Observações estelares detalhadas levam tempo e habilidade, mas ao longo da Grã-Bretanha e da Irlanda existem sítios megalíticos que datam da Era Neolítica e da Idade do Bronze, e estavam astronomicamente alinhadas.

Itens como o calendário de Coligny, do século II da Era Cristã, mostram que esse conhecimento sofisticado continuou pela Idade do Ferro e pelos períodos romanos-celtas. Embora a maioria das tradições estelares dos druidas esteja, hoje, perdida, os nomes coloquiais das estrelas e das constelações permanecem nas culturas celtas e podem, muito bem, conter alguns traços do que foi perdido.

Falar de todas as constelações é algo que vai além da missão deste livro, mas conhecer algumas delas pode ajudá-lo a discernir suas direções e acrescentar um nível mais profundo à sua consciência e prática. Há toneladas de livros, mapas das estrelas, programas de computador e aplicativos para ajudá-lo com o mapeamento e exploração das estrelas. Porém, as mais importantes são mencionadas aqui para o auxiliar no início.

Ursa Maior – o grande urso, o arado, a carroça de Artur

Também conhecida como o Grande Carro, a Ursa Maior é uma coleção de quatro estrelas em um quadrado solto com uma cauda, por isso ela parece com uma colher, uma concha, ou como dizia seu antigo nome, a carroça de Artur, o arado de Artur. Talvez essa seja a constelação mais famosa e mais fácil de ser encontrada. Ela é vista, aproximadamente, na direção norte.

Polar – a Estrela do Norte

Para visualizar a Estrela Polar, desenhe uma linha invisível em sua mente a partir das duas estrelas na dianteira do Grande Carro/arado, siga direto, para cima e para a direita – a próxima estrela brilhante é a Estrela Polar, e ela sempre aponta para o verdadeiro norte.

Ursa Menor – o pequeno urso

Para estar certo de que encontrou a Estrela Polar, ajuda saber que ela é o final da cauda, ou a última estrela no cabo do pequeno carro, da Ursa Menor ou do pequeno urso. Essa constelação tem a mesma aparência que o Grande Carro, mas é menor e está de cabeça para baixo, surgindo acima dele.

Corona Borealis – Caer Arianrhod

A Corona Borealis, ou a coroa do norte, é conhecida, na tradição galesa, como Caer Arianrhod, o castelo de Arianrhod. Arianrhod (cujo nome significa *roda de prata*), aparece na quarta ramificação do Mabinogi, uma coleção de mitos galeses. A Corona Borealis é um semicírculo simples de estrelas que surge, mais uma vez, no norte. Uma das formas mais fáceis de encontrá-la consiste em procurar pela brilhante Vega, a estrela azul brilhante do nordeste. A oeste dela fica outra estrela brilhante, Arcturo, que é laranja e pode ser encontrada seguindo o arco do cabo do Grande Carro para baixo. Se você traçar uma linha entre Vega e Arcturo, ela percorrerá, primeiro, a figura de Hércules, em seguida ao longo da Corona Borealis.

Cassiopeia – Llys Dôn, a corte da deusa mãe galesa Dôn

Outra constelação do céu do norte, Cassiopeia, parece com a letra W ou com um M, dependendo de onde esteja no arco ao longo do céu. Quando tiver localizado a Estrela Polar, Cassiopeia poderá ser vista indo para baixo e para a esquerda.

Orion, o caçador – Gwyn ap Nudd

Orion aparece abaixo do horizonte durante os meses de verão, mas é vista facilmente no céu do Hemisfério Sul durante o outono e o inverno. Gwyn ap Nudd é conhecido na tradição galesa como o governante de Annwfn, o outro mundo, assim como um rei das fadas. Para encontrar essa constelação enorme, primeiro procure pela linha diagonal das três estrelas conhecidas como o Cinturão de Orion. Orion está acompanhado por Sirius, o cão estrela, que fica por baixo dele, à esquerda, e faz parte da constelação Cão Maior, o grande cão.

Nascimento heliacal

Um importante acontecimento astronômico, para muitos de nossos antepassados celtas e primitivos, era o nascimento heliacal de algumas estrelas. Por causa da rotação da Terra em volta do sol, algumas estrelas não são visíveis o ano todo. Determinadas estrelas têm, habitualmente, muita importância nas tradições da agricultura e espiritual, em todo o mundo. E seu desaparecimento e regresso marcaram ciclos anuais importantes.

O nascimento heliacal é o retorno de uma dessas estrelas importantes após um período de ausência, quando ela pode ser observada erguendo-se acima do horizonte, logo antes da aurora. Esse aparecimento é seu primeiro momento de retorno, pois a estrela se torna visível por um curto período antes do sol torná-la invisível até a próxima aurora, quando ela será vista por um período um pouco maior. E assim por diante.

Verbena e o cão estrela

Um dos nascimentos heliacais mais importantes na tradição celta é o cão estrela, Sirius, parte da constelação Cão Maior. Ele é a estrela mais brilhante no céu noturno, e era extremamente importante para os druidas da Idade do Ferro. Verbena, uma das plantas mais sagradas da tradição celta, era coletada quando Sirius erguia, assim a planta não era tocada pela luz do sol ou da lua quando era colhida. Isso pode acontecer em uma noite sem lua visível ou quando está nublado, para melhores resultados.

Essas condições de colheita não devem ter sido possíveis todos os anos, por isso é provável que fosse colhida ocasionalmente, ou havia uma certa flexibilidade nisso. Primeiro, o solo recebia um presente de mel em agradecimento, e um círculo era desenhado em volta da planta com uma lâmina de ferro antes de ser erguido com a mão esquerda e segurado para que Sirius fosse imbuído com os primeiros raios que tocassem a Terra.[38]

Este ritual simples e antigo pode ser realizado atualmente e confere uma magia adicional às utilizações herbais para a planta, assim como um conhecimento mais profundo acerca das energias únicas das plantas.

Para calcular quando Sirius erguerá na sua localização, primeiro você deve saber qual é sua latitude (várias páginas web poderão ajudá-lo), mas, como um guia resumido, ele erguerá entre meados de julho e meados de agosto, aproximadamente 45 minutos antes do nascer do sol, voltado para sul.

De acordo com o Almanaque do Velho Fazendeiro, o tradicional "dias dos cães", no verão, dura por 45 dias, de 3 de julho a 11 de agosto, mas isso varia de acordo com sua localização.

---

38. Pliny, *Historia Naturalis*, Livro 25, 59, 2. Traduzido por John Bostock (London: Taylor and Francis, Red Lion Court, Fleet Street. 1855) <http://www.perseus.tufts.edu/hopper/text?doc=Perseus%3A1999.02.0137%3D25%3Achapter%3D59>.

Cinco
Fogo

Após explorar a triplicidade celta sagrada de Terra, mar e céu, voltamos nossa atenção ao Fogo, aquele outro elemento. De muitas formas, o fogo reside no coração de muitas práticas espirituais nas tradições celtas.

Fogo mágico

Para os celtas, o fogo sempre foi de importância central. Seja o fogo da lareira – o coração da casa –, seja o *teine-eigin*, o fogo essencial aceso nos festivais de fogo do Beltane e do Samhain para abençoar a comunidade e o gado. O fogo sempre foi visto como vivificante, purificante e protetor.

Como tal, um grupo de costumes e práticas tradicionais estão ligados ao fogo. Todas as comunidades primitivas ao redor do mundo honraram a importância do fogo e o viam como uma ferramenta mágica primordial à vida, em todas as suas formas, trazendo luz e calor. Isso continuou na Grã-Bretanha e na Irlanda e entrou no século XX, quando as casas ainda eram aquecidas por fogos abertos.

Hoje, a presença elementar do fogo tem sido procurada mais uma vez, e fogões a lenha se tornaram moda em muitas casas britânicas, trazendo de volta a sensualidade e a energia de vida que foram, lamentavelmente, perdidas na maioria dos edifícios que possuem aquecimento central.

Na visão de mundo celta, todas as casas devem ter uma lareira como ponto central energético e também para os espíritos e antepassados. Há muitos contos sobre as fadas da lareira, e a magia folclórica britânica e irlandesa confirma os muitos feitiços e encantamentos protetores colocados em um fogo, ou em cima da chaminé, para proteger contra espíritos mal-intencionados. Desde garrafas de bruxa contendo itens de magia protetores até gatos mumificados e sapatos de crianças.

Da mesma forma, fogos externos, pela região, eram o coração da celebração da comunidade e o conforto de qualquer viajante ou caçador na paisagem natural do norte. Eram locais onde se contavam histórias e havia magia, tranquilidade e segurança para manter afastado tudo que era sombrio. A magia protetora do fogo é antiga e poderosa. A capacidade de acender seus próprios fogos do nada é uma habilidade prática essencial para qualquer um que passe tempo ao ar livre; e essa magia profunda irá ajudá-lo em sua própria magia natural.

Maneiras de se conectar com os espíritos do fogo

Aprenda a acender fogos com segurança. Tenha noites apenas à luz de velas. Experimente a caminhada do fogo. Aprenda Poi de Fogo.* Dance. Cozinhe em fogo aberto. Faça churrasco. Escreva suas preocupações e queime-as em uma fogueira. Contemple o sol e o coração feroz da Terra.

Fogos Beltane e Samhain

Tradicionalmente, sobretudo na Escócia e na Irlanda, Beltane ("os fogos do deus Bel, de 1º a 5 de maio) e Samhain ("fim do verão" – de 31 de outubro a 7 de novembro) são os dois principais festivais celtas do fogo. Os outros são o Imbolc (2 de fevereiro) e Lughnasadh (1º de agosto).

---

* N.T.: Poi é uma arte cênica. E o fogo poi utiliza estopins feitos de Kevlar ou Technora, ou outro material resistente ao fogo, para as extremidades pesadas. Os estopins são encharcados de combustível, acesos e girados para obter um efeito dramático (Fonte: Wikipédia).

No Beltane e no Samhain, todos os fogos da comunidade foram extinguidos e seriam reativados a partir de um fogo central. No glossário de Cormac, vemos que dois fogos eram acesos, o gado e qualquer pessoa doente passariam entre esses dois fogos para afastar doenças e outras energias negativas como azar ou mau-olhado. Os mesmos dois fogos gêmeos eram utilizados na Escócia para trazer cura e boa sorte, dando origem ao provérbio gaélico que diz *eadar dà theine Bhealltuinn* ("entre os dois fogos de Beltane").

> Os habitantes aqui também utilizavam um fogo chamado *tin-egin*, isto é, um fogo forçado, ou fogo da necessidade, que eles utilizavam como um antídoto contra a peste ou morrinha no gado; e ele era realizado desta maneira: todos os fogos da paróquia eram extintos e, em seguida, 84 homens casados, sendo este o número necessário para realizar este plano, pegavam duas grandes pranchas de madeira, sendo que nove delas eram utilizadas alternadamente. E com os seus repetidos esforços esfregavam uma prancha contra a outra até que o calor produzido por elas iniciasse o fogo, e assim que ele era ateado uma panela cheia de água era rapidamente colocada sobre ele, e depois essa água era salpicada sobre as pessoas infetadas com a peste, ou sobre o gado que tinha morrinha.[39]
> M. Martin, *A Description of the Western Islands Of Scotland*, 1703

---

39. Martin, *Western Islands of Scotland*, p. 1229-1231.

Instrumento de fricção para fazer o fogo celta (Churn)

Essa imagem incrível descreve a técnica que utiliza fricção para acender fogo em uma comunidade, conhecido pelos celtas como *fire-churn*, uma prática que acontecia no início do século XVIII. Há muitas formas de acender fogo sem utilizar fósforos ou isqueiro. A técnica anterior é semelhante a um método que hoje é conhecido como método arco e broca, apenas feito em grande escala.

Utilizar muitas pessoas em uma técnica, segundo meu conhecimento, não é costume hoje em dia. Fogos de fricção em uma escala menor ainda são feitos, embora sejam mais frequentes com a utilização de uma ou duas pessoas de cada vez, e podem ser uma forma muito eficiente de criar fogo. Algo semelhante é feito na Rússia, onde é conhecido como "fogo de porta", nome bastante adequado. O fogo é feito por baixo de uma estrutura no formato de um batente de porta com duas pranchas verticais e uma viga em cruz. A madeira, ou broca central, é girada por cordas no meio. Chamá-la de porta é uma excelente maneira de imaginar o fogo surgindo dos espíritos por meio dela e se manifestando neste mundo.

Abençoando a chama

Toda família tinha, naturalmente, seu próprio fogo, e muitas ainda têm hoje em dia. Abençoar o fogo era algo realizado, tradicionalmente, todos os dias (se não duas vezes ao dia), não apenas para manter o fogo aceso, mas também para manter a casa segura contra fogos descontrolados.

Toda lareira funcionava como o coração da casa, e isso girava em torno da cautelosa relação entre a família e essa presença poderosa que ficava no meio de todos. Por essa razão, especialmente na Irlanda e na Escócia, a lareira ficava, em geral, sob a proteção da deusa do fogo, Brígida, que posteriormente se tornou Santa Brígida, invocada diariamente para cuidar da lareira e da casa.

Tradicionalmente, essa bênção era realizada pela senhora da casa, que faria a seguinte oração a seguir, ou algo semelhante a ela, enquanto reacendia o fogo da lareira logo pela manhã. O costume diz que a oração deve ser dita suavemente, expirada para dentro da lareira em vez de proclamada em voz alta, por causa do papel que ela tem na relação entre os guardiões da lareira e o fogo. Uma relação privada e um ritual diário, solene e também particular.

A oração a seguir para avivar o fogo, que invoca Santa Brígida, vem das Hébridas Exteriores, na Escócia, e ainda era utilizada em 1900 e depois disso. Trata-se de um exemplo da prática do sincretismo, uma característica comum das comunidades celtas em que as antigas práticas pagãs e cristãs se misturavam de forma mais ou menos ininterrupta. Sendo assim, é perfeitamente permissível criar sua própria oração ou adaptar essa para obter um sabor mais pagão. Esta oração pode ser utilizada em fogos ao ar livre e para lareiras:

Oração para acender o fogo

TOGAIDH mis an tula
Mar a Thogadh Muire.
Cairn Bhride 's Mhuire
Air an tula 's air an lar,
'S air an fhardaich uile.

Co iad ri luim an lair?
Eoin, Peadail agus Pail.
Co iad ri bruiach mo leap?
Bride bhuidheach ' sa Dalt.
Co iad ri fath mo shuain?
Muire ghraidh-gheal 's a h-Uan.
Co siud a tha 'n am theann?
Righ na grein e fein a th' ann,
Co siud ri culm o chinn?
Mac nan dul gun tus, gun linn.

Eu erguerei o fogo da lareira
Como Mary faria.
O cerco de Bride e Mary
No fogo e no chão,
E em toda a casa.

Quem são eles no chão vazio?
John, Peter e Paul.
Quem são eles ao pé da minha cama?
A adorável Bride e seu adotivo.
Quem são aqueles vigiando o meu sono?
A justa e amorosa Maria e seu cordeiro.
Quem é este próximo a mim?
O rei do sol, ele mesmo.
Quem é este por trás de minha cabeça?
O filho da Vida sem começo, sem tempo.[40]

Abafando o fogo

No original, *smooring* (*smàladh*, em gaélico escocês), significa, essencialmente, conter ou abafar, como forma de, ritualmente, apagar o fogo durante a noite.

Embora seja menos ecológica do que muitas outras opções disponíveis hoje em dia, a turfa ainda é o combustível tradicional para muitas pessoas na Escócia e na Irlanda. A turfa fica bem quente, porém

---

40. Carmichael, *Carmina Gadelica*, volume I, p. 83.

com menos chama e luz. No entanto, ela possui brasas de combustão lenta. Uma abordagem semelhante pode ser feita com fogo de madeira, porém, com mais cuidado para segurança e eficácia – desde que o vigia do fogo esteja no local, ou do lado de fora, nada inflamável deve ser colocado muito próximo.

O ritual de abafar o fogo é realizado com atenção e carinho, e pode ser algo de grande beleza. As brasas são espalhadas uniformemente pela lareira, em formato de círculo. Em seguida, esse círculo é dividido em três partes iguais com espaço entre elas. Então, uma turfa, ou um pedaço de turfa, é colocada entre cada uma das três seções. Pedaços pequenos de lenha também são adequados a esse propósito.

Tipicamente, durante os tempos cristãos, a primeira turfa era colocada em nome do deus da vida, a segunda em nome do deus da paz, e a terceira era posicionada em nome do deus da graça. Isso poderia facilmente ser alterado para honrar as Três Mães, as Dea Matrona, ou cada uma em nome de Brígida, do deus Bel ou qualquer outro de sua escolha.

Da mesma forma, uma oração para outras coisas, como proteção, orientação e cura poderia acompanhar cada turfa ou pedaço de madeira. Colocá-los na lareira em nome da vida, da paz e da graça é suficiente. As cinzas restantes são, então, empilhadas sobre as turfas e as brasas para abafar o fogo de forma eficaz durante a noite.

Uma oração tradicional para abafar o fogo das Terras Altas escocesas

AN Tri numh
A chumhnadh,
A chomhnadh,
A chomraig
An tula,
An taighe,
An teaghlaich,
An oidchche,
An nochd,
O! an oidhche,
An nochd,

Agus gach oidhche,
Gach aon oidchche.
Amen.

O Três sagrado
Para salvar,
Para proteger,
Para cercar
A lareira,
A casa,
A família,
Este fim de dia,
Esta noite,
Ó! Este fim de dia,
Esta noite,
E todas as noites,
Todas as noites.
Amém.[41]

Métodos para acender o fogo

Método básico para acender o fogo
Preparação

Para acender um fogo básico em qualquer lugar – na lareira, em casa ou na natureza – deve-se a princípio preparar o solo. Primeiro considere a posição do seu fogo. Se for ao ar livre, em ambiente natural, você deverá saber se tem permissão, quando necessário, e não deve haver galhos de árvores suspensos que podem pegar fogo – lembre-se de que o local diretamente acima do fogo é mais quente do que você imagina!

Limpe a área de cinzas, caso o local tenha sido usado anteriormente. Se for na natureza, tenha cuidado especial em limpar folhas secas e galhos, e certifique-se de que nenhum animal pequeno será atingido. Tenha certeza de que o solo não está excessivamente seco – é possível começar um incêndio caso haja raízes enterradas. Por isso,

---
41. Carmichael, *Carmina Gadelica*, volume 1, p. 84.

preste atenção às zonas de exclusão de fogo. Caso tenha dúvidas, utilize uma taça de combustão.

Em seguida, pegue o estopim, a acendalha e grandes pedaços de combustível. Assegure-se de que todos os materiais estão secos e prontos. No entanto, mantenha uma distância apropriada do seu planejado fogo, para que os materiais não ardam acidentalmente.

O acendimento do fogo acontece em três etapas:

1. Estopim: Para transformar a faísca em chama, ou para acender com a chama de fósforos/isqueiro.
2. Acendalha: Para transformar a chama em um fogo pequeno.
3. Madeira/combustível: uma vez que o fogo começou, as chamas ficarão maiores e quentes o suficiente para inflamar pequenos pedaços de madeira, e depois deles, pedaços maiores podem ser acrescentados para que haja um fogo contínuo.

Estopim: o estopim é um material combustível de textura fina que acenderá com uma pequena faísca. Quando ele estiver queimando, um material um pouco maior poderá ser acrescentado, crescendo em tamanho, de galhos a troncos, até que o fogo esteja totalmente aceso.

Em uma lareira, o estopim pode ser bolas apertadas de jornal ou acendedores que funcionem com fósforos. Se for ao ar livre, o estopim pode ser várias coisas que você pode levar, como panos de carvão, bolas de algodão ou barbante de juta. Você também pode utilizar materiais totalmente naturais como casca de bétula seca, felpas de tifa, usnea (um tipo de líquenes fruticoses) e algumas variedades de fungos secos, como o bola de carvão, ou *Daldinia concêntrica*, também conhecido, no Reino Unido, como bolos do Rei Alfredo, por ser um tipo de fungo redondo, com saliências, que cresce nos freixos.

O estopim também pode ser feito utilizando um graveto e uma faca. Corte qualquer casca de árvore para obter o cerne mais seco. Vá afastando a faca de você enquanto corta, para baixo, finos cachos de madeira. Às vezes, essa técnica é chamada de *feather stick*.

Acendalha: as acendalhas são maiores e feitas de materiais mais densos que o estopim. Gravetos pequenos e secos, ou lascas finas de troncos partidos são ideias para esse fim. Acrescente-os um de cada vez até ter um fogo pequeno e contínuo, com alguns pequenos carvões de madeira em brasa por baixo. Você pode precisar de mais gravetos do que aqueles que considera suficientes, por isso, junte bastante.

Combustível: A madeira precisa estar seca para pegar fogo. Existem técnicas avançadas para acender fogo em condições úmidas, mas, primeiro, você terá de ser habilidoso em outras técnicas de acender fogos antes de qualquer tentativa.

Madeiras secas: Madeiras que foram deixadas do lado de fora por pelo menos uma estação, se não um ano – são as melhores para queimar. São ideias caso tenham sido cortadas em troncos logo depois de serem derrubadas, e se a casca foi deixada no tronco. Quanto menor a umidade na madeira, ela queimará de maneira mais clara, a chama será mais quente e produzirá menos fumaça. Caso utilize fogão a lenha ou lareira com portas de vidro, sua chaminé e as portas de vidro da lareira estarão mais limpas.

De qualquer modo, recolher madeira seca na natureza significa que você a levará consigo ou procurará madeira seca caída na sua região. Com um pouco de prática e cuidado é possível cortar galhos em pequenos troncos. Ou então colocar uma extremidade de um galho maior sobre o fogo e, suave e gradualmente, ir empurrando o galho e alimentando o fogo.

Caso você não tenha experiência em usar um machado, um pequeno machado de mão será adequado para cortar a maioria dos troncos caídos de galhos na natureza. Pequenas serras dobráveis são, algumas vezes, mais fáceis de manusear (e um pouco mais seguras). Serras de arame são muito leves, mas exigem força para usar em troncos não muito finos.

Todas estas ferramentas são relativamente baratas. Não compre aquela que for mais barata, e sim ferramentas que forem de mais qualidade. Ferramentas de alta qualidade duram mais e são muito leves e portáteis...perfeitas para a mochila do druida limitado ou da bruxa natural!

Fazendo sua faísca

É perfeitamente possível acender um fogo para magia, ou propósitos espirituais, utilizando fósforos ou um isqueiro com blocos acendedores antes de acrescentar a acendalha. Vi muitos xamãs indígenas do mundo todo utilizando combustível desse tipo, e os resultados foram poderosos e sagrados.

No entanto, sinto que é melhor utilizar técnicas tradicionais para acender o fogo, caso você possa. Em primeiro lugar, estas são habilidades que nossos antepassados teriam menosprezado, e continuar a aprender as aptidões deles é, em si mesmo, uma oração viva de honra. Segundo, acender fogos dessa maneira constitui uma forma muito mais profunda e poderosa de oferenda para os espíritos, para nossos antepassados e para os espíritos do fogo e do combustível. Quando utilizamos os métodos antigos, estamos criando uma manifestação física de formas puras do espírito do fogo que estamos invocando. E também é profundamente satisfatório!

Aço de ignição

Uma das formas mais fáceis de acender um fogo mágico do zero (sem usar isqueiros, fósforos ou acendedores) é utilizar um aço de ignição, também conhecido como vara de incêndio de magnésio. Estas são invenções relativamente modernas, mas são modelos mais eficientes e aperfeiçoados baseados na utilização da pedra e do aço, ou de uma faca e uma pederneira (mais sobre estes posteriormente).

O aço de ignição é, basicamente, uma barra de aço revestida com uma liga de cério e ferro e um raspador de aço. Quando a superfície da vara é raspada com rapidez, liberta faíscas muito quentes que podem acender seu estopim. Estas fagulhas fundidas são MUITO quentes e produzem temperaturas por volta de 3.000°C, mas são muito fáceis de utilizar e relativamente seguras – as faíscas apagam rapidamente a menos que acendam algum estopim.

As barras são confiáveis e, ao contrário de fósforos ou isqueiros, trabalham bem caso fiquem molhadas – só precisam estar limpas para utilizar. O aço de ignição também é ultraportátil e pode ser usado milhares de vezes. A vara, em geral, recebe um revestimento preto para evitar a corrosão, o que exige que você bata com força suficiente para raspar e conseguir a sua faísca. Mas é mais fácil do que parece.

Primeiro, você precisará preparar a área onde vai acender o fogo e juntar seu estopim, a acendalha e o combustível. Estopim fino e macio funciona melhor com o aço de ignição.

Junte uma pequena pilha de estopim com uma camada um pouco maior de gravetos por baixo. Deixe o estopim e os gravetos bem juntos para que a chama se espalhe, mas não faça a sua camada/pilha de gravetos muito densa, evitando que o ar passe por eles. Como todos os fogos ao ar livre, acenda seu fogo em um local relativamente protegido do vento forte.

Segure o aço de ignição apontado para baixo, logo acima do estopim. Ajoelhe-se cuidadosamente diante do fogo pretendido, perto, mas não tão perto a ponto de correr o risco de se queimar. Seja calmo e firme, acender fogo requer paciência e cuidado. Seja sensato e presente naquilo que você faz, antecipe o que irá acontecer em seguida.

Coloque a raspadeira no aço de ignição, distante e para baixo de você, próximo ou acima do estopim. Comece segurando a raspadeira em um ângulo de mais ou menos 90-100 graus da barra, pela metade ou dois teõs acima dela. A raspagem deve ser relativamente rápida (mas não muito rápida) e bastante firme. Não suba e desça o aço de ignição, apenas raspe para baixo e distante de você.

Algumas pessoas acham mais fácil inverter as ferramentas e arrastar o aço de ignição para baixo, firmemente, sobre a raspadeira, mas o movimento é o mesmo. Você precisa fazer algumas vezes para pegar o jeito. Seja paciente e pratique antes de acender fogo na natureza para se aquecer ou por questões de sobrevivência. É fácil de fazer, porém é algo que você aprende pela memória muscular e pela experiência, em vez da lógica. Não suponha que apenas lendo isso você já é capaz de acender um fogo em caso de necessidade sem, primeiro, tentar fazê-lo de maneira mais relaxada!

Quando as faíscas atingirem o estopim, seja bastante suave, mas firme, para acrescentar mais estopim caso seja necessário. Em seguida, acrescente o menor pedaço de graveto, acrescentando mais gradualmente (você precisará acrescentar rapidamente, mas não tão rápido a ponto de abafar a chama).

Primeiro, deixe que a chama fique forte o suficiente. Quando tiver uma boa pilha de gravetos ardendo, você poderá, então, começar a acrescentar o combustível – troncos maiores ou tijolos de turfa. (E, mais uma vez, lembre-se de que embora a utilização de turfa seja tradicional, não é ambientalmente saudável!).

Após se tornar habilidoso na utilização do aço de ignição e da raspadeira indicada, você poderá utilizar a faca e a barra de aço de ignição. Essa técnica é, basicamente, a mesma, mas cuidado para raspar *longe* de você...especialmente quando o trabalho envolve uma lâmina! A maioria das facas *bushcraft** trabalham para esse propósito, mas hoje em dia é fácil encontrar boas facas com uma parte especial para acender fogo na extremidade posterior da lâmina. Barras de aço de ignição de vários tamanhos podem ser compradas avulsas para essa utilidade, ou para repor seu kit quando a barra já estiver bastante desgastada, o que acontecerá após um longo período de uso.

Sílex e aço

Este é o meu método favorito para acender fogos, pois ele passa aquela sensação de antiguidade e ancestralidade. Cuidado e habilidade devem ser utilizados para ter sucesso em acender esse fogo. No entanto, ele é relativamente rápido e, com prática, é tão confiável quanto o moderno aço de ignição.

Esse método requer lascas de sílex pontiagudas que sejam bastante robustas e grandes o suficiente (mais ou menos a metade, ou um terço, da sua mão) para segurar firmemente com suas mãos e a uma distância segura de onde você bater para evitar dedos arranhados, ou cortados, pela ponta fina e afiada. Você também precisa de uma pederneira – existem em vários tipos e tamanhos, mas são, geralmente, uma variação de formato em D com um lado arredondado para segurar com os dedos e uma extremidade reta para bater no sílex.

Ao bater o aço no sílex, você obtém uma faísca menor e mais fraca do que aquela produzida pelo aço de ignição. E é necessário um

---
N.T.: *Bushcraft* (cuja tradução mais livre para o português seria "artes do mato") é um conceito que abrange todas as competências que possibilitam uma vivência integrada na natureza, sustentada na utilização dos seus recursos (Fonte: Wikipédia).

estopim especialmente fino para criar uma chama. O pano de carvão é excelente para isso (você pode fazê-lo ou comprar pela internet). Ou você pode utilizar um fungo como o bola de carvão (Daldinia concêntrica), do qual falamos anteriormente. Caso utilize pano de carvão, coloque algum estopim fino por baixo dele, como fios de juta (tirados de um barbante de juta), e postos sobre uma pequena cama de casca de bétula fibrosa, palha seca, grama ou algodão. Tenha outros materiais gradativamente maiores para transformar a faísca em chama e, daí em diante, criar um fogo.

Segure o sílex com uma mão e bata com o aço contra ele, perto e diretamente por cima do seu pano de carvão. Talvez você queira segurar o pano de carvão por baixo do sílex, com a ponta ligeiramente para fora para conseguir uma faísca desta maneira. Segure o sílex horizontalmente e bata com o aço sobre ele em um ângulo de 90 graus. Isso requer um pouco de prática. Você precisa fazê-lo com batidas rápidas e curtas, porém bem firmes.

Tente fazer com um ritmo triplo – *pá pá-pá*! *Pá pá-pá*! Em geral isso funciona melhor para mim. A melhor faísca, normalmente, aparece na terceira batida, mas uma batida é suficiente para aqueles mais experientes. O segredo está na firmeza e confiança da sua batida, no ângulo, e na ponta do seu sílex – se for muito cega, não criará faísca, se for muito fina, ela quebrará sem produzir nenhum resultado.

Novamente, a utilização dessa ferramenta se torna mais fácil com experiência, mas pode ser feito apenas com bom senso quando os materiais estão disponíveis. Não existe uma maneira mais fácil – utilizar aço e sílex requer prática, prática e mais prática. E uma vez que você compreendeu como se faz, será mais fácil da próxima vez.

Quando conseguir criar a faísca, você precisa ajudá-la a se transformar em brasa imediatamente, colocando o estopim mais fino que tiver – um ninho de casca de bétula bem fina, lascas de fungos de casco de cavalo ou fios de juta funcionam bem – , o qual por sua vez, é colocado em uma cama de grama ou palha seca do tamanho de uma bola de futebol. Em seguida, você poderá dobrar a palha sobre sua brasa e, suavemente, erguê-la e assoprá-la (às vezes, apenas um abano do seu maço de palha é suficiente). E, de repente, a chama acenderá.

No momento em que, de repente, o fogo acender e você tiver uma bola de fogo na mão, com a palha queimando para cima, terá uma sensação maravilhosa e muito divertida. Nesse ponto, você pode colocar a bola de fogo na cama de estopim, graveto e acrescentar o combustível, quando o fogo estiver bem estabelecido.

Sílex e bolas de pirita de ferro

Você pode utilizar o mesmo método do sílex e do aço em sílex e pedaços naturais de pirita de ferro – o sílex e a pirita de ferro surgem próximos na natureza por isso, eram sempre encontrados pelos nossos antepassados nas mesmas vizinhanças. Os pedaços de pirita de ferro não possuem uma ponta afiada, por isso você terá que bater o sílex neles, em vez de fazer o contrário.

Apanhe a faísca imediatamente, juntando-as sobre um ninho de estopim já preparado (fungo de casco de cavalo ou lascas de casca de bétula funcionam melhor neste caso) antes de adicionar estopins maiores e, em seguida, criar o fogo.

Método arco e broca

Acender um fogo utilizando o método arco e broca é uma das maneiras mais fáceis, e é uma das técnicas mais usadas entre os povos indígenas, com sutis variações no processo. Tenha em mente que esse método requer tempo, habilidade e trabalho duro.

Acredita-se que o método arco e broca seja anterior ao Período Paleolítico, e é possível utilizar essa técnica com equipamento feito partindo do zero, usando nada mais do que uma faca. A ideia é que o arco tenha um barbante torcido à volta de um bastão de madeira, a broca, que quando puxada para a frente e para trás rapidamente, gira em torno do piso de lareira para produzir uma brasa.

Componentes básicos para o método arco e broca:

- Cordame para arco e broca
- Piso para lareira
- Bloco para apoio
- Furadeira
- Graxa (opcional)

- Vários tamanhos de estopim, desde os galhos mais finos e menores (previamente preparados); tenha gravetos maiores para combustível também já prontos.

Fazendo o arco e broca: o aparelho é feito torcendo o barbante do arco para girar a broca, que é mantida verticalmente entre o piso de lareira e o bloco de apoio. O apoio, ou bloco de rolamentos, é amparado pela outra mão. Pressione para baixo, para manter a broca girando no piso de lareira. Todo o aparelho é mantido com firmeza colocando seu pé na ponta do piso de lareira conforme empurra o arco para a frente e para trás rápida e repetidamente.

O piso de lareira deve ter um pequeno furo no lugar da fricção do arco e broca. Um pó preto e quente se formará e, por fim, ele se tornará brasa fumegante. Essa brasa deve ser colocada, rapidamente, em uma bola de estopim e ser assoprada suave e constantemente, até o estopim acender. Atenção – esse processo pode ser demorado!

Utilizar os tipos corretos de madeira é importante para esse fazer esse tipo de fogo.

Para a broca: salgueiro ou aveleira são as melhores, abeto e freixo vêm em segundo lugar.

Para o piso de lareira: salgueiro ou pedra calcária são preferíveis. Choupo, abeto, pinheiro e amieiro também funcionam.

Tente diferentes combinações que podem ser facilmente fornecidas pela sua região, e observe os efeitos das diferentes estações, assim como a condição das madeiras. A madeira ideal para um arco broca não deve ser muito densa, muito dura e nem muito mole. Tente enfiar a unha do polegar na textura e sinta você mesmo.

Fazendo o piso de lareira

Encontre um pedaço de madeira adequado para entalhar o piso. Como dito acima, essa madeira deve estar seca e morta. A madeira caída, que é geralmente encontrada no chão das florestas, está sempre úmida e um pouco deteriorada. Procure árvores mortas que estão em pé, ou um pedaço já seco, e tente selecionar pedaços que não tenham nós. Se tiver de cortar, o pedaço que você precisa deve ter, mais ou menos, 30 centímetros de comprimento, dez centímetros de largura e, pelo menos, duas vezes a grossura da broca que você pretende fazer.

Utilize uma faca, machadinha ou machado grandes. Cuidadosamente corte o pedaço de madeira de modo que ele pareça uma tábua pequena e lisa, corte seguindo a textura. Corte o pedaço de maneira que tenha 2,5 centímetros de espessura.

A broca

A broca ou eixo deve ter por volta de 30 centímetros de comprimento, reta e verticalmente texturizada. Um pedaço tirado do piso funciona bem. Os mesmos requisitos para a madeira aplicam-se aqui – seca. Apare essa peça para ter um pouco menos de 2,5 centímetros de diâmetro (por exemplo, a largura do seu polegar). Molde as extremidades em pontas afiadas. A broca não precisa ser perfeitamente lisa, e sim bem arredondada, com nada para segurar o barbante quando você utilizar o arco.

O bloco de apoio

O apoio é um bloco de madeira que você pressiona para baixo, no eixo. Corte-o com uma serra para ter, mais ou menos, de 25 a 32 centímetros quadrados, por volta de quatro a cinco centímetros de espessura, com as extremidades lisas. Talhe, e talvez lixe, as extremidades para que o eixo possa encaixar bem e seja confortável para sua mão segurar e aplicar a pressão por vários minutos.

Eu descobri que utilizar um pano grosso ou um pedaço de couro ajuda. Tenho mãos femininas relativamente pequenas e preciso estar confortável o suficiente para aplicar a força necessária, e ninguém quer farpas ou bolhas nas mãos! Faça um pequeno buraco no fundo, grande o suficiente para abrigar a ponta afiada do eixo. Não faça um buraco muito profundo que iniba a rotação. Uma cavidade pequena, em formato de cone, é o ideal.

O arco

Escolha um galho verde e fresco (aveleira e salgueiro são boas madeiras para o arco), da grossura do seu dedo indicador, e do comprimento do seu cotovelo até a ponta do dedo. Ele precisa ser reto ou ter uma leve curva, como a de um arco, deve ser flexível, porém não pode ser fraco.

Se o galho parecer muito duro, talhar um pouco, a partir do interior da curva, pode ajudar. Verifique se ele dobra uniformemente. Separe cada extremidade em dois, verticalmente, a mais ou menos cinco centímetros do barbante.

O barbante

O barbante pode ser feito com vários tipos de materiais – juta, couro, couro cru, algodão e vários tipos de cordames, desde plantas selvagens, como cordame de urtiga, por exemplo. Cordas feitas de nylon ou plástico também funcionam, mas podem derreter com a fricção.

Em emergências, você pode utilizar cadarços, embora devam ser bastante grossos, por volta de 0,6 centímetros. Seja qual for sua escolha, o barbante vai desfiar com o uso, mas 0,6 centímetros de espessura o tempo suficiente para começar muitos fogos, por um ano ou mais.

Corte o barbante a uma medida e meia do comprimento do arco. Utilize os cortes que você fez nas extremidades do arco, amarre-o firmemente utilizando o nó quadrado ou outros tipos de nós, como o nó volta do fiel, que prende e não solta. Há muitas fontes para aprender a fazer nós na internet, mas a ideia principal é que ele deve ser difícil de desfazer até estar o mais esticado o possível ao longo do arco. Prenda o barbante bem apertado, mas não tão apertado como se fosse praticar tiro com arco. Quando terminar, o barbante deve enrolar em torno do eixo e estar preparado para o uso.

Técnica

Quando estiver tudo pronto para fazer o fogo – espaço limpo, estopim, acendalha e combustível reunidos, ajoelhe-se com um pé no piso de lareira. O pé esquerdo, caso você seja destro, assim o piso fica na parte interna do seu pé, e seu outro joelho fica para a direita.

Coloque o eixo a uma distância de, mais ou menos, 2,5 centímetros do canto, e na outra extremidade do piso, para ter espaço. Empurrando para baixo com o bloco, permita que o eixo marque sua posição no piso. Em seguida, utilize a faca para escavar um pedaço em formato de funil, nessa posição, para segurar a ponta do eixo. Embrulhe o barbante à volta do eixo para que ele fique do lado de fora do arco e, com uma volta de corda em seu entorno para tornar a corda bem leve.

Alguns ajustes podem ser necessários, mas uma vez que você tentou, torna-se bom senso e é descomplicado. Posicione o arco no furo e comece a movimentar o arco para a frente e para trás, para criar espaço e fazer o buraco de apoio de mão e o buraco no piso de lareira. Se for necessário, utilize a faca novamente para que o ajuste nos buracos fique melhor. Quando os buracos tiverem o tamanho desejado, use um pouco de graxa para lubrificar a parte superior do eixo no apoio de mão, caso você tenha algum. Dessa forma, a maioria da sua energia será empregue na criação da fricção, no fundo.

Agora, faça um pequeno furo perto do buraco do piso de lareira, para que o ar possa entrar no buraco. Coloque um pequeno pedaço de madeira ou casca de árvore por baixo, para segurar qualquer brasa.

Arco e broca

Você está pronto para começar. Coloque o eixo no furo, com a corda torcida e bem apertada em torno dele, e movimente para trás e para a frente, pressionando para baixo com o apoio de mão e curvando ligeiramente para baixo e para longe de você, e para cima, na sua direção.

Tente manter as costas retas. Utilize toda a extensão do barbante com firmeza, e a uma velocidade contínua, mas não muito rápida. Continue! Gradualmente, você obterá alguma fumaça – cuidadosamente, erga o eixo para verificar. Se ele ainda soltar fumaça, você pode ter brasa. Utilize um galho ou a ponta de uma faca e, suavemente, coloque-a para fora, pelo furo, na madeira que você colocou para guardar brasas, e coloque-a no ninho de estopim.

Pode haver algum pó no buraco do piso de lareira, que pode ser acrescentado para ajudar o fogo a crescer. Junte o estopim à volta da brasa e assopre suavemente. E o fogo pegará. Você precisará colocá-lo, imediatamente, na cama já preparada de estopim e acendalha, antes de acrescentar mais combustível quando ele estiver totalmente estabelecido.

Essa técnica requer prática e paciência, e é a forma básica em que apenas uma pessoa utilizava, nas antigas comunidades celtas, para acender os fogos da comunidade e de rituais, hoje conhecidos como *churn celta*, ou instrumento de fricção para fazer o fogo celta.

Instrumento de fricção para fazer o fogo celta

Uma visão incrível, o instrumento de fricção para fazer fogo requer tempo, materiais e várias pessoas em seu preparo. Há inúmeras variações possíveis com esse modelo, mas, essencialmente, a técnica é a mesma que no arco e broca, mas em maior escala.

Em geral, a broca é um tronco de árvore nova de, mais ou menos, 1,8 metro a 2,1 metros de altura, preso por dois troncos de árvores verticais cortados em V ou galhos bifurcados presos no chão, com uma terceira viga mestra entre eles para fazer pressão para baixo. Uma tábua de madeira, ou um tabuleiro, é posto no chão, por baixo da broca, que está amarrada por uma corda que, por sua vez, é puxada por um grupo de homens de cada lado, ou por um homem, que segura as duas extremidades da corda e puxa para a frente e para trás.

Os registros sugerem que carvalhos totalmente crescidos eram utilizados para essa técnica, e vilas inteiras de homens participavam, o que seria uma visão inspiradora.

Cerimônia de criação do fogo, oferendas para o fogo

Há pouca, ou quase nenhuma, crença sobrevivente acerca da prática de fazer oferendas ao fogo sagrado na tradição celta. Os romanos escreveram relatos duvidosos sobre a prática do Homem de Palha (*Wicker Man*), que consistia em queimar homens e gado em uma grande construção de vime. Porém, na prática, isso se provou totalmente impraticável, pois o vime queima rápido e produz um fogo relativamente frio, que se apaga muito antes de a oferenda arder.

No entanto, a prática de fazer oferendas aos espíritos, geralmente, é bem reconhecida, e é algo ainda amplamente praticado em outros lugares, e em tradições xamanísticas e animísticas em todo o mundo. Uma vez que há um grupo de tradições nas regiões celtas que dizem respeito aos espíritos do fogo e à reverência aos espíritos da lareira com oferendas, é provável que oferendas ao próprio fogo, em ambientes ao ar livre, fossem praticadas em algum momento e de alguma forma. E, certamente, adotar essa prática agora pode aprofundar sua relação com os espíritos do fogo com grandes resultados.

Seguindo os padrões para criar o fogo, conhecidos nas tradições celtas como abafar o fogo, nós podemos trabalhar com a ideia de honrar os três sagrados – a Terra, o mar e o céu, as "três mães" celtas, ou as três faces de Brígida quando acende um fogo. Desta forma, quando a área para acender o fogo foi preparada de maneira adequada e segura, podemos fazer nosso fogo em um padrão de tríscele, com três seções.

Faça uma cama de três gravetos adequados, em formato de Y, ou como o sinal de paz e amor, colocando estes primeiros três gravetos como base para o fogo. Reserve um momento com cada graveto para agradecer aos três espíritos e à árvore a qual ele pertence. Diga ao fogo que nascerá que você também agradece a ele; então, coloque o primeiro graveto no chão, em honra do elemento Terra e toda sua abundância. Tente usar estas palavras, ou utilize as suas, conforme se sentir guiado.

Espírito da madeira, espírito dessa árvore que existiu, agradeço a você pelo seu dom do combustível. Espírito do fogo que será, agradeço a você e peço que receba estes presentes em nome da amizade e da honra. Coloco isso no chão em honra à madeira, ao fogo e ao espírito da Terra que envolve todos nós!

Repita com o graveto seguinte, utilizando o mesmo formato, mas, desta vez, finalmente em honra do mar:

Espírito da madeira, espírito desta árvore que existiu, agradeço a você pelo seu dom do combustível. Espírito do fogo que será, agradeço a você e peço que receba estes presentes em nome da amizade e da honra. Coloco isso no chão em honra à madeira, ao fogo e ao espírito do mar que cerca todos nós!

E, finalmente, o céu:

Espírito da madeira, espírito desta árvore que existiu, agradeço a você pelo seu dom do combustível. Espírito do fogo que será, agradeço a você e peço que receba estes presentes em nome da amizade e da honra. Coloco isso no chão em honra à madeira, ao fogo e ao espírito do céu, que inspira todos nós!

Em seguida, faça uma oferenda a esses três gravetos e ao próprio círculo do fogo, colocando uma pequena pilha de ervas, mel ou creme em cada uma das três seções. Ou, suave e cuidadosamente, fazendo um círculo de ervas à volta do canto e ao longo dos três "raios".

Algumas das ervas adequadas são artemísia, ulmária, rosas, verbena e junípero, embora o tipo de erva para oferenda possa servir ao propósito do fogo ou da estação.

As oferendas de creme ou mel funcionam bem, assim como um pão de aveia (*bannock*) recém-cozido, partido em três pedaços, um para cada seção.

Quando fizer a oferenda, comece agradecendo à própria oferenda: à planta, às abelhas que fizeram o mel, ao pão que criou o *bannock*, e assim por diante. Em seguida, fale com o fogo que será e com os espíritos circundantes. Peça a eles que recebam essa oferenda dada em amizade. Tente estas palavras ou, novamente, utilize as suas:

> Espírito da artemísia, agradeço a você pela sua amizade e pelo seu apoio, agora lhe ofereço aos espíritos do fogo, para que você seja transformada e inspire as minhas visões. Espírito do fogo que será, aceite minha oferenda como sinal de minha amizade e respeito.

Você pode, em seguida, fazer uma cama de acendalha novamente, seguindo o padrão do tríscele. Certifique-se de que tem os materiais para acendalha mais finos que encontrar à sua volta, para pegar a faísca, ou a brasa, e fazer o fogo.

Acredito que criar o fogo sagrado seja um ritual em si mesmo, e um ritual que exige tempo e preparação cuidadosa, em que cada aspecto do fogo é pensado criteriosamente, desde as considerações de segurança e praticidade, como ter todos os materiais em mãos antes de começar. E também as questões mágicas e espirituais, como as orações e oferendas e, certamente, o propósito do próprio fogo.

Piromancia

Com tempo e prática, a piromancia e a aeromancia podem ajudar em um profundo e perspicaz diálogo entre você e os espíritos do fogo. Há muitas técnicas de adivinhações pelo fogo na tradição celta que têm origem na consciência inicial do espírito do fogo e no acendimento de uma fogueira ritualística.

Em tempos passados, mesmo o fogo de uma lareira caseira seria aceso com uma chama ritualística e teria honras de sagrado, como foi discutido anteriormente. O jogo de chamas e sombras na parede ou os padrões na cinza matinal seriam considerados presságios para muitas coisas.

Já foi prática habitual queimar colchões de palha quando a pessoa morre – e as cinzas dele eram especialmente agourentas –, e as pessoas presentes procuravam uma pegada nas cinzas que combinasse com a pegada de alguém que estivesse ali. Diziam que essa pegada identificava a próxima pessoa a morrer. Queimar colchões é algo que não acontece mais, mesmo em comunidades rurais, porém o fogo de um velório ou de um funeral também pode ser utilizado para procurar presságios e sinais – não de quem será o próximo a morrer –, mas mensagens daqueles que morreram, ou outra orientação do mundo espiritual, em um momento em que os poderes do destino e da mortalidade parecem particularmente fortes.

O fogo era visto como o coração da casa e do espírito, e qualquer atividade ou sinal inesperado à volta da lareira era sempre visto como alguma comunicação do espírito do fogo ou dos espíritos da família, em alguma forma. Em Shetland, todo um sistema de leitura do fogo se formou em torno dos movimentos das chamas e do combustível, conforme ele queima.

Um tição sozinho perto do fogo era chamado de convidado, uma brasa fumegante indicava um convidado indesejado. A chegada de um convidado indesejado poderia ser evitada jogando água na brasa, mas isso deveria ser feito com cautela, pois o gesto poderia trazer azar para um amigo, que poderia cair em um atoleiro ou se queimar. [42]

Piromancia

Utilizar fogo para adivinhação é relativamente simples, mas requer tempo, e a prática é mais adequada a alguns temperamentos que outros. Adivinhação desse tipo funciona melhor em um fogo feito de forma ritualística, em honra a algum espírito vivo, o que pode ser feito de muitas maneiras.

Veja o espírito do fogo como um aliado e amigo, e faça uma oferenda a ele. Uma erva perfumada ou que seja relevante em magia é o mais comum. Fale com ela com suas próprias palavras, ou tente estas para começar:

---

42. Spence, *Shetland Folk-lore*, 1697.

Espírito do fogo, agradeço a você pelo seu calor e pela sua iluminação – me mostre aquilo que tenho de saber, abençoado.

Ervas boas para oferecer ao fogo são artemísia ou junípero, ou um punhado de incenso. Suave e cuidadosamente, jogue as ervas no fogo enquanto diz:

Aceite estes presentes, amigo...

Relaxe para se sentar junto ao fogo, fique confortável e calmamente presente. Deixe seus olhos descansarem sobre as chamas e as brasas, e veja aquilo que você verá. Pode demorar várias horas e, em geral, funciona melhor se realizado tarde da noite, quando o ânimo – tanto o seu quanto o do ambiente à sua volta – está propício a esse tipo de trabalho.

De vez em quando, você pode fazer perguntas ao fogo, educadamente e com gratidão. Permita que o movimento das chamas crie um tipo de linguagem corporal e gestual que você pode sentir como sendo uma resposta. Adivinhação desse tipo é mais uma forma de arte, e é dependente de uma mudança de consciência. Por isso, procure sentimentos e simbolismo como respostas, em vez de respostas como sim ou não.

Limpeza do fogo

Os fogos tradicionais do festival celta Beltane foram criados para limpeza e bênção – geralmente, o gado era conduzido entre dois grandes fogos de Beltane para limpá-los de doenças e pragas, assim com maus olhados e ataques de espíritos hostis.

Da mesma maneira, o fogo pode ser utilizado para limpeza energética e bênção, hoje em dia. Tudo se resume ao propósito e praticidades daquilo que você pretende limpar, e por quê. Um fogo aceso de forma ritualística pode ser usado para limpar e abençoar ferramentas mágicas: segure-as sobre as chamas ou abane-as na fumaça.

Igualmente, uma casa ou uma pessoa podem ser limpos levando uma brasa do seu fogo ritualístico e fazendo movimentos circulares anti-horários em torno da casa ou da pessoa para eliminar mau-olhado, azar ou espíritos indesejados. Se girar no sentido horário, atrairá bênçãos, proteção e fertilidade; e deve ser acompanhado de orações e pedidos de ajuda para seus espíritos aliados e para os deuses. Tais orações existem apenas nas formas cristãs, mas criar sua forma de oração, no próprio local, é perfeitamente eficaz, desde que você seja claro em suas intenções.

É óbvio que cuidado e consciência devem ser levados em conta quando você utilizar o fogo desta forma, para garantir a segurança – velas acesas a partir de um fogo mágico podem ser a opção mais prática em algumas circunstâncias.

Outra prática antiga era saltar o fogo, uma atividade popular nas comemorações de Beltane, onde, especialmente os rapazes, aproveitavam essa oportunidade para mostrar seu vigor e sua agilidade. Mas, novamente, com sensatez e precaução é possível, para quase todos, saltar ou passar por cima de um fogo para limpeza e bênção; e também para receber a vitalidade de espírito que o fogo proporciona.

Uma forma para pessoas mais velhas ou mais delicadas saltarem o fogo consiste em utilizar as brasas. Quando o fogo estiver bem estabelecido para ser ligeiramente desmontado, arraste um pequeno monte de brasas, com chamas fracas e pequenas, para um lado; isso permitirá que os menos capazes passem, habilmente, sobre elas.

Magia do fogo – orações

Em culturas ao redor do mundo, os fogos sempre foram utilizados para fazer orações. Os efeitos transformadores do fogo, a visão da névoa de fumaça e do calor erguendo-se em direção ao céu evocam imagens de nossas intenções e as mensagens flutuando nos céus, onde podem ser ouvidas pelos nossos deuses e antepassados.

As práticas celtas de fogos sagrados dos festivais de fogo como Imbolc, Beltane, Lughnasadh e Samhain mostram uma consciência das propriedades mágicas e curativas do fogo. A prática de queimar coisas como oferendas e orações também é de longa data. Várias coisas podem ser usadas para fazer orações com o fogo: ervas sagradas, colhidas conscientemente pelo próprio praticante, como um parente do espírito verde, terão o melhor resultado.

No entanto, as orações também podem ser escritas em papel ou talhadas em madeira. Figuras de palha, como as bonecas de milho, e o tradicional último fardo de palha, conhecido como a figura Cailleach (recolhida e feita como o ato final da colheita) podem ser oferendas poderosas para acompanhar pedidos de cura ou prosperidade. Outras efígies de partes corporais que necessitam de cura, por exemplo, também podem ser queimadas, como corações, olhos ou até membros e órgãos entalhados ou esculpidos.

Deve-se ter cuidado quando acender um fogo ritualístico para honrar respeitosamente os espíritos do fogo, antes que os pedidos sejam proferidos em voz alta e oferendas, ou qualquer representação física da oração, sejam oferecidas para queimar e transmutar ao mundo espiritual por meio das chamas.

Às vezes, a oração e a oferenda são a mesma coisa, por exemplo, um item de madeira entalhada queimará bem. Em outras ocasiões, como orações escritas em papel, oferendas adicionais parecem mais apropriadas. Acima de tudo, não há um conjunto de regras. Respeito pelos espíritos e considerações práticas precisam ser combinadas para obter os melhores resultados.

Defumação (*saining*)

Uma prática tradicional na Escócia, dizia-se que o *saining** removia doenças e maus-olhados de uma casa ou de uma área. A prática envolvia queimar galhos de junípero e deixar que a fumaça enchesse a casa do teto ao chão, até que toda a área ficasse densa com fumaça, tanto que ninguém podia ficar dentro da casa.

Quando a casa estava repleta de fumaça, e só nesse momento, as portas e janelas eram abertas para deixar a fumaça sair, carregando com ela toda a energia negativa e doenças. O *saining* funciona exatamente da mesma forma que a atual fumigação utilizada para remover infestação de insetos, só que ele também trabalha em níveis energético, espiritual e emocional.

---

* N.T.: *Saining* é a palavra escocesa para bênção, proteção ou consagração. *Sain* é cognato do *seun* do gaélico irlandês e do *sian*, do gaélico escocês. E do irlandês antigo, *sén* significa "encanto protetor" (Fonte: Wikipédia).

Embora o junípero natural esteja em perigo de extinção hoje em dia, ele está amplamente disponível para o cultivo. Queimar junípero seco ou bagas de junípero, como incenso, sobre um disco de carvão, funciona da mesma forma e fornece a alternativa perfeita para queimar sálvia ou esfumaçar, que é uma prática tradicional dos nativos americanos.

Molhos de junípero podem ser amarrados da mesma forma, como um bastão para esfumaçar, e podem ser queimados exatamente da mesma maneira, sem nenhuma apropriação cultural e de forma a honrar nossos antepassados celtas. E utilizando uma planta que cresce melhor nos climas mais frios do norte que a sálvia branca.

As casas celtas para suar

Enquanto a cabana para suar dos nativos americanos é bastante conhecida, seu equivalente do norte da Europa é, em geral, negligenciado. Conhecido na Irlanda até relativamente pouco tempo (até o século XIX) como *teach allais*, ou casa para suar, evidências desta prática foram encontradas até nas Hébridas Exteriores e desde o Período Neolítico, há alguns 5 mil anos.

Nos séculos recentes, essas estruturas tinham, sobretudo, um formato de colmeia feita de pedra e uma pequena entrada. Estruturas estranhas, que datam da Idade do Bronze, conhecidas como *Fulachta fiadh*, ou *montes queimados*, que apresentam evidências da utilização do fogo e da água, são consideradas lugares rituais para as casas de suar.

Diferente das cabanas de suar dos nativos americanos, essas estruturas também eram feitas de pedra e, em geral, eram forradas com grama para mais isolamento. Uma *teach allais* ou *Fulachta Fiadh* era, normalmente, colocada perto de uma nascente natural ou de um poço sagrado como fonte de água. Antes da sua utilização, um fogo era aceso no interior da casa para aquecer a estrutura e, em seguida, o fogo era arrastado para fora e a pessoa que buscava a cura entrava e permanecia ali, no escuro, até ter suado o suficiente.

Em seguida, a pessoa rastejava para fora, mergulhava ou se cobria na água fria da nascente sagrada. Uma fonte maravilhosa do século XIX descreve desta maneira:

Pequenas edificações chamadas casas para suar são erguidas, um pouco na forma de colmeia, construídas com pedras e grama, agrupadas de forma organizada; o teto é formado do mesmo material, com um pequeno buraco no centro. Também há uma abertura abaixo, grande o suficiente para caber uma pessoa engatinhando. Quando seu uso era necessário, uma grande fogueira era acesa no meio do chão até extinguir-se e, nesse momento, a casa estaria totalmente aquecida. As cinzas são, então, varridas e o paciente entra, tendo primeiro tirado a roupa, com exceção da roupa interior, que ele entrega a um amigo que está do lado de fora. O buraco no teto é, em seguida, tapado com uma pedra plana, e a entrada também é fechada com torrões de grama e terra para evitar a entrada de ar. O paciente permanece no interior até começar a transpirar copiosamente, quando (caso seja jovem e forte) ele mergulha no mar, mas os idosos e fracos vão para a cama por algumas horas.[43]

Construir uma casa de suar tradicional irlandesa, hoje, vai além do escopo deste livro, mas vale a pena notar que construir vários abrigos e "dobradores" de madeira de salgueiro para uso temporário desta forma é perfeitamente razoável. Quando o fogo é colocado para fora depois de a estrutura estar quente o suficiente, é menos perigoso do que a técnica da cabana de suar dos nativos americanos – não há pedras quentes para se ter cuidado.

Apesar de não conhecermos orações e rituais que foram utilizados nessas estruturas da era pré-cristã, é muito improvável que elas fossem utilizadas apenas para limpeza e cura de reumatismo. Evidências na Irlanda sugerem que essas estruturas eram utilizadas, principalmente, durante os meses de outono, talvez quando algum curador ou druida experiente passava pela região. Ou, como alguns sugeriram, elas eram utilizadas com cogumelos alucinógenos que também crescem em tais locais durante os meses do outono, tais

---
43. *A History of the Island of Rathlin* de Mrs. Grange, Rathlin 1851, Coleraine.
<http://irisharcheology.ie/2012/03/the-sweat-house-at-creevaghbaun-co-galway/>.

como o agário-das-moscas (*Amanita muscaria*), e os chamados cogumelos mágicos, como o *libery cap*, ou *Psilocybe semilanceata*.

Podemos presumir com segurança que nossos antepassados, na Irlanda e nas Ilhas Britânicas, conheciam esses cogumelos e seus efeitos, mas, infelizmente, muito dessa sabedoria foi perdido. Estudos modernos sugerem que os *Psilocybe semilanceata* ajudam na cura de depressão, transtornos de estresse pós-traumático (TEPT), e até enxaquecas.[44]

É provável que eles tivessem benefícios psicológicos e espirituais tremendos nas mãos de praticantes treinados e experientes. Trabalhar com espíritos das plantas tão potentes no espaço confinado de uma casa para suar irlandesa seria, de fato, uma experiência poderosa!

Expulsando com o fogo

Fogos podem ser utilizados para consumir e transformar todos os tipos de energias negativas, e são úteis no trabalho de encantamento para queimar coradas, velas, bonecos ou qualquer objeto físico para magia, uma vez que realizaram seu propósito. O fogo também pode ser utilizado em rituais para queimar doenças ou qualquer outra intrusão de algum espírito negativo.

Bênçãos do fogo

As tradicionais bênçãos do fogo, em geral, envolvem saltar o fogo de Beltane ou carregar uma brasa flamejante, no sentido horário, em torno dos limites de um pedaço de terreno. Essa prática ainda pode ser realizada hoje, de forma mais fácil, acendendo uma vela em um suporte apropriado e pedindo a Brígida que abençoe a chama. Utilize suas próprias palavras para isso ou tente estas:

> Grande deusa Brígida, abençoe esta chama, abençoe esta vela, que sua chama eterna queime luminosa aqui e abençoe esta casa (ou espaço, terreno, etc.).

---

44. Robin Carhart-Harris, Leor Roseman, Mark Bolstridge e outros. "Psilocybin for treatment-resistant depression: fMRI-measured brain mechanisms", *Scientific Reports* 7. <https://www.nature.com/articles/s41598-017-13282-7>.

Segure a vela e caminhe no sentido horário em volta da casa ou espaço, e no sentido horário em volta de cada cômodo da casa ou de qualquer outra área, certificando-se de que a luz brilha em cada canto escuro, recanto, fenda ou qualquer lugar que necessite de atenção especial, como o local onde as pessoas dormem ou onde haja objetos antigos que possam conter resíduos energéticos.

Conforme avança, imagine que a chama é um grande raio de luz que alcança qualquer aspecto do espaço, limpa qualquer negatividade e preenche o espaço luz espiritual e literal.

Quando terminar, leve a vela a um altar ou outro lugar central e deixe-a queimar até se extinguir. Ofereça seus agradecimentos a Brígida, pela bênção.

Madeiras apropriadas para combustível

Assim como escolher madeira bem seca, o tipo de madeira que você queimará terá um efeito sobre o sucesso do seu fogo e sobre a maneira como ele queima. Além disso, certas madeiras são tabus tradicionais na questão de fazer fogo, ou podem ter um significado mágico ou espiritual acrescido – bom para fogos ritualísticos com um propósito específico.

Segue abaixo uma canção popular inglesa tradicional que lista as madeiras mais comuns e suas propriedades de combustão:

Contos tradicionais
A canção do lenhador

> Troncos de carvalho te aquecerão bem
> Aquele velho e seco
> Tronco de pinho terá um aroma doce
> Mas as faíscas voarão
> Troncos de bétula queimarão muito rápido
> O castanheiro escasso de todo, senhor
> Troncos de espinheiro são bons para durar
> E cortam-se bem no outono, senhor
> Troncos de azevinho queimarão como cera
> Você pode queimá-los verdes

Troncos de olmos queimam como linho ardendo em fogo lento
Nenhuma chama será vista
Troncos de faia são para o inverno
Troncos de teixo também, senhor
Troncos verdes e antigos é um crime
Para qualquer homem vender, senhor
Troncos de pereira e macieira
Deixarão uma fragrância em seu cômodo
E troncos de cerejeira, os cães
Sentirão o cheiro como flores brotando
Mas troncos de freixos, macios e cinzas,
Compre-os verdes ou maduros, senhor
E compre tudo que lhe cruzar o caminho
Pois o peso deles vale louro, senhor.[45]

Tabus

Há vários tabus na tradição celta das árvores, em geral por razões muito práticas. Queimar teixo nunca é uma boa ideia – embora se pense, em geral, que a toxicidade da madeira não apresente problemas quando esta é queimada, especialmente em fogões a lenha, quando a fumaça é conduzida para bem longe de qualquer pessoa sentada próximo ao fogo, eu soube de vários casos em que as pessoas adoeceram, passaram por angústias psicológicas severas e tiveram pesadelos aterrorizantes quando respiraram fumaça de teixo.

O teixo é altamente tóxico e cuidado deve ser levado em conta quando o manuseamos. Escultores em madeira e arqueiros que utilizam arcos de teixo parecem não ter problemas, mas há muitos indícios anedóticos sobre isso causados por aqueles que cortam a madeira quando ela ainda está fresca, e as folhas e bagas são altamente tóxicas.

---

45. A Canção do Lenhador (*The Woodcutter's Song*) – também conhecida como "Troncos par queimar" ou "A canção do tronco de Dartmoor". Há muitas versões desta canção popular britânica. Essa versão foi publicada no volume 159 da revista britânica *Punch*, em 1920, e está listada como sendo de Honor Goodheart, mas sua autoria é contestada e pode ter sido adaptada de outras fontes. <https://archive.org/details/punchvol158a159lemouoft/page/898>.

É preciso tomar cuidado quando manusear o teixo, sobretudo com crianças à volta.

Igualmente, o teixo é uma árvore altamente mágica e um espírito poderoso por direito próprio, intimamente ligado aos mortos e ao outro mundo. Por essas razões, a árvore e sua madeira precisam ser tratadas com cuidado e respeito. Apesar de seu fogo ser bem quente e o aroma ser agradável, o teixo pode, intencionalmente, evocar forças poderosas do submundo com resultados posteriores desagradáveis. Atenção!

Outro tabu é queimar sabugueiro – de fato, é tabu até mesmo cortar o sabugueiro sem antes pedir permissão e oferecer recompensa ao seu espírito, o Sabugueiro Mãe. Os sabugueiros estão intimamente ligados às fadas e à magia natural poderosa (esta não é uma árvore para as fadas Sininhos!) – "o povo bom" que deve ser tratado com respeito e cuidado o tempo todo, e podem ser terríveis se forem contrariados. Uma tradição do folclore sugere que você peça permissão ao Sabugueiro Mãe, dizendo:

> Sabugueiro, Sabugueiro Mãe, por favor, posso ficar com sua madeira, e você poderá ficar com madeira minha, quando ela crescer na floresta.

Essa petição é feita, essencialmente, para enganar o espírito. Eu diria que é muito melhor fazer uma simples oferenda à árvore de um pouco de água ou uma pequena tigela de mel, falando com ela e explicando sua intenção, pelo menos um dia antes de cortá-la – nunca a queime. Porém, a medula do sabugueiro é bastante macia, e um ramo desta árvore que seja fino, reto e escavado, pode ser um bom fole para reavivar um fogo.

Madeiras mágicas para combustível

Há um grupo de crenças na tradição celta, sobre as árvores e suas propriedades mágicas, para uma exploração extensiva sobre o tema, por favor, consulte meu livro *Celtic Tree Magic* (Llewellyn, 2014). Para cobrir o assunto brevemente, acho importante lembrar que cada árvore, planta ou outro ser vivo com quem trabalhamos, possui seu espírito inerente, e trabalhar bem, magicamente, com qualquer coisa viva, depende da nossa relação com esses espíritos.

Portanto, é sempre boa ideia conhecer a madeira que você vai queimar em um fogo ritualístico e agradecer pelo presente que ela lhe concede, e agradecer novamente quando você queimá-la. Quando isso não for possível, reserve tempo para se conectar com os espíritos que, outrora, viveram nos troncos que você cortou ou nos galhos caídos, fazendo algumas respirações para estar presente com eles. Agradeça a eles, como seu fossem seus parentes verdes, pelo presente do combustível, pelo menos.

Conhecer o tipo de árvore que você queima também pode ter um efeito sobre seu ritual ou magia, e procurar as melhores árvores para seu propósito é uma boa ideia. Novamente, certifique-se de que você está o mais consciente possível daquilo que está fazendo. O texto seguinte é uma simples referência às principais árvores mágicas da tradição celta, além de sua utilização em um fogo ritualístico.

Carvalho: A árvore da soberania e do homem verde. O nome do carvalho, em gaélico, é Dara, de onde vem o nome druida, de *deru wid*, alguém que possui a sabedoria do carvalho. Ele é o melhor para todos os fogos sagrados, especialmente no Beltane e no Samhain. Mas ele deve ser honrado como um recurso estimado – o carvalho é uma árvore que cresce lentamente, por isso, devemos nos esforçar para um uso sustentável e responsável.

Espinheiro: A rainha de maio, associada às fadas e à magia feminina, assim como o coração e os sentimentos. O espinheiro é bom para encantamentos do amor, conexão com as fadas cura e para erguer a força vital.

Bétula: Essa árvore queima rapidamente, e é a primeira no alfabeto irlandês ogam. Associada aos novos começos, à limpeza e à retificação. Queime bétula para iniciar um novo ciclo de vida, para abençoar um bebê ou em novas residências.

Pinho: Utilize o pinho para purificar doenças e limpar a energia parada. O pinho está associado ao mundo superior, e à invocação dos espíritos do ar, como a águia e o abutre.

Macieira: Essa árvore está associada ao outro mundo celta, Avalon, onde as almas procuram cura e regeneração. Queime macieira para magia da cura e rituais de reconciliação e compaixão, e também para a magia sexual e casamentos.

Freixo: O freixo, em geral, é um poderoso aliado mágico e, de muitas formas, a melhor madeira para combustível. No entanto, o freixo está prestes a se tornar uma árvore ameaçada de extinção por causa de uma doença chamada declínio das cinzas, que existe no Reino Unido e na Europa. Ele também tem problemas de infestações da broca-do-freixo-esmeralda nos Estados Unidos. Essa madeira deve ser usada com responsabilidade e sustentabilidade – verifique todas as restrições relativas a essa árvore na sua região e dê passos para honrá-la sempre que ela for utilizada.

Seis
Nossos Parentes Verdes

Nós estamos rodeados por plantas, fungos, líquens e árvores, em toda a parte, menos nas regiões mais inóspitas do mundo. Onde quer que estejamos, haverá algum tipo de planta a avançar em direção à luz, seja uma grande faixa de floresta ou um dente-de-leão nascendo por uma rachadura na calçada.

As tradições indígenas em todo o mundo utilizam as plantas e as árvores para a cura, propósitos mágicos e espirituais. Nas regiões celtas do norte existe um grande recurso de plantas às quais podemos recorrer. Essas ervas mágicas, ou "plantas poderosas", podem abordar quase todas as necessidades. Trabalhar com elas pode nos unir em uma relação mais estreita, que jamais imaginamos ter, com o ambiente, com os espíritos do lugar e com nossos antepassados, além de as plantas serem úteis à nossa prática e aos serviços para nossas comunidades.

Plantas e árvores mágicas como aliados e ajudantes

Mulheres sábias e curandeiros das Ilhas Britânicas utilizaram ervas para cura e magia durante milhares de anos. A natureza nos oferece todo o apoio e aliados que podemos necessitar se nos alinharmos com seus ritmos, valores e abordagem do mundo verde como amigos e parentes, em vez de consumidores passivos.

Se formos capazes de cultivar e cuidar de nossos amigos do mundo das plantas, oferecendo a eles um lar em nossos jardins e parapeitos de janelas, melhor ainda. Forragear e conhecer nossas paisagens também irá ao encontro das nossas necessidades – magicamente, é possível trabalhar com uma planta e não utilizar nada de sua matéria física, sem deixar nenhum rastro no ambiente.

Quando reservamos tempo para nos conectar com o mundo verde à nossa volta, inevitavelmente nos envolvemos em um processo que nos desacelera e apresenta o mundo de uma nova forma, que vai além da nossa perspectiva diária.

Os detalhes, a miríade de plantas ao nosso redor e as minúcias de suas vidas cotidianas têm muito para nos ensinar a respeito do solo que está por baixo de nossos pés. Dedique tempo para notar o que cresce de maneira natural no seu entorno. Seu ambiente é um éden atemporal ou uma batalha urbana pela sobrevivência? Em algumas regiões, somente as ervas daninhas mais fortes conseguem sobressair, às vezes encharcadas de químicos dos paisagistas, em tentativas de erradicar mesmo essas pequenas vidas e impedir que elas invadam a extensão da calçada e do concreto.

Gramas, dentes-de-leão e a singular margarida são os heróis do mundo verde, pois sobrevivem quase que em qualquer lugar. Budleia, bem-me-quer e botão de ouro também são persistentes urbanos. Juntamente com as urtigas e o rumex, eles fazem consideráveis avanços nos acostamentos e nos diques das estradas.

No entanto, quando tiramos um minuto para considerá-las, descobrimos um conjunto completo de plantas poderosas. Espíritos que honram a Terra onde quer que estejam, suportando, dando alimento aos insetos, apoiando ecossistemas minúsculos e fornecendo remédio espiritual para a cura aos poderes do local.

Por exemplo, o dente-de-leão é um alimento natural rico em nutrientes, excelente na ajuda da limpeza de toxinas do corpo, e ele nos ajudará magicamente a aprender a resiliência e a ver a alegria em situações difíceis.

Se conhecermos nosso ambiente de forma íntima, se conhecermos todas as plantas e árvores que crescem perto de nós, naturalmente, assim como aquelas que se desenvolvem em nossos jardins e parques cultivados, descobriremos como nossa paisagem se expressa, quais são suas necessidades e prioridades.

Às vezes, na cidade, essas plantas revelarão suas tentativas de manter a força vital de uma região e seus habitantes se desenvolvendo, mas em outros espaços mais verdes, elas podem nos mostrar o sabor e a personalidade únicos de uma região – o que ela escolhe expressar e manifestar.

Aqui, nos níveis da Somerset britânica, estamos cercados por salgueiros e almieiros – eles crescem selvagens em qualquer lugar e com facilidade. O salgueiro é um grande espírito lunar aquoso que cura e alivia as dores. Ele ensina a flexibilidade e a importância de nossos sonhos – um aliado apropriado para grandes e cansativas peregrinações à antiga ilha de Glastonbury e ao destino sobrenatural, Avalon, a quem ela está intimamente ligada.

Em contrapartida, o almieiro é forte e ensina sobre servir e se sacrificar pelos outros – ele era a madeira de eleição para os escudos dos guerreiros celtas, sua madeira ficava vermelha quando exposta ao ar para sangrar em seu lugar. A madeira do almieiro permanece intacta mesmo quando cresce à beira da água. Com seus pés no pântano, o almieiro resiste, sobrevive e continua forte, preservando a si mesmo e aquilo que ele considera precioso, mantendo-se aterrado mesmo no meio de uma sobrecarga emocional e aquosa ou de uma rápida expansão espiritual.

Quando contatamos os espíritos das plantas à nossa volta e aprendemos sobre suas propriedades, sejam medicinais, botânicas, folclóricas ou mesmo mitológicas, nós podemos desenvolver a compreensão que temos delas e do trabalho do *genius loci* que elas incorporam.

A budleia, também conhecida como flor-do-mel, oferece grande auxílio mágico e espiritual quando tenta ajudar aqueles que têm depressão, e seu grande espírito guerreiro enfrenta bravamente as energias negativas, enviando cura por toda a paisagem e levando mais força vital a uma região. Conhecida na Grã-Bretanha como arbusto combatente, a budleia foi uma das primeiras plantas a crescer em áreas atingidas por bombas da Segunda Guerra Mundial – ela traz a vida e cura de volta a qualquer lugar que conheceu trauma, desolação ou destruição. Ela é tão bem-sucedida, que alguns tipos de budleia, hoje em dia, são considerados invasores. A budleia atrai multidões de borboletas e é uma fonte vital de alimento para elas, por isso tem um lugar essencial em qualquer jardim natural. Além disso, também atrai aquelas energias transformacionais, representadas pela borboleta, à região.

Portanto, a budleia tem seu lugar em qualquer encantamento ou trabalho de cura que necessite quebrar e transformar padrões negativos, ou energia parada, e promover a mudança positiva. Quem já viu uma budleia florida em um canteiro de obras desolador, pode vê-la trabalhando nesta magia.

Formas de se conectar com os espíritos das plantas

Visite espaços verdes selvagens. Plante um jardim. Participe de um projeto de jardinagem ou de plantação de árvores de sua comunidade. Visite a floresta. Plante sua própria comida – mesmo salada e ervas no parapeito de sua janela. Estude as ervas curativas e seus usos. Medite com as árvores. Incentive a vida natural plantando polinizadores. Faça uma dieta vegetariana, sempre que possível. Desde que seja seguro, tente uma dieta com ervas ou jejue de vez em quando para se conectar com os específicos e poderosos espíritos das plantas, ingerindo apenas uma planta em particular, durante um dia ou dois. Viaje para encontrar com os espíritos das plantas em sua visão interior. Respire com as árvores. Colha sementes, bagas e frutos de casca dura, como as nozes, e semeie-os em vasos para redistribuir.

Exercício
Viagem para encontrar o espírito de uma planta

Caso possa, realize este exercício diante de uma planta ou de uma árvore. Se não puder, você pode fixar a imagem de uma planta em seu olho interior e, com sua intenção, poderá viajar para encontrá-la.

Sente-se confortavelmente, feche os olhos e faça três respirações profundas. Sinta o solo por baixo de você, sua energia e intenção afundando profundamente e se conectando com a Terra por baixo, a Terra interior. Imagine um caminho de pedras claras diante de você, que conduz diretamente ao aspecto do espírito na sua frente. O caminho pode ser curto e direto, mas caso se estenda, preste atenção a tudo aquilo que você vê, pois cada aspecto da viagem é uma forma de comunicação da própria planta.

Envie uma mensagem de amizade à planta e seja paciente: cada espírito de planta é diferente e terá seus próprios limites e formas de se comunicar. Veja se você pode aceitar e vivenciar a planta da forma que ela é, sem ideias preconcebidas ou projeções.

Após certo tempo, pode ser apropriado respirar com a planta – foque o envio da sua respiração a ela, e aceite a respiração da planta em retribuição, como uma troca de energia e informação para conectá-lo em um nível não verbal mais profundo. Comunhão e comunicação são as chaves.

Caso queira, você pode fazer qualquer pergunta ao espírito da planta, mas, novamente, empenhe-se para estar aberto à compreensão das respostas que poderá receber.

Após algum tempo, agradeça ao espírito da planta e retorne pelo caminho. Sinta o ar em seus pulmões e envie sua intenção e desejo de retornar para seu corpo. Abra os olhos e agite os dedos dos pés e das mãos, sentindo-se totalmente de volta ao presente.

Talvez você queira registrar suas experiências em um diário.

Prática
Sentindo com as mãos

Outra forma interessante de trabalhar com as plantas e conhecer suas formas espirituais consiste em aprender a sentir a energia delas com as suas mãos. Havia numerosas práticas entre os celtas de utilizar a ponta dos dedos ou as palmas das mãos para sentir as qualidades e condições energéticas, principalmente para a cura ou adivinhação.

A antiga prática irlandesa do *Dichetal do Chennaib* pode ter envolvido esse tipo de prática, algumas vezes, com uma varinha ou cajado como planta móvel aliada que você leva consigo, além da sensibilidade de suas mãos para ajudar seu corpo a sintonizar com as energias mais finas e sutis.

Com a palma da mão voltada para a planta, lentamente estenda o braço e a mão em direção a ela. Fique imóvel e em silêncio, permitindo que a receptividade do espaço e da calma venha até você. Veja se sente alguma mudança quando notar algo além do seu próprio corpo. Em geral, isso pode ser um formigamento, sensação de calor ou pressão na palma da sua mão ou nas pontas dos dedos.

Quanto sentir alguma coisa, movimente a mão em volta da planta, mantendo a mesma distância. Em seguida, mova-se suavemente para a frente e para trás, vendo se consegue sentir o canto da aura da planta e qual é a diferença de estar do lado de dentro ou do lado de fora dela.

Não tenha pressa nesse momento. É necessária muita sensibilidade paciente e pode exigir alguma prática. Com o tempo, você será capaz de sentir facilmente quanto estiver na aura ou no campo energético de uma árvore ou de plantas. E isso poderá ser desenvolvido ainda mais, até você sentir o humor ou temperamento da planta, e até receber impressões mais claras utilizando seu olho interior. Caso utilize uma varinha ou um cajado nesse trabalho, preste atenção ao que seu aliado lhe diz e tenha cuidado com a diferença de sensação entre a mão que segura o cajado e a outra mão.

Varinhas e cajados

Muitas pessoas gostam de trabalhar com uma varinha tradicional, ou seguram um cajado alto durante a cerimônia. Porém, o que é sempre negligenciado é o fato de que estes tipos de ferramentas são, no melhor dos casos, espíritos aliados de árvores vivas que trabalham conosco e nos ajudam a direcionar nossas intenções. Mais precisamente, eles criam conexões com outras inteligências espirituais para atrair até nós aquilo que tentamos manifestar.

Fazer uma varinha pode ser muito simples, e embora algumas pessoas escolham entalhar e decorar suas varinhas e cajados, isso não é necessário. Porém, isso pode torná-los muito atraentes e pode acrescentar mais energia ao poder durante o ato da decoração, assim como o poder de quaisquer símbolos ou adições, como cristais. Entretanto, o principal uso da varinha é como uma planta aliada móvel e presente fisicamente, enquanto o espírito da árvore concordou em continuar a trabalhar com você pela floresta.

A maioria das varinhas e cajadosé feita a partir de uma árvore escolhida, mas não precisa ser assim. Madeira caída, quando escolhida e recolhida em comunhão com o espírito das plantas que habita nela, pode ser ainda mais poderosa do que cortar madeira viva e, claro, além disso, tem o bônus de não causar nenhum dano à arvore. Em muitos casos, escolher a madeira para a varinha desta forma deve ser preferível. Mas tenha em mente que cada árvore, e cada espírito de árvore, será ligeiramente diferente. A questão importante é estar consciente e presente, trabalhando em conjunto, e de forma respeitosa, com o espírito da árvore, construindo uma relação com ela como sendo um aliado, e seguindo a sua orientação da melhor maneira possível.

Prática
Viagem em busca da varinha ou do cajado aliado

Este exercício é melhor quando realizado no bosque ou na floresta onde você planeja encontrar sua madeira. Também será melhor se você conhecer bem a região, mas pode ser qualquer floresta que o atraia e que tenha permissões relevantes para recolher madeira.

Encontre um lugar onde você possa se sentar tranquilamente, por 20 ou 30 minutos. Quando estiver sentado e confortável, faça três respirações lentas e profundas. Imagine que, lentamente, você começa a desenvolver raízes na terra por baixo de você. Em voz alta, ou por meio de sua visão interior, anuncie às árvores ao seu redor que você vem em amizade e respeito em busca do conselho delas.

Sinta, lentamente, que você atrai alguma força vital da terra abaixo de você. Absorva essa força pelas suas raízes e sinta-a subir pela sua coluna. Inspire o ar à sua volta também, e a luz solar filtrada pela copa das árvores acima. Desacelere e fique parado, respirando com as árvores.

Quando estiver preparado, veja diante de você um caminho de pedras claras. Peça que um aliado de árvore venha encontrá-lo, um amigo e um guia para seu trabalho com as árvores, e siga o caminho pela floresta, da forma que ela surgir em sua visão interior. Em breve, um guia virá encontrá-lo, e ele pode tomar qualquer forma, mas, em geral, surgirá perto de uma árvore ou parecerá uma delas.

Passe algum tempo conhecendo seu guia. Pergunte como você pode aprender mais sobre como trabalhar com as árvores e as plantas. Peça a ele para trabalhar com você frequentemente, para que você possa aprofundar sua prática. Quando estiver pronto, diga a ele para guiá-lo a uma árvore, na floresta física, com quem você possa trabalhar e fazer sua varinha ou cajado.

Se ele concordar, abra os olhos. Após se certificar de que se sente aterrado, caminhe pelas árvores físicas e peça ao seu guia que o acompanhe. Tente ficar consciente de quaisquer sensações que possa ter, ou qualquer orientação que você possa receber. Seja gentil consigo mesmo, pois isso requer tempo e prática.

Por fim, você será conduzido a uma árvore específica que é a correta para você e tem algo de especial. Que tipo de árvore é essa? Antes de prosseguir, você deve ter essa informação, ou pode ter que procurá-la. Passe algum tempo com seu guia e essa árvore. Mais uma vez, não tenha pressa. Retorne à sua visão interior, respirando lentamente com a árvore e seu guia. Essa árvore é o representante físico do seu guia? Seu guia é o espírito desta árvore ou de outra coisa? Pode ser que você precise se sentar pacientemente e pedir para conhecer o espírito desta árvore em particular.

Quando sentir que está em contato com o espírito dessa árvore, mais uma vez, peça para ser amigo dela, diga que vocês podem trabalhar juntos e pergunte se ela está preparada para partilhar um pouco de sua madeira. Nesse momento, seja sensível, esteja aberto à forma de comunicação da árvore, pode ser que você tenha que ir embora e tentar novamente em outro dia. As árvores não têm pressa.

Finalmente, você será orientado a cortar um pedaço ou encontrar aquilo que procura ao pé da árvore. Peça para que o espírito da árvore ocupe a madeira que você irá usar, e que ele trabalhe com você por meio deste pedaço. O espírito da árvore continuará vivendo na árvore, mas também estará com você, quando for chamado. Sinta em seu peito e em sua barriga, e verifique sua visão interior: a árvore quer fazer isso? Há algum espírito residindo no pedaço de madeira que você escolheu?

Sempre agradeça à árvore e ao espírito da árvore, faça uma oferenda de amor e cuidado à árvore. Passe tempo com a árvore muito depois de ter levado a madeira que precisa, honre-a como um amigo.

Quando chegar o momento de se desconectar do trabalho do seu espírito da árvore, agradeça ao seu guia e à árvore. Veja-se em sua visão interior voltando pelo caminho, de volta a seu corpo. Qualquer parte de você que se tornou espírito a realizar esse trabalho retornará com a sua intenção. Bata os pés no chão, coma e beba para se aterrar totalmente.

Contos tradicionais

As lendas e tradições celtas contêm muitos indícios sobre como as plantas e árvores eram trabalhadas para a magia e a cura em tempos antigos, mostrando, com frequência, que essas duas disciplinas eram próximas, se não sobrepostas. Remédios herbais geralmente vinham acompanhados de feitiços para a cura e orações, e mais do que apenas uma pequena magia era utilizada, na maioria dos casos, juntamente com habilidades práticas. Os dois contos tradicionais seguintes são, provavelmente, os melhores exemplos da tradição curativa celta e suas raízes em um passado distante, hoje semimitológico.

A história do manto de Airmed (Irlandesa)

Dian Cecht, o deus irlandês da cura, conquistou grande renome em virtude de seus trabalhos. Na batalha de Magh Tuiredh Nuada, o rei perdera um braço e, assim, seu reinado, como rei, tinha de ser perfeito em todas as formas. No entanto, Dian Cecht fez-lhe um braço de prata, e, depois disso, ele ficou conhecido como Nuada Airgetlám, o *mão de prata*. Mas a reputação de Dian Cecht como maior curador entre todos, foi desafiada por seu filho, Miach, que, com sua arte, criou um novo braço de carne, sangue e osso para Nuada, devolvendo-lhe a plenitude.

Dian Cecht sentiu ciúmes e tentou matar o filho quatro vezes, mas, todas as vezes, Miach se curou, até a quarta e última vez, quando Dian Cecht enfiou-lhe a espada no crânio. Dian Cecht lamentou seu feito e enterrou o filho e, de sua sepultura, cresceram 365 ervas, cada uma delas para curar uma doença diferente. A irmã de Miach, Airmed, guardou as ervas em seu manto, para que suas utilidades fossem conhecidas, mas Dian Cecht teve ciúmes novamente e espalhou as ervas ao vento, para que ninguém, a não ser aqueles que já conheciam seus segredos, pudessem utilizá-las.

Na segunda batalha de Mag Tuiredh, Dian Cecht fez um grande caldeirão de cura, hoje um poço conhecido como Slane, perto de Moytura, onde os guerreiros de Tuatha De Danann curavam suas feridas. Algumas fontes dizem que ele espalhou as ervas nessas águas para criar uma poção mágica de cura. No entanto, é a Airmed que a maioria dos curadores rezam, para que ela conceda a eles o dom do conhecimento das ervas que ela recolheu para ajudar e restaurar os que são afligidos por doenças ou ferimentos.

Prática
Invocando Airmed

A deusa Airmed pode ser invocada a qualquer momento para ajudá-lo a compreender e melhorar suas habilidades curativas, especialmente em relação a todas as ervas medicinais, como cultivar ervas medicinais e, também, como encontrar o remédio herbal correto para as suas necessidades.

Caso queira desenvolver suas habilidades herbais, pegue uma vela verde grande e inscreva o nome da erva na vela. Deixe a vela do lado de fora, junto a suas plantas, durante a noite, para absorver a energia delas. Então, quando preparar suas ervas ou poções, acenda a vela e invoque Airmed para ajudá-lo. Você pode tentar estas palavras, ou utilizar as suas.

> Deusa Airmed, senhora da cura e da sabedoria herbal, me ajude a recordar os métodos antigos dos espíritos das plantas e suas virtudes, para que eu também possa aprender a trazer a plenitude e a cura! Beannachatai, seja abençoada![46]

---

46. *Beannachtai*: literalmente, bênçãos, em irlandês. Utilizamos o irlandês aqui para honrar a origem irlandesa de Airmed.

Faça três respirações profundas e invoque Airmed com o coração, e deixe bem clara a sua intenção. Em seguida, conforme recolhe as ervas, pendure-as para secar, ou prepare-as de qualquer outra forma. Continue conversando com a erva e pergunte se ela abençoa seu trabalho e os poderes das próprias ervas. Caso esteja preparando uma tisana de ervas ou uma pomada, por exemplo, faça uma oração a Airmed à sua maneira e, em seguida, reserve um momento para colocar as mãos sobre a poção ou mistura e pedir a ela que abençoe e fortaleça seu remédio, para que ele cumpra seu objetivo de cura. Tente atrair energia da Terra para suas mãos e projete-a nas ervas, para acrescentar mais energia.

Os médicos de Myddfai (galês)

Os três pilares do conhecimento que os Gwyddonaid (homens do conhecimento – druidas) conheciam e traziam na memória desde o início: o primeiro era o conhecimento das coisas Divinas... o segundo era o conhecimento do curso das estrelas, seus nomes e tipos, e a ordem dos tempos. O terceiro era o conhecimento dos nomes e utilização das ervas do campo e sua aplicação na prática, na medicina e em cultos religiosos. Estes foram preservados pelos memoriais das canções, pelos memoriais dos tempos antes de haver bardos formados e com cátedras.[47]

Os médicos de Myddfai estavam entre os mais famosos curadores herbalistas de toda a Grã-Bretanha medieval. Localizados na vila de Myddfai, em Carmarthenshire, os primeiros registros que há deles é de 1234, quando Riwallon e seus filhos trataram de Rhys Gryg, Príncipe de Deheubarth, quando este foi ferido em batalha. Essa linha de curadores herbalistas continuou até 1789, e detalhes de seu trabalho incluem instruções sobre como preparar as ervas, ensinamento que foi registrado no *Livro Vermelho de Hergest* (1382), uma fonte valiosa para nós, hoje em dia.

De acordo com a lenda, o conhecimento de cura dos médicos vinha de uma fonte sobrenatural, assim como a sua linhagem. Llyn y

---

47. John Pugh, translator. *The Physicians of the Myddfai*, 1861. Reimpresso por Llanerch. 1993, ix.

Fan Fach é um lago próximo à vila e, um dia, um rapaz passava pelo lago quando avistou uma bela jovem sair das águas guiando um pequeno rebanho de um bonito gado. Ele se apaixonou imediatamente e implorou a ela que se casasse com ele, pois se tratava, claramente, de uma das fadas Tylwyth Teg. Ela concordou, com uma condição: se ele batesse nela três vezes, ela o deixaria para sempre.

O jovem jurou que nunca bateria nela, e eles viveram felizes por muitos anos e criaram três filhos em uma casa perto da vila. Mas o marido não cumpriu a sua palavra. Ele bateu nela três vezes: uma por rir em um funeral, outra vez por chorar em um casamento, e a terceira vez quando ele tocou em seu ombro para lhe chamar a atenção. Mais uma vez, ela foi embora para o lago, levando seu gado. Ela retornou apenas para ensinar aos filhos sua magia curativa, que eles passaram de geração a geração por centenas de anos, tornando-se os maiores curadores da região.[48]

Conectando-se com nossos antepassados curadores e os espíritos curadores da região

Leia o máximo de histórias antigas que puder, aprenda o máximo sobre as antigas tradições das ervas e da cura. Mas lembre-se de que estas são tradições vivas, e os espíritos que nos ensinaram em tempos remotos permanecem e podem ser procurados por nós mais uma vez.

Para fazer esse trabalho, você precisa ter uma íntima relação com sua paisagem local e estar acostumado a trabalhar com os espíritos aliados.

Saia e identifique um lugar especial na natureza para você meditar – um poço de cura ou um local sagrado com uma tradição de cura são excelentes. Caso isso não seja possível, então você terá de fazer uma peregrinação a um lugar assim em algum momento; e deverá se conectar com o lugar em sua visão interior depois disso.

Se puder, visite o lugar regularmente e deixe oferendas de canções e poesia, ou algum presente biodegradável, para os espíritos do local. Cozidos caseiros são presentes tradicionais, assim como creme

---

48. Há várias versões desse conto. Essa foi compilada de várias fontes e foi recontada pela autora.

e mel. Ajeite-se em um lugar em que possa se sentar confortavelmente, sem ser interrompido, por uma hora. Respire lenta e profundamente para se acalmar e se centrar. Feche os olhos ou permita que seu foco abrande.

Quando estiver preparado, chame os espíritos do lugar em voz alta e peça a um guia que venha ajudá-lo a desenvolver suas habilidades curativas. Lembre-se de que esse guia pode adotar várias formas, e a primeira coisa que eles devem ter em atenção deve ser como tratar da sua própria cura da mente, do corpo e da alma. Esteja aberto às sugestões do guia, e lembre-se de que você é sempre livre para aceitar ou negar o conselho que eles lhe darão. Saiba também que se você ignorar ou questionar a ajuda dele, você poderá perder o apoio desse guia no futuro.

Deixe seus sentidos afundarem na Terra por baixo de você. Em sua visão interior, visualize-se indo, delicadamente, para dentro do seu corpo e para dentro do espírito da paisagem onde você está sentado.

O lugar onde você está sentado tem qual aparência e sensação em sua visão interior? Deixe bastante espaço para que seu guia venha até você – ele pode vir rapidamente, e pode ter orientações claras. Ou ele pode dizer que você terá de retornar e perguntar uma outra vez. Ou, então, que são necessárias outras coisas antes de você realizar esse trabalho.

Lembre-se de que você está recebendo orientações de um espírito, por isso deve respeitá-lo e criar laços de amizade com ele – exigir conhecimento ou qualquer outra coisa dos espíritos nunca é aconselhável. Um trabalho eficaz nasce a partir da construção de uma relação mutuamente positiva ao longo do tempo, mas ter um espírito professor (seja da região ou aqueles que surgirem diante de você) é um tesouro inestimável.

Ervas da natureza celta

Existe uma grande quantidade de plantas curativas na tradição celta, e outras que podem ser encontradas em todo o mundo. Cada uma delas possui um espírito único com quem se deve fazer amizade para obter os melhores resultados. E nem todas as ervas curativas podem ser listadas aqui, mas segue abaixo uma seleção de alguns dos mais poderosos e úteis aliados verdes. Eles podem formar a base para um trabalho adicional.

Visco – Viscum album
Drua – Lus (irlandês/gaélico escocês) "a erva do druida", Uchelwydd (galês)

O visco, ou erva-de-passarinho, talvez seja a planta mais famosa associada ao druidismo. Uma planta parasitária e perene, o visco gosta, sobretudo, de crescer em macieiras, espinheiros e freixos. Porém, ele é mais valioso quando cresce no carvalho. Suas bagas leitosas e brancas estão repletas de um líquido pegajoso muito parecido com o sêmen. E como tal, ele pode muito bem ter sido considerado o sêmen do céu ou do deus do carvalho, muito provavelmente Taranis.

O visco pode ser encontrado pela Europa, norte da África e partes da Ásia. Ele cresce em um formato esférico reconhecível nos galhos das árvores. Suas folhas são grossas e coráceas, com formato oval, e suas flores minúsculas verde-amarelas surgem entre fevereiro e abril.

Plínio, o Velho, conta que os druidas da Idade do Ferro costumavam colher o visco de um carvalho no sexto dia da Lua Nova, provavelmente a Lua Nova mais próxima ao solstício de inverno. Eles cortavam o ramo com uma foice de ouro (o mais provável é que fosse bronze com conotações solares) e colocavam-no em uma pele ou manto antes que ele tocasse o solo, pois se isso acontecesse sua magia seria perdida.

Lindow Man, o corpo da Idade do Ferro descoberto em um pântano no noroeste da Inglaterra, em 1984, apresentava traços de visco em seu estômago. Sua aparência bem cuidada levaram os arqueólogos a acreditarem que se tratava de um homem de prestígio, possivelmente um sacrifício com honras ritualísticas que utilizou visco antes de sua morte.

Em geral, o visco é associado à fertilidade, desde as cerimônias da Idade do Ferro até a popularidade das tradições do Natal, que consiste em beijar por baixo dele. O visco foi utilizado em algumas partes da Inglaterra como um feitiço para incrementar a fertilidade;

ele tinha de ser pendurado sobre a cama ou amarrado no pulso ou cintura da mulher.

Descobriu-se que o visco tem propriedades que melhoram o sistema imunológico, e ele tem sido utilizado para combater ou prevenir o câncer. Na Europa e na Grã-Bretanha, ele é utilizado como uma medicina herbal para tratar artrite e pressão alta. No entanto, o visco é uma planta poderosa que pode ser venenosa se consumida em excesso, caso a pessoa tenha condições preexistentes ou toma certos medicamentos.

O visco deve ser evitado sem a orientação de um herbalista e nunca deve ser dado a crianças ou animais de estimação. O chá de visco europeu e remédios herbais estão à venda no Reino Unido e na Europa. No entanto, o visco americano, *Phoradendron serotinum*, é uma planta muito diferente, e sua ingestão deve ser totalmente evitada sem mais estudos científicos.

Junípero – Junoperus communis
Aitil (irlandês), Aiteann (gaélico escocês), Merywen (galês)

O junípero pode ser encontrado ao longo do Hemisfério Norte, e tem preferência por charnecas de calcário. Embora esteja ameaçado de extinção na Grã-Bretanha, o junípero ainda cresce de forma prolífica e natural na Irlanda. Ele cresce em um formato característico, torcido e escarpado, até cinco metros de altura, com espinhos verde azulados profundos e bagas vermelhas.

Após a última Idade do Gelo, o junípero foi, provavelmente, a primeira árvore a recolonizar a Terra, e seus espinhos e madeira contêm ingredientes antissépticos poderosos que carregam um rico aroma verde amadeirado, muito apreciado pela aromaterapia.

As propriedades purificantes do junípero são consideradas mágicas e também físicas, e ele também é uma erva altamente protetora. Bolsas de junípero eram penduradas nas vigas das casas e celeiros para proteção. Na Escócia, o junípero era queimado em uma tradição de defumação chamada *saining* para limpar ritualmente a casa no Ano Novo, assim como na véspera do Beltane. Essa prática também era popular em algumas partes da Cornualha e da Bretanha. Raminhos de junípero eram carregados ou pregados nas portas como proteção contra roubo ou para livrar uma casa de fantasmas.

O junípero é usado para fazer um gin delicioso, e também um chá que fortalece e limpa. Ele é utilizado em banhos para estimular a circulação e depurar o sangue. Ramos de junípero eram utilizados, algumas vezes, para preencher as cavidades das paredes nas casas, como um isolamento extra, assim como proteção e para impedir a entrada de insetos. Os comprimidos de junípero entraram no século XX para induzir abortos.

Verbena – Verbena officinalis
Trombhad (gaélico escocês), Yn Lus – "a erva", Yn Ard Lus – "a erva principal" (manês)

A verbena é uma planta perene, curta e lenhosa, e suas flores lilases minúsculas surgem em maio. Ele tem folhas longas, finas e espinhosas, e raramente cresce acima de 80 centímetros. Estas folhas são amargas e adstringentes, e as flores não têm perfume.

Esta planta é fácil de ser negligenciada, mas é uma das mais poderosas e sagradas na tradição celta, assumindo vários nomes: as encantadoras, a erva da graça, erva sagrada, e a planta do feiticeiro. De acordo com Plínio, o Velho, a verbena é uma das quatro plantas mais sagradas para os druidas, as outras são o visco, o selago e o samolus, que podem ser várias plantas, as mais prováveis são o pimpernel de água doce ou a pulsatilla (*pasque flower*).

Os druidas colhiam a verbena logo antes de florescer, no escuro da lua. Segurando a planta na direção da Constelação Sirius, que teria associações com o submundo e com os cães fadas, os Cnn Annwn, a verbena era cortada com uma foice e mantida para cima com a mão esquerda. E uma oferenda de mel era concedida à Terra em seu lugar, como agradecimento.

A verbena era considerada uma cura para tudo entre os druidas da Idade do Ferro. E era utilizada na Gália para adivinhação e profecia. Ela também era amplamente usada na purificação de espaços sagrados, incluindo, alguns dizem, o templo de Salomão. Os soldados romanos também carregavam a verbena para proteção. Hoje em dia, a verbena é muito utilizada pelos praticantes druidas e celtas em banhos lustrais e para limpeza ritual de ferramentas de magia. A verbena é usada, com frequência, para reforçar o *Awen*, ou inspiração divina. Ela pode ser embebida em óleo para ungir ferramentas e o terceiro olho, ou para beber antes de realizar aeromancia ou outro trabalho visionário. Maços de verbena também podem ser utilizados para varrer ritualmente um espaço ou decorar um altar.

Artemnísia – Artemísia vulgaris
Mogach meisce (irlandês), Liath – Lus (gaélilco escocês e irlandês) – "a erva cinza"

Artemísia é o nome comum para vários tipos da família Artemísia, embora *Artemísia vulgaris* seja o tipo britânico e irlandês. A Artemísia cresce na Europa, América do Norte e em algumas partes da África e da Ásia. Ela cresce até 1,2 metro, e é uma erva bem-sucedida, assim como uma atraente planta de jardim que se autossemeia facilmente. Suas folhas espinhosas e com muitos lobos são verde-escuro na parte de cima e branco suave ou cinza por baixo, embora possam ser encontradas estirpes variegadas.

A artemísia é, com muita frequência, associada aos sonhos e, em particular, aos sonhos lúcidos, quando o sonhador pode encontrar deuses e espíritos e aprender com eles. Quando colocada por baixo do travesseiro ou bebida em uma infusão, a artemísia pode induzir a sonhos muito vivos que, em geral, alertam sobre questões profundas que necessitam de cura, ou avisam sobre algum perigo ou decepção.

Sagrada para a lua e para a deusa caçadora Artemísia, e também para a deusa Hécate, a artemisia é amiga de todas as mulheres e auxilia nas questões femininas de forma mágica e medicinal. Um poderoso emenagogo, a artemísia estimula a menstruação e tem sido utilizada, em grandes quantidades, como abortiva. Portanto, ela deve ser evitada durante a gravidez, mas também tem sua utilidade no parto se estiver em mãos de alguém treinado adequadamente.

Tradicionalmente, dizem que a artemísia é capaz de aliviar a fadiga e proporcionar energia infinita a quem a utiliza. Plínio diz que "o viajante que tem a erva amarrada em si não sente nenhum cansaço, nunca poderá ser prejudicado por nenhum medicamento venenoso, por nenhum animal selvagem, nem pelo próprio sol".

As folhas da artemísia são utilizadas na medicina chinesa há séculos, atadas em molhos ou moxas, que são queimados em uma das extremidades e utilizados em aplicações de calor para o reumatismo, ou para os meridianos ou pontos de acupuntura.

A artemísia, muitas vezes, é usada amarrada em maços como um bastão defumador, sozinha ou com outras ervas, pois é considerada depuradora e protetora. Pendure maços de artemísia sobre as portas para proteção. Sachês ou bolsinhas de artemísia são boas para garantir a segurança em viagens. Infusões frias de artemísia, especialmente se preparadas com água fresca de nascente, são excelentes para depuração ritualística e para limpar ferramentas de magia.

Erva-de-são-joão – Hyupericum perforatum
Lus na Maighdine, Lus Colaim Chille (irlandês)

A erva-de-são-joão pode ser encontrada no Reino Unido, na Irlanda, na Europa e no norte dos Estados Unidos. Às vezes, ela é considerada invasiva. Uma erva perene encontrada em florestas abertas, grama dura e até em acostamentos de estradas, a erva-de-são-joão pode crescer até 60 centímetros, com folhas pequenas e ovais e flores amarelas, brilhantes e em formato de estrelas.

Os caules novos podem ser vermelhos e apenas se tornam verdes mais tarde, com a idade. A planta forma tufos e prefere bastante sol, mas também se desenvolve perfeitamente bem em sombra parcial. Ela reproduz abundantemente a partir da semente e também de ramos.

A erva-de-são-joão é uma planta importante na tradição celta, e está associada ao Dia de São João, ou o solstício de verão, no dia 24 de junho. A tradição diz que essa erva era queimada dentro do fogo do solstício de verão para abençoar e purificar a comunidade e seus campos. É uma planta altamente mágica, quando transportada, para garantir a sorte e a proteção, e também para apaziguar a mente preocupada, ou para ajudar em várias formas de doenças mentais, porém é preciso ter muito cuidado em casos severos.

Intimamente relacionada com o sol, a erva-de-são-joão pode ser transformada em remédios herbais úteis para a depressão e também para a cura de danos neurais como ciática, músculos dolorosos, queimaduras, cortes e arranhões. Ela cura, rejuvenesce a pele e reduz cicatrizes, porém você deve se aconselhar antes de tomar medicamentos que necessitam de receita médica. E o utilizador deve evitar a exposição ao sol forte quando utilizar essa erva para a pele.

Além de males físicos, a erva-de-são-joão é mais famosa por sua defesa contra espíritos indesejados. Até o final de 1919, ela era utilizada na Irlanda para aliviar o tormento dos "espíritos fantásticos", e era espargida pela casa para proteger contra as fadas maliciosas. Ela também foi chamada de erva de São Columba, e de acordo com seu biógrafo, Adomnano, o santo costumava carregar um pacote de erva-de-são-joão para ajudá-lo em suas "brigas com os demônios".

Confrei – Symphytum officinalis
Compar (irlandês), Meacan Dubh (gaélico escocês)
"a erva escura", Lus na cnamh briste (irlandês)

Esta é uma planta perene, vertical e espessa, com folhas eriçadas, reticuladas e com o formato de pera. Suas flores são de cor creme pálido ou púrpura com formato de sino. Nativo do Reino Unido e da Irlanda, o confrei é comum no norte da Europa e na América do Norte. Ele gosta de crescer perto de rios, córregos ou qualquer solo úmido, mas fica feliz o suficiente na maioria dos ambientes em que possa receber água para se estender amplamente.

O confrei é uma das ervas curativas mais úteis. Contém um químico chamado alantoína, que promove a cura em tecidos conectores, e tem a antiga reputação de ser a melhor erva para estiramentos, ferimentos, abrasões e ossos quebrados. Um de seus nomes antigos é ajustador de ossos, ou atador de ossos, em virtude de suas qualidades quase miraculosas nesta área.

Há alguns anos, pesquisas sugeriram que era perigoso ingerir confrei com chás ou infusões, em virtude de um possível dano ao fígado. Mas isso foi, em geral, mal compreendido, pois seria necessário ingerir quantidades extremamente grandes da erva para que ela fosse prejudicial. O confrei era comido generosamente como uma erva saudável durante a Segunda Guerra Mundial, sem efeitos nocivos.

Contudo, nas mãos de praticantes menos experientes, seu uso interno deve ser limitado à peculiar xícara de chá de confrei para aliviar dores e desconfortos. E apenas quando não houver nenhuma doença hepática. Assim, o confrei pode ser aplicado externamente, em grandes quantidades, sem problemas, desde que não haja feridas infeccionadas, etc. As habilidades curativas do confrei são tão fortes que os ferimentos podem se fechar por cima das infecções ou da matéria estranha ainda presente em cortes abertos, a menos que a área tenha sido cuidadosa e eficazmente limpa de antemão. O confrei tem utilização longa e antiga na medicina folclórica, e foi usado até como palmilha de sapato, em tempos medievais, para aliviar as dores dos pés.

O confrei é um excelente aliado verde no jardim, pois atrai as abelhas e as borboletas e pode ser utilizado para fazer esterco de alta qualidade, ou um fertilizante orgânico, colocando as folhas em um balde de água até elas ficarem marrons.

O confrei desenvolve raízes muito profundas, e é magicamente muito aterrador. Tente acrescentar confrei à água do banho, depois de um trabalho de magia, para limpar e afastar quaisquer energias negativas. Tradicionalmente, o confrei é atribuído ao planeta Saturno, e também é considerado altamente protetor. Sachês de raiz de confrei são considerados úteis para feitiços de proteção durante viagens e também podem ser colocados na bagagem, ou pendurados no espelho do carro, para propósitos semelhantes. Às vezes, o confrei também é usado para afastar relacionamentos nocivos e, combinado com a artemísia, é empregado na adivinhação.

Ulmária – Filipendula ulmaria
Crios Chù Chulainn, criosan Chjù Chulainn, "o cinto de Chu Chulainn" (gaélico escocês), Airgead luachra, "junco prateado" (irlandês)

A ulmária é uma erva perene que cresce no Reino Unido e na Irlanda, assim como na maior parte da Europa. Ela também foi introduzida, e naturalizada, na América do Norte. A ulmária cresce até 1,25 metro e adora lugares úmidos, como margens de rios e terrenos pantanosos. Ela tem grandes quantidades de flores brancas minúsculas, espumosas e cremosas, que crescem em grupos e possuem uma fragrância deliciosa, com um perfume que fica entre a amêndoa e a baunilha. O pinulado e, às vezes, as folhas serrilhadas são eretos e verde-escuro na parte superior, e muito mais pálidos e abatidos por baixo.

Embora a ulmária possa ser encontrada em prados úmidos, seu nome não vem de pradaria, e sim de hidromel* – a planta utilizada para aromatizar muitas variedades de hidromel, especialmente na Escandinávia. Ela é uma planta medicinal extremamente útil e também é altamente mágica.

Quimicamente, a ulmária contém ácido salicílico, flavona glicosídea, óleos essenciais e taninos. Essa planta é utilizada de forma medicinal há séculos e é um dos componentes da aspirina moderna. Ela é útil para aliviar dores, acalmar indigestões, dor de estômago, e também reduzir febres. A ulmária também tem utilidades culinárias, como em geleias, tortas e conservas.

Do ponto de vista mágico, a ulmária é utilizada para abençoar casais e, especialmente, cerimônias de casamento, mas também para representar várias deusas, sobretudo a galesa Blodeuwedd, que foi criada, ou trazida à forma humana, pelo mágico Gwydion, que utilizou para isso ulmária, giesta e flores de carvalho.

O nome gaélico da ulmária, *criosan Chù Chulainn*, ou cinturão de *Chu Culainn*, é derivado da história do herói do Ulster, em que o guerreiro é acometido por uma fúria de batalha e não consegue se acalmar até ser mergulhado em um tonel de água imbuído com a erva. A sua energia feminina e indiferente era a única coisa que diminuía seu poder agressivo, e ele manteve um pouco destas flores para sempre em seu cinturão, para honrar a ulmária.

De acordo com o herbalista elisabetano John Gerard, "o aroma dela deixa o coração feliz, alegre e encanta os sentidos". Também era a erva favorita da rainha Elizabeth I, e ela requisitou, particularmente, que a planta fosse espalhada pelo seu chão em virtude do seu perfume.

A ulmária foi encontrada em uma tumba da Idade do Bronze descoberta em Forteviot (*Fothair Tablhaicht*), em Perth. Na Escócia,

---

* N.T.: Em inglês, prado é *meadow*, e hidromel é *mead*.

ela foi descoberta em 2009, fornecendo a primeira evidência de que coroas de flores eram colocadas em sepultamentos pré-históricos. Também há provas abundantes de que a planta era usada na fermentação, para adicionar sabor, desde o período Neolítico.

Magicamente, a ulmária é utilizada para proteção, especialmente das mulheres, para aliviar a tristeza e a dor, animar os sentidos, trazer o amor e o prazer sensual. Como tal, ela é utilizada em encantamentos do amor e da cura e também em cerimônias e comemorações em honra da natureza ou deusas donzelas. Ela também pode ser utilizada para as pessoas abrirem novos caminhos em suas vidas e superar obstáculos e expectativas colocadas diante delas conforme buscam suas verdades sagradas.

Esta é uma erva gentil, porém determinada, com uma energia que pode apoiar aqueles que se sentem invisíveis. No entanto, ela pode ter um efeito profundo, especialmente entre as mulheres que buscam o conhecimento próprio, ou nos homens que procuram a paz com o lado feminino de suas vidas.

Tente sachês herbais de ulmária para feitiços de cura ou trabalho, ou tome um chá ou tisana em cerimônias e comemorações. Ela também ajuda a aliviar indigestões, cólicas menstruais, dores e febres. Ajuda nos nervos femininos e bem-estar durante períodos de estresse ou exaustão. Evite a ulmária caso seja sensível à aspirina.

Pastel-dos-tintureiros – Isatis tinctoria
Glaisin (irlandês), Guirmean Glaslus, Glastam gaélico escocês) Glesyn (galês)

O pastel-dos-tintureiros é uma planta bienal da família Brassicaceae, que inclui o repolho e o brócolis. Ela pode crescer até um metro de altura, tem folhas longas e oblongas de até dez centímetros de comprimento e flores em grupos de quatro pétalas frouxas, de cor amarelo brilhante. Seus muitos nomes também se referem a ela ser a "planta azul", em virtude do importante corante azul que pode ser extraído dela.

Esta planta floresce de junho a setembro, quando germina. O pastel-dos-tintureiros prefere solos calcários, mas cresce bem em muitas condições pela Europa central e ocidental, da Ásia Central ao leste da Sibéria, e hoje por toda a América do Norte, onde ela é, por vezes, considerada invasiva.

O corante azul índigo é extraído das folhas mergulhando-as em água com carbonato de sódio ou cal. César descreveu os britânicos utilizando pastel-dos-tintureiros como pintura corporal em batalhas que, com o tempo levou ao nome Pictos, ou "o povo pintado", pois os britânicos do norte, que vivem hoje onde é a Escócia, eram conhecidos por esta prática:

> A maioria dos habitantes do interior não plantam milho, mas vivem à base de leite e carne e vestem-se com peles. Todos os britânicos, de fato, se pintam com pastel-dos-tintureiros, que proporciona uma cor azulada e, assim, têm uma aparência mais amedrontadora em batalha. [49]

O pastel-dos-tintureiros é uma planta interessante. Ela tem a habilidade de parecer uma coisa, mas produzir um efeito quase contrário em sua transformação alquímica de planta amarela e verde para um corante azul. Evidências de seu uso datam desde o período Neolítico, e parece que ela foi amplamente utilizada na Europa durante a Idade do Ferro.

Tecidos tingidos com pastel-dos-tintureiros foram encontrados em sepultamentos de alto estatuto da Idade do Ferro, desde a região de Hallstatt, como a sepultura de Hochdorf, e em Hohmichele. A sua importância, como tintura, continuou pelo período medieval.

Medicinalmente, o pastel-dos-tintureiros é extremamente adstringente e funciona bem como um estíptico para estancar sangramentos, e também há os prováveis efeitos secundários úteis de sua aplicação como tinta durante as guerras. Ele é amplamente utilizado na Medicina Tradicional Chinesa, e suas folhas são antibacterianas e antivirais, úteis até no tratamento de câncer.

O pastel-dos-tintureiros tem sido utilizado em febres e no tratamento de doenças altamente contagiosas e infecções, incluindo *E. coli*, salmonela e pneumonia, embora essas doenças devam ser tratadas por médicos herbalistas. As folhas secas e as raízes podem ser

---

49. César, Macdevitt, *Gallic Wars*, seção XIX.

ingeridas como chá ou infusão, com ervas mais saborosas, tornando-se um remédio eficaz contra gripe e outras infecções virais, incluindo catapora, herpes zoster, amigdalite, laringite e meningite viral.

Esta planta é tão poderosa que é capaz de ampliar a eficácia de vacinas antivirais, mas deve ser evitada caso a pessoa tenha algum problema hepático. E nunca deve ser ingerida por mais de duas semanas. No tratamento de doenças sérias, sempre utilize essa planta com o conhecimento de qualquer profissional de saúde. Use com cuidado.

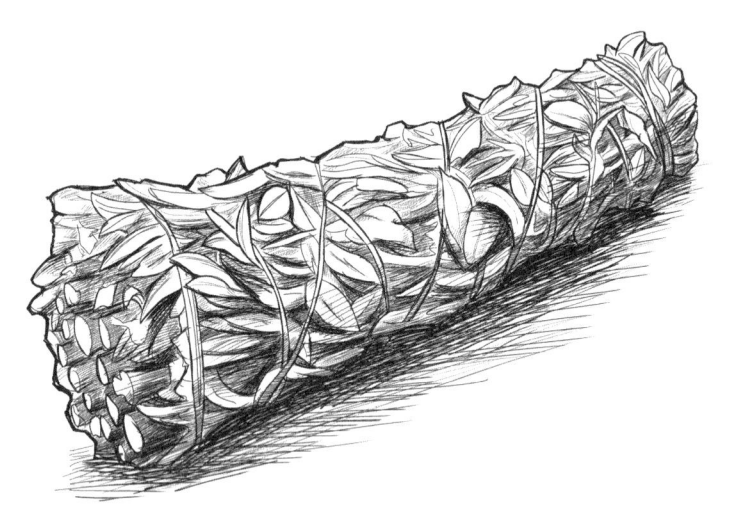

Bastão que contém ulmária, pastel-dos-tintureiros e erva-de-são-joão.

Do ponto de vista mágico, o pastel-dos-tintureiros é uma excelente erva para aumentar a clareza, a coragem, a direção e para contatar o guerreiro interior. Ela ajuda com o autofortalecimento, a conquista de poder mágico ou xamanístico, o aumento da força vital e a proteção.

Procura de suprimentos e recursos da natureza

A prática da magia natural é ecologicamente consciente e movida pela necessidade, em vez do consumismo. Muitas das dádivas da Terra são recursos limitados, e devemos estar conscientes das consequências de nossas ações quando buscamos alimentos ou suprimentos na natureza. Também é importante lembrar que devemos ser prudentes e nunca levar mais do que o necessário. Além disso, hoje em dia, no Reino Unido, muitas terras são propriedades privadas, e mesmo aqueles espaços com acesso comum nem sempre são receptivos à forragem, ou à procura de alimentos, por alguma razão.

Sendo assim, é importante estar consciente dos perigos de invasão de propriedade – peça permissão, quando apropriado, para colher mesmo que sejam ervas silvestres. Claro que ainda há espaços selvagens, parques nacionais e muitas áreas onde podemos colher ervas e plantas para uso pessoal sem causar nenhum dano ou impacto ambiental.

Do mesmo modo, a capacidade de cultivar algumas destas plantas para nós mesmos aumenta o tempo todo, com flores silvestres e sementes de ervas disponíveis na internet, além de muitas frutas, sementes e flores de diversas árvores e outras plantas. Desde que tenhamos cuidado de onde e como elas foram obtidas. Entretanto, a habilidade de colher ervas selvagens e outras dádivas verdes sob a Lua Cheia é insubstituível e acrescenta muito poder às suas magias. Desde que não causem nenhum dano e que você não tire mais do que pessoalmente precisa.

Antigamente, era vital para todos os seres humanos conhecer a região onde viviam, e quando e onde as coisas que eles precisavam podiam ser colhidas. Tratava-se de uma parte crucial para nossos antepassados caçadores-coletores viverem em equilíbrio com o planeta. As mesmas habilidades sempre foram essenciais para animais de todos os tipos que precisam caçar ou encontrar as melhores plantas para comer.

A seguir, veja uma lista com algumas das plantas mais úteis que podem ser encontradas no Reino Unido e na maior parte do norte da Europa e da América. Elas poderão servir como alimento, recursos práticos ou na utilização de magia.

Uma observação sobre a identificação das plantas

Consulte sempre várias fontes na internet ou em livros quando quiser identificar uma planta, um fungo ou uma árvore. E continue a fazê-lo todas as vezes que recolher material desta planta, até estar mais do que 100% seguro de que pode identificar uma espécie corretamente, *todas* as vezes.

Eu aconselho verificar três fontes diferentes, a menos que você tenha o livro mais recente, mais recomendado e fácil de consultar sobre o assunto. Diferentes fotos mostram diferentes detalhes de uma planta, e cada exemplar tem um aspecto distinto de seus irmãos e irmãs, dependendo da estação do ano, do solo, da posição em relação ao sol e todo um grupo de outros fatores.

Por essa razão, você deve reservar tempo para identificar corretamente qualquer planta que colher. Nem todas as plantas são seguras, e algumas plantas perigosas parecem com as confiáveis – tenha cuidado e tome todas as precauções, *nunca* adivinhe. Essa advertência é especialmente verdadeira em relação aos cogumelos, uma vez que os tóxicos são particularmente nocivos. Eduque-se na identificação dos cogumelos da forma mais rigorosa possível, e caso tenha alguma dúvida, não toque.

Regras para a busca de suprimentos

Sempre identifique corretamente sua planta – não se arrisque.

Nunca arranque as folhas, as bagas ou qualquer parte de uma planta que você utilizar. Caso necessário, pegue um pouco daquilo que você precisa de algumas plantas para não causar danos. Isso requer paciência, mas a ganância e a impaciência não são selvagens.

Em relação às plantas anuais, leve o mínimo possível das flores ou das sementes – as plantas necessitam delas para sobreviver.

Nunca arranque plantas inteiras de acostamentos ou caminhos. É um mau comportamento e vai contra a maiorias dos princípios e práticas de conservação. Além disso, muitas vezes, também é ilegal.

Plantas que estão na beira da estrada têm gases dos escapamentos dos carros, que são assassinos poderosos de ervas daninhas, e também podem ter outros químicos. Sempre evite utilizar plantas que podem ter sido borrifadas com alguma coisa... inclusive xixi de cachorro!

Se você colher sementes ou nozes para ressemear, tenha certeza de que o fará! Não desperdice nada que você colher.

Calendário do forrageador

Por favor, observe que a maioria destas plantas estão disponíveis gratuitamente no Reino Unido e na Irlanda, e também em algumas partes da América do Norte. Mas tome cuidado para identificar corretamente cada planta de acordo com seu nome científico.

Inverno

- Cantarelas *Cantharellus cibarius* (comestível)
- Morugem *Stellaria media* (comestível, medicinal)
- Cogumelo anel de fada *Marasmius oreades* (comestível, medicinal, mágica)
- Erva-alheira *Alliaria petiolate* (comestível)
- Junípero *Juniperus var.* (comestível, medicinal, mágica)
- Visco *Viscum album* (mágica)
- Shimeji-preto *Pleurotus ostreatus* (comestível)

Primavera

- Faia-europeia *Fagus sylvatica* (comestível, mágica)
- Morugem *Stellaria media* (comestível, medicinal)
- Dente-de-leão *Taraxacum officinale* (comestível, medicinal, mágica)
- Cogumelo anel de fada *Marasmius oreades* (comestível, medicinal, mágica)
- Pilriteiro *Crataegus monogyna* (comestível, medicinal, mágica)
- Lúpulo *Humulus lupulus* (comestível, medicinal, mágica)
- Erva-alheira *Alliaria petiolate* (comestível)
- Morel *Morchella sculenta* (comestível)
- Urtiga-comum *Urtica dioica* (comestível, medicinal, mágica)
- Tanchagem *Plantago major* (medicinal, mágica)
- Alho-dos-ursos *Allium ursinum* (comestível, medicinal, mágica)
- Beta marítima *Beta vulgaris* (comestível)

- Violeta perfumada *Viola odorata* (comestível, medicinal, mágica)
- Verbena *Verbena officinalis* (medicinal, mágica)

Verão

- Mostarda preta *Brassica nigra* (comestível)
- Amora silvestre *Rubus fruticosus* (comestível, medicinal, mágica)
- Cassis *Ribes nigrum* (comestível)
- Musgo da Irlanda *Chondrus crispus* (comestível)
- Cantarelas *Cantharellus cibarius* (comestível)
- Dente-de-leão *Taraxacum officinale* (comestível, medicinal, mágica)
- Baga de sabugueiro *Sambucus nigra* (comestível, medicinal, mágica)
- Flor de sabugueiro *Sambucus nigra* (comestível, medicinal, mágica)
- Cogumelo anel de fada *Marasmius oreades* (comestível, medicinal, mágica)
- Bufa do diabo *Langermannia gigantea* (comestível, medicinal, mágica)
- Groselheira *Ribes uva-crispa* (comestível)
- Avelã *Corylus avellane* (comestível, mágica)
- Urze *Calluna vulgaris* (comestível, medicinal, mágica)
- Lúpulo *Humulus lupulus* (comestível, medicinal, mágica)
- Tília *Tilia europaea* (comestível)
- Morel *Morchella esculenta* (comestível)
- Artemísia *Artemisia vulgaris* (medicinal, mágica)
- Urtiga *Urtica dioica* (comestível, medicinal, mágica)
- Tanchagem *Plantago major* (medicinal, mágica)
- Alho-dos-ursos *Allium ursinum* (comestível, medicinal, mágica)

- Framboesa *Rubus idaeus* (comestível, medicinal, mágica)
- Groselha *Ribes rubrum* (comestível)
- Beta marítima *Beta vulgaris* (comestível)
- Violeta perfumada *Viola odorata* (comestível, medicinal, mágica)
- Verbena *Verbena officinalis* (medicinal, mágica)
- Silva-mancha *Rosa canina* (comestível, medicinal, mágica)
- Morango silvestre *Fragaria vesca* (comestível, mágica)

Outono

- Faia-europeia *Fagus sylvatica* (comestível, mágica)
- Mostarda preta *Brassica nigra* (comestível)
- Amora *Rubus var.* (comestível, medicinal, mágica)
- Cantarelas *Cantharellus cibarius* (comestível)
- Morugem *Stellaria media* (comestível, medicinal)
- Raiz de dente-de-leão *Taraxacum officinale* (comestível, medicinal)
- Baga de sabugueiro *Sambucus nigra* (comestível, medicinal, mágica)
- Bufa-do-diabo *Langermannia gigantea* (comestível, medicinal, mágica)
- Pilriteiro *Crataegus monogyna* (comestível, medicinal, mágica)
- Avelã *Corylus avellane* (comestível, mágica)
- Lúpulo *Humulus lupulus* (comestível, medicinal, mágica)
- Erva-alheira *Alliaria petiolate* (comestível)
- Junípero *Juniperus var.* (comestível, medicinal, mágica)
- Nespereira-europeia *Mespilus germânica* (comestível, mágica)
- Artemísia *Artemesia vulgaris* (medicinal, mágica)
- Silva-mancha *Rosa canina* (comestível, medicinal, mágica)
- Tramazeira *Sorbus aucuparia* (comestível, medicinal, mágica)
- Beta marítima *Beta vulgaris* (comestível)
- Abrunheiro *Prunus spinosa* (comestível, mágica)

- Castanheiro *Castanea sativa* (comestível, mágica)
- Morango silvestre *Fragaria vesca* (comestível, mágica)

Fazendo óleos herbais

Ervas colhidas na natureza e cultivadas em casa podem ser utilizadas de diversas maneiras. Uma das formas mais versáteis consiste em preparar óleo de ervas. Dependendo da erva, o óleo pode ser utilizado na culinária, aplicado topicamente na pele, ungido ou misturado com cera de abelha para criar um unguento ou pomada.

Você precisará de sua erva escolhida, um frasco de vidro e um azeite, ou outro óleo vegetal neutro, de boa qualidade.

Algumas ervas precisam secar de antemão para que o óleo não fique rançoso. Por exemplo, o óleo de dente-de-leão ficará rançoso se as flores não forem secas antes da preparação. Outras, às vezes, ficam rançosas, mas, se possível, utilizar ervas frescas é sempre melhor. As ervas frescas retêm mais nutrientes e força vital do que as ervas secas, e funcionam melhor em magia.

Ervas visíveis em um belo frasco de óleo

Há tantas variáveis na preparação de óleos. Até o clima pode afetar uma erva mais que outra, por isso o melhor é tentar e ver o que acontece. A maioria das ervas funciona bem, e outras poderão ser colhidas novamente para uma nova tentativa, caso seja necessário.

Escolha suas ervas com muito cuidado. Honre seu espírito e agradeça a elas, da maneira que você faz. Colher ervas selvagens na Lua Cheia costuma funcionar melhor, ao passo que escavar raízes funciona melhor em torno da Lua Minguante, mas não da lua negra.

Coloque as ervas bem apertadas dentro do jarro e cubra com óleo até o topo, para não entrar ar. Feche a tampa firmemente e deixe em um local ensolarado por, pelo menos, entre duas semanas e um mês.

Gradualmente, as ervas serão infundidas pelo óleo, que poderá, então, ser drenado. Armazene o óleo em um jarro ou garrafa de vidro escuro e coloque um rótulo. Quando mantido em um armário escuro e frio, o óleo pode durar, pelo menos, um ano.

Fazer bálsamo ou pomada

Para transformar um óleo infundido em bálsamo, simplesmente aqueça o óleo em fogo brando e, lentamente, misture cera de abelha pura. Bálsamos e pomadas são úteis, já que é possível misturar vários tipos de óleos infundidos e outras ervas secas. Para um bálsamo mais consistente, utilize uma parte de cera de abelha para quatro partes de óleo. Utilize entre duas a cinco partes de um tipo de mistura de manteiga corporal para uma mistura mais suave, e menos para uma combinação mais consistente. Quando a cera de abelha e o óleo estiverem totalmente misturados, verta cuidadosamente em jarros limpos e deixe esfriar por várias horas. Sempre coloque rótulo, inclua uma lista dos ingredientes e a data da preparação. Bálsamos e pomadas duram, pelo menos, um ano quando mantidos em recipientes herméticos e em um local arejado e escuro.

Limpadores de espaços sagrados: bastões de ervas e bastões defumadores

Defumação, a tradição celta de queimar ervas para limpeza sagrada e propósitos de cura, possui uma longa história. Em geral, junípero é a erva escolhida, particularmente nas regiões mais a norte e mais montanhosas, mas outras ervas também podem ser utilizadas nesta tarefa. A prática comum consistia em fechar todas as portas e janelas e queimar grandes quantidades de junípero para preencher toda a casa com fumaça. Em seguida, as portas e janelas eram abertas para entrar o ar fresco.

Em algumas ocasiões, as ervas são queimadas em um incensário que deve ser movimentado em sentido horário pela casa ou em volta da propriedade. Essa opção é mais prática para climas mais frios e frequentemente úmidos. Semelhante ao uso da sálvia branca dos nativos americanos, a defumação celta utiliza suas próprias plantas nativas e seu contexto espiritual e geográfico. Isso é preferível por diversas razões, sobretudo porque as ervas que crescem em seu clima ou paisagem, em geral, ressoam melhor com os espíritos da sua localização.

Como lidar com estas questões quando praticamos a espiritualidade celta, mas não vivemos na Irlanda ou nas Ilhas Britânicas, é um assunto delicado. Deve ser levada em consideração a sustentabilidade da utilização de várias ervas e seu contexto cultural. Sensibilidade e bom senso desempenham seu papel, assim como uma boa dose de sintonia com qualquer orientação que possamos receber dos espíritos.

Em geral, encontraremos os equivalentes de determinadas plantas em todo o mundo, mas cada caso necessita de consideração particular, já que plantas da nossa região talvez possam ser utilizadas de forma responsável e em conjunto com aquelas que compramos pela internet, de fontes confiáveis.

Na prática, parece que cada um responde de maneira distinta ao desafio de trabalhar com as tradições celtas em outros países. E isso depende de seu clima local e situação, adaptando-se para responder às preocupações práticas e éticas da sua região para evitar apropriação cultural e ser o mais ecologicamente responsável possível e, ainda assim, manter o espírito da tradição.

As ervas populares e eficazes são as seguintes, entretanto algumas delas podem ser encontradas em muitos lugares à volta do mundo, ou ser cultivadas de maneira particular e cautelosa:

- Junípero
- Artemísia
- Lavanda
- Alecrim
- Verbena
- Sálvia de jardim
- Verbasco
- Milefólio
- Pétalas de rosas
- Erva-cidreira
- Pinheiro-de-casquinha
- Folhas de sorveira bava

Prática
Fazendo um bastão de ervas para defumação

Reúna as plantas, e enquanto elas ainda estiverem frescas, corte-as entre 17 e 25 centímetros de comprimento. Junte-as firmemente e enrole-as várias vezes sobre uma mesa ou na sua perna, até adquirirem um formato compacto.

Pegue um fio de algodão puro ou de cânhamo, aproximadamente quatro vezes o tamanho do comprimento das ervas, embrulhe e amarre o fundo do bastão. Prenda de forma a ter, aproximadamente, comprimentos iguais de fio em cada uma das extremidades. Segure o bastão com firmeza, entrecruze o fio, atando o bastão ordenadamente do fundo ao topo e de volta ao fundo novamente, antes de prender com força com outro nó.

Por fim, coloque os bastões em um local aberto e ventilado para secar. Pendurá-los em uma janela é perfeito, assim como colocá-los em uma cesta (desde que não fique abarrotada); ou ponha-os em uma tela de secagem.

Como queimar

Coloque o bastão, ou segure-o, sobre uma tigela ou concha à prova de fogo, pois ervas ardentes derrubam brasas livremente. Para sua segurança, tome cuidado. Acenda o bastão em uma das extremidades, abane-o no ar ou assopre-o para criar brasas em vez de chamas. Uma pena ou um leque funcionam bem para essa finalidade.

Então, utilize a pena, o leque, ou sua própria mão para espalhar a fumaça por todo o espaço. Preste atenção aos cantos, recantos e fissuras, ou áreas onde energia parada ou negativa pode acumular.

Spray de sálvia ou junípero

Uma alternativa aos bastões de ervas é fazer um spray, que pode ser utilizado para limpeza energética quando você precisa garantir que não há fumaça. As escolhas mais populares para um spray de limpeza são, em geral, sálvia ou junípero, mas todos os tipos de ervas são eficazes para isso, ou foram escolhidas para acrescentar suas próprias propriedades específicas.

Há muitas maneiras eficazes de preparar seu spray. A primeira consiste em usar óleos essenciais em vez de fazer o seu com ervas frescas. Os outros métodos dependem da preparação prévia de infusões herbais ou tisanas/chás. Observe que esses métodos são menos aromáticos, mas ainda conservam a energia mágica do espírito da planta.

O que você vai precisar

- Uma garrafa de spray escura e de vidro, com tampa de spray.
- Água de nascente abençoada ou água destilada
- Uma pequena pitada de sal/sal marinho/sal do Himalaia
- Gotas do seu óleo essencial preferido
- Vodca
- Lascas de quartzo de cristal (opcional)

Fazer o spray utilizando óleos

Encha a garrafa até a metade com água, em seguida, adicione os óleos essenciais, mais do que você utilizaria para uma mistura de massagem (talvez 10 gotas para uma garrafa pequena). Se você utilizar mais do que um óleo, tente um total de 10 gotas, ou você pode utilizar 10 gotas de um tipo de óleo essencial.

Acrescente o sal e as lascas de quartzo de cristal opcionais para adicionar ao spray um potencial maior para limpeza de energia. Em seguida, complemente com a vodca até a garrafa ficar cheia.

Segure a garrafa em suas mãos e abençoe a mistura. Agite antes de usar para reenergizar e misturar novamente os óleos.

Infusões e tisanas

Infusões de ervas podem ser colocadas imediatamente em sua garrafa de spray para utilização, ou você pode adicionar um pouco de sal ou lascas de cristal, como preferir. Você também pode usar uma tisana, mas o melhor é preparar uma tisana forte e encher a garrafa apenas até a metade, completando com álcool para preservá-la.

Também é perfeitamente adequado fazer um spray com uma mistura de óleos essenciais, infusões, tisanas e essências vibracionais de flores. O objetivo principal com um spray de ambiente é que ele possua uma energia de limpeza poderosa, por isso é importante utilizar as ervas corretas e abençoar o spray antes de usá-lo.

Como fazer uma infusão de ervas

Fazer uma infusão de ervas é fácil. Tudo que você precisa é um jarro com uma tampa que feche com firmeza, um pouco de vodca ou outra bebida alcoólica e as suas ervas. Vodca ou conhaque são as escolhas mais comuns.

Tente juntar as suas ervas com o máximo cuidado e respeito em relação aos espíritos residentes nas plantas. Agradeça a eles pela dádiva.

Pegue um jarro limpo e coloque suas ervas nele antes de completar com a vodca, ou outra bebida alcoólica, até a borda. Quanto maior o conteúdo alcoólico melhor, pois ele preserva as ervas e extrai suas propriedades. Feche a tampa com firmeza e faça um rótulo com o nome da erva, o nome do conservante e a data. Guarde em um armário arejado e escuro, ou no fundo da geladeira, por pelo menos duas semanas, e no máximo por dois ou três meses. Em seguida, coe a infusão para remover a matéria herbal e colocar o líquido – é muito provável que ela tenha mudado de cor, para um marrom esverdeado – em um jarro, ou garrafa, esterilizado e escuro é melhor. Mantida em um local arejado e escuro, a tisana pode durar até dois anos.

Como fazer uma tisana de ervas

Uma tisana é muito parecida com um chá de ervas normal. O termo é mais um nome dado pelos herbalistas ou pelas bruxas verdes. Para fazer uma tisana, junte suas ervas (idealmente frescas e colhidas com o devido cuidado sagrado, mas ervas secas funcionam igualmente bem). Ferva um pouco de água – água fresca de nascente é o ideal, mas qualquer água serve – e abençoe antes de vertê-la sobre um raminho ou dois de ervas frescas, ou uma colher de chá cheia de alguma erva seca, por xícara de água quente. Deixe infundir por cinco minutos antes de mexer no sentido horário, com uma colher de madeira ou de prata, para acrescentar um pouco mais de intenção positiva à infusão.

Essências Florais

Essências florais, também conhecidas como essências vibracionais, são excelentes ferramentas de magia que servem como uma forma sutil, no entanto poderosa, de trabalhar com os espíritos de plantas de todas as espécies.

A natureza das essências florais é tal que mesmo plantas bastante tóxicas podem ser trabalhadas para extrair seus efeitos benéficos com muita segurança. E seus espíritos podem ser trabalhados de forma física e tangível sem qualquer risco. A essência de uma flor ou de uma planta é a sua essência ou padrão vibracional – em outras palavras, seu espírito – mantido em água fresca de nascente.

Em virtude das qualidades espirituais e mágicas da água de nascente, o padrão energético da planta e seu espírito podem ser mantidos na água e levados para longe da própria planta, enquanto mantêm a planta e seu espírito ilesos e ainda conectados.

Desta forma, o espírito ou vibração da planta pode trabalhar fisicamente com o corpo humano e cobrir qualquer doença ou desequilíbrio com sua própria energia para restabelecer sua saúde. É claro que ele também pode ser utilizado para muitos outros propósitos, como ajudar o praticante a limpar o espaço quando utilizado em forma de spray em vez de incenso.

Quando utilizado em feitiços de trabalho, o espírito pode manifestar um desejo, revelar conhecimentos ocultos, ou atingir um conhecimento muito mais profundo de sabedoria. Ele também pode ser usado para enviar cura e apoio a outras pessoas que estão longe, agindo como um aliado intermediário.

Assim, os espíritos das plantas ajudam você a se comunicar com outros espíritos que estão menos próximos de sua própria vibração, tornando a comunicação com eles mais difícil. Como aqueles espíritos que estão em uma comunhão muito mais profunda com a Terra do que nós mesmos. Quando fazemos nossas próprias essências, em uma criação conjunta com os espíritos da planta nossos aliados, as possibilidades para esse tipo de trabalho se tornam infinitas.

Os humanos trabalham com os espíritos das plantas para criar essências de vários tipos há milhares de anos. Exemplos desse tipo de trabalho podem ser encontrados na Grécia, na Índia e em culturas chinesas para nomear alguns. Em geral, o orvalho da planta é colhido durante os primeiros raios da aurora, e é considerada a concentração mais potente e poderosa das energias de uma planta. Mas há muitas formas de produzir esse tipo de magia e remédio natural.

Como fazer essência floral ou essência de plantas

Quando decidir o tipo de planta com a qual quer trabalhar, você terá de escolher qual planta exatamente, e quando pretende preparar a essência. Para tomar essa decisão, o ideal é meditar durante algum tempo ou entrar em comunhão com o próprio espírito da planta, pedindo-lhe permissão e conselhos sobre os métodos discutidos anteriormente.

Algumas plantas não possuem muitas flores com quem trabalhar e, por isso, devem ser abordadas logo antes de brotarem ou quando as folhas se estendem. Outras são melhores para trabalhar no seu auge, em pleno verão. O bom senso e uma boa conexão com a planta ajudam você a decidir qual o melhor momento. A próxima consideração é se devemos fazer estes trabalhos em conjunto com a lua ou com o sol.

O método solar

A maioria das essências florais é feita utilizando o método solar. Escolha um dia ensolarado, quando a planta estiver em plena floração. Prepare uma tigela de vidro com água fresca de nascente e algumas flores para colocar em sua superfície. A água, a luz do sol e a planta trabalham juntas para infundir a água com a energia da planta. Esse processo pode levar algumas horas, ou todo o dia. O melhor é começar a preparação da essência na aurora, para tirar proveito da energia solar mais fresca, e quando a energia da planta desperta para saudar o novo dia. Dessa forma, você trabalha em alinhamento com esses fatores e consegue o máximo benefício.

Ocasionalmente, você pode ser orientado a não cortar ou tirar as flores ou as folhas. Se isso acontecer, simplesmente verta a água sobre a planta, recolha-a em outra tigela, por baixo da planta, ou deixe a tigela abrigada entre as flores. Todos esses passos são extremamente eficazes.

O método lunar

É mais raro, porém algumas plantas trabalham melhor sob o luar – em geral, estas plantas são utilizadas com propósitos mágicos, florescem à noite ou são sagradas para alguma deusa lunar. A preparação das essências é, normalmente, realizada quando a lua está cheia, e tem melhores efeitos em noites claras, quando a luz da Lua Cheia está mais radiante.

Nessas ocasiões, a Lua Cheia e suas energias podem ser invocadas. A essência criada no interior de um local sagrado pode ser deixada ali para absorver as energias lunares e as energias do espírito da planta, que trabalham juntas de forma vibracional.

Ainda mais raras são as ocasiões em que se exige a combinação das energias da planta e determinados corpos estelares. Como acontece com a verbena, que está associada à constelação de Sirius. Hoje, temos todos os tipos de aplicativos e mapas para nos ajudar a calcular quando determinada estrela estará visível no céu e como encontrá-la. Quando o corpo celestial em particular for encontrado, ele também poderá ser invocado e convidado a enviar seus raios estelares para trabalhar com a planta da mesma maneira.

Cada vez que você fizer uma essência com o espírito da planta, os resultados podem ser ligeiramente diferentes, pois a comunicação com o espírito da planta informa-o do que é necessário em cada ocasião. Sempre faça um esforço para agradecer o espírito da planta, o espírito da água, o sol, a lua, as estrelas e quaisquer outras inteligências envolvidas nesse processo. E lembre-se de que você está trabalhando de maneira sagrada.

Envasamento e conservação

Quando sentir que a essência está completa e você terminou quaisquer aspectos cerimonias em seu trabalho, engarrafe a essência em um recipiente de vidro escuro (ou semelhante) para mantê-la fresca e distante da luz direta. Pode ser acrescentado álcool na mesma quantidade de água. Por exemplo, 50% de água e 50% de álcool, para ajudar a conservar a essência. Conhaque e vodca também são bons para esse propósito, mas glicerina e vinagre podem ser utilizados para a preservação, caso você prefira.

As essências e os conservantes podem ser armazenados e utilizados internamente até um ano, embora possam ser usados em magia por muito mais tempo. As essências que não contêm conservantes podem ser utilizadas frescas, e desde que não sejam ingeridas, podem ser usadas indefinidamente.

Sete
Honrando a Região Sagrada

No coração da magia natural deve estar nossa conexão com a paisagem e seu espírito inerente. Compreender a região onde vivemos como um ser sagrado e poderoso, por direito próprio, pode informar e potencializar nossa prática e ampliar enormemente nossa perspectiva. Com nosso ponto de vista alargado, podemos posicionar nossas vidas em um contexto ancestral cada vez mais natural, que nos conduz ao centro e à fonte sagrados, vivificando e animando nossos espíritos e toda a vida à nossa volta.

Lugares e pedras sagrados

Temos sorte, na Grã-Bretanha e na Irlanda, por permanecerem tantos vestígios de nossos antepassados na região, entalhados em tantas colinas e vales como as linhas de suas faces. Desde a arte primitiva das cavernas, criada por caçadores-coletores em Creswell Craggs, em Derbyshire, com imagens de bisontes, renas e pássaros, passando pelos símbolos que aludem às suas crenças espirituais e que remontam à era glacial até nossos famosos círculos de pedras neolíticos, os *henges*, e túmulos como Stonehenge e Avebury, ambos patrimônios da humanidade.

A Irlanda também é muito rica em lugares antigos sagrados, tanto que se conectar com nossas raízes ancestrais é algo relativamente fácil. Cada parte de nossas longas histórias tem sua marca em nossa terra, em locais que podem ser visitados e explorados. E assim como a arqueologia permanece, os espíritos também ficam eternamente nos observando conforme tentamos comungar com esses locais poderosos, antigos e sagrados.

Embora muitos de meus alunos, em outras partes do mundo, acreditem que sua paisagem local – especialmente aqueles que vivem em cidades – já não possuem vestígios de suas crenças distantes, com um pequeno trabalho de detetive descubro que esse nunca é verdadeiramente o caso. Com alguma investigação – observando histórias e mapas antigos – as raízes ancestrais de uma região, ou áreas importantes para as suas crenças espirituais, quase sempre podem ser descobertas. Às vezes, isso significa ir em busca de vestígios de culturas indígenas que viveram na região antes da atual civilização. Mais uma vez, tal conhecimento requer alguma pesquisa, mas quase sempre pode ser encontrado, e conduz a um nível muito mais profundo de respeito e conexão.

Quando contatamos os espíritos do lugar, a paisagem e seus locais sagrados, é esse nível profundo de conhecimento que estamos procurando para fundamentar nosso trabalho. Se há uma cultura indígena mais antiga onde você vive, a visão que eles têm da paisagem será a mais útil. Certifique-se de que respeito, honra e consciência serão sempre empregues na sua exploração destas culturas. Informações sobre as práticas dessa cultura podem ajudá-lo a se conectar com a região à sua volta de uma forma que seria impossível sem esses dados.

Caso falhe em todo o resto, os mapas serão especialmente úteis. Observar e monitorar as hidrovias em uma cidade, por exemplo, pode ser extremamente gratificante e, com o tempo, pode abrir uma conexão com os deuses locais e outros seres. Em geral, uma fonte natural ou um poço antigo terão uma história de veneração assim como seus espíritos residentes e outras características importantes da paisagem, como lagos, grandes formações rochosas, cavernas colinas ou ravinas.

Do mesmo modo, nem todos os locais sagrados foram criados pelo homem ou possuem uma história de veneração humana – eles podem ser centros espirituais da própria Terra – sagrada para os espíritos ou para a natureza, sem nenhum vestígio humano. No entanto, um ar de bem-aventurança e poder emana deles com muita força, mesmo assim.

Uma vez que você identificou os locais sagrados em sua área, construa uma relação com eles. Isso não significa visitar o local como um turista em uma tarde ensolarada, mas se comprometer em fazer visitas regulares durante um longo período, em qualquer momento do dia, em qualquer estação do ano e sob qualquer condição atmosférica, caso seja possível, para oferecer ao lugar um cuidado ativo.

Dar pode significar muitas coisas, e embora façamos rituais e outros exercícios para entrar em contato com os espíritos do lugar, nunca deveremos nos permitir cair na armadilha de pensar que nós, e apenas nós, sabemos quais são as necessidades ou vontades de um determinado lugar. Por essa razão, devemos ter claro em nossa mente que o primeiro dever que, após ou durante a construção de um relacionamento, é não provocar danos. Permita que o local se revele com o tempo. Recolha o lixo da área, contribua financeiramente para seu cuidado doando a qualquer instituição de caridade que zela pelo local, ou cadastre-se em programas de voluntariado oferecidos por organizações ou cuidadores da região.

Também devemos dar passos para não interferir com a biodiversidade ou arqueologia da área. Tenha cuidado para não deixar para trás nenhum rastro humano – leve apenas memórias. Os espíritos lembram-se daqueles que cuidam de um lugar sem ganância ou sem buscar algo em troca, de alguma forma. E, no seu próprio tempo, talvez, eles decidirão se aproximar de você ou lhe conceder ajuda como agradecimento.

No entanto, lembre-se sempre de que você busca afinidade, um relacionamento com respeito mútuo. Ninguém fica amigo de ninguém apenas procurando a outra pessoa porque precisa de alguma coisa. Passa-se o mesmo com lugares sagrados. Veja-os com frequência, e apenas esteja com eles, e com os espíritos que vivem neles, pelo simples prazer da conexão. Deixe que as oportunidades surjam para que a região e os espíritos digam como eles querem ser tratados, o que necessitam, e se querem alguma coisa, do relacionamento entre vocês.

Às vezes não é possível visitar fisicamente um lugar sagrado, e embora fazer uma visita física e se conectar com os espíritos *in situ* seja sempre preferível, se conectar totalmente por meio da visão interior é sempre possível, e pode ser algo muito poderoso. Nesse caso, é útil já conhecer a área ou, pelo menos, construir alguma familiaridade com ela por meio de fotos ou da internet. Não há problemas caso você veja detalhes em sua visão interior que difiram do que está fisicamente presente, já que você está se conectando com a presença do local no reino espiritual em vez de sua presença física.

Maneiras de se conectar com lugares sagrados

Encontre um local poderoso na região próxima a você e honre-o como sagrado, mesmo que você sinta que não seja. Retire o lixo. Proteja-o do desenvolvimento e da poluição. Realize cerimônias. Trate todas as coisas vivas naquela área como um milagre. Honre as estações e seus ciclos de crescimento; descanse quando visitá-lo em horas sagradas. Crie ou participe de comemorações sazonais. Procure conhecimento arqueológico e histórico da área. Interceda com a Terra. Viaje para conhecer seus espíritos guardiões. Sinta os fluxos energéticos da região com seu corpo. Aprenda radiestesia. Faça oferendas regulares aos espíritos.

Exercício
Conectando com o espírito guardião

Quando se aproximar de lugares sagrados, é importante lembrar que podemos não conhecer as etiquetas ou rituais que a cultura que construiu, ou venerava originalmente o local, seguia. Porém, nós podemos não estar cientes da etiqueta e cultura que os espíritos associados a esse local ainda esperam. Às vezes, está tudo bem, mas em outros lugares isso pode ser um problema.

Nunca devemos presumir que nossa presença e comportamento em um lugar não ofenderá os espíritos. É importante lembrar que quando entramos em um local sagrado, de qualquer cultura, devemos nos comportar de maneira sagrada e nos conduzir com sensibilidade e respeito, mesmo em relação a seres dos quais não estamos conscientes. Por essa razão, é sempre importante entrarmos em lugares sagrados e antigos, de qualquer tipo, com delicada humildade e estar bastante atentos a quaisquer sensações ou intuições que possamos ter enquanto estivermos ali, pois pode haver tentativas de comunicação conosco. Também é de vital importância pedirmos permissão aos espíritos para estar ali.

A maioria dos lugares sagrados possui uma entrada visível e com algum tipo de indicação. Sempre que possível, preste atenção para entrar em um local sagrado utilizando essa entrada; não entre imediatamente – pare um instante para chegar e sentir-se presente dentro do lugar. Faça algumas respirações, olhe à sua volta para observar o que consegue ver por esse ponto de vista. Esteja atento a tudo que sentir ou ver – rajadas de vento, pássaros voando ou outros presságios.

Observe quaisquer sensações físicas: como estão seu peito, seu estômago ou sua fronte? Alcance as laterais da entrada com suas mãos – você tem alguma sensação estranha? E à sua frente ou atrás de você? Aproveite essa oportunidade para chamar seus próprios aliados e guardiões, silenciosamente. Nada elaborado é exigido aqui. Faça um simples chamado, verbal ou internamente. Peça a eles que explorem o local com você, reserve um momento para sentir qualquer orientação que eles queiram lhe dar.

Em seguida, tente sentir os espíritos do lugar e seu guardião ou guardiões. Independentemente do que possa sentir nesse ponto, peça permissão, em voz alta, para estar ali antes de entrar. Diga que você vem com respeito e amizade. Utilize suas próprias palavras caso queira. Em geral, uso o texto seguinte ou algo semelhante:

> Guardiões e aliados deste local sagrado. Venho em amizade e com respeito, embora eu não conheça os hábitos de vocês. Por favor, posso entrar em seu recinto sagrado?

Faça algumas respirações, veja se sente alguma coisa – procure um claro *não*, pois ele, muitas vezes, é discernível se você for sensível a isso. Se não sentir um claro não, confie que está tudo bem. Você pode não receber uma resposta, mas o cuidado que tem será notado e poderá ajudá-lo posteriormente.

Em seguida, costumo caminhar pelo local, especialmente se for um círculo de pedras ou um túmulo amplo, em círculos e no sentido horário (ou na direção do sol), porque é conhecimento geral que isso aumenta o poder do lugar ou, pelo menos, não diminui ou elimina a energia (isso seria alcançado caminhando em sentido anti-horário/direção errada). Tomo cuidado para saudar e reconhecer quaisquer características específicas do lugar que pareçam particularmente importantes ou significantes.

Se for um círculo de pedras, por exemplo, observo e saúdo todas as pedras. Em outros locais, posso ter o cuidado de cumprimentar características específicas que chamam a atenção de outra forma, me aproximando ou fazendo uma pequena reverência para qualquer formação de pedras grandes. Ou reservo um momento para baixar a cabeça e olhar para baixo, para o interior de um poço ou fonte sagrados, para demonstrar meu respeito.

Após sentir que absorvi uma sensação do lugar como um todo, procuro seu centro, seguindo minha intuição. É fácil encontrar o centro de um círculo de pedras, mas isso exige mais esforço em outros locais. Normalmente, o melhor é utilizar um equilíbrio entre o bom senso, a geografia do lugar e a intuição. Por exemplo, *onde fica o coração do lugar?* Então, dirijo-me a esse lugar, me tranquilizo por um momento para sintonizar em um nível mais profundo e tentar me conectar com o espírito guardião.

Conecto-me com o guardião de um lugar estando o mais imóvel e presente possível, fazendo algumas respirações e me tranquilizando. Realmente sentindo o lugar à minha volta. Então, entro em um espaço leve e meditativo, e peço verbalmente para que o guardião venha até mim, caso ele queira. Mais uma vez, afirmo que venho em amizade e respeito. Digo que gostaria de aprender um pouco mais sobre o lugar e como me conectar com ele de uma forma mais profunda.

Faço todas essas afirmações de maneira gentil e coloquial. Nesse momento, também faço uma oferenda de algo pequeno e biodegradável, como algumas flores, um pouco de creme ou uísque derramado no chão ou colocado em uma simples tigela perto de mim.

Em outras ocasiões, canto uma canção ou recito um poema. Tudo depende daquilo que parece ser o certo e um comportamento responsável em relação ao local.

Após um momento, retorno ao silêncio e deixo que a minha consciência se abra para sentir o guardião. Às vezes, sinto meu espírito familiar comigo quando faço isso. E eles ajudam na transmissão de mensagens e orientações. Outras vezes, eles sentam-se mais para trás e não são requisitados. Os guardiões de lugares sagrados, como os outros espíritos, podem assumir qualquer forma, e essa forma pode mudar, o que depende de muitos fatores. Mas quando me abro para me conectar com eles, nunca falhei no momento de senti-los e estabelecer uma conexão de maneira útil, não importa se o local for muito antigo ou se estiver abandonado.

Mesmo em locais com reputação sombria ou assustadora, sempre consegui sentir o guardião e me conectar com ele de modo amigável e respeitoso, quando trabalho desta maneira. Ao longo dos anos, cheguei à conclusão que foi mostrando essas cortesias que me permitiu ficar longe de problemas e aprender muitas coisas que, de outra forma, seriam proibidas.

No entanto, sempre vou a esses locais também com respeito por mim mesma, disposta a pedir ajuda e me envolvendo pelo ponto de vista de um relacionamento com respeito mútuo. Digo não aos espíritos, e me retiro educadamente, quando me pedem algo com o qual não concordo ou que me deixe desconfortável.

Na maioria das vezes, o guardião se aproximará quando você se sentar no centro do local sagrado, ou você sentirá que ele já está ali esperando por você. Vocês podem ter conversas realmente úteis e perspicazes – em geral, os guardiões gostam de partilhar qual era a utilização do local e falam das pessoas que o construíram. Em outras ocasiões, eles me mostram como trabalhar com o local hoje, realizam cerimônias espontâneas comigo, me apresentam visões dos antepassados e como eles percebiam seu mundo. Outras vezes, fui abençoado e recebi cura profunda e comunhão com seres que iam além do meu entendimento.

Círculo de pedras

Cada vez é diferente, embora seja no mesmo lugar sagrado. Exatamente quando você visita alguém de quem gosta, suas conversas não se repetem, mas, algumas vezes, continuam de onde vocês pararam. É dessa forma que os relacionamentos são construídos – estando aberto aos espíritos do lugar e minimizando as suas próprias expectativas e projeções.

Linhas de ley, linhas de dragão, estradas das fadas e caminhos espirituais

As culturas antigas ao redor do mundo afirmavam que a Terra é coberta por uma vasta rede de canais energéticos e linhas de força vital que cruzam o planeta de uma forma muito parecida com o sistema nervoso ou as veias do nosso corpo. Esses canais, normalmente, são veículos rápidos para os espíritos, fadas e outros seres. E também produzem algum efeito perceptível sobre a atmosfera da área.

Na Grã-Bretanha, esses caminhos, em geral, são chamados de linhas de ley ou linhas de dragão. Na Irlanda, eles também são conhecidos como estradas das fadas. O nome *linhas de ley* vem de um livro excelente e definitivo sobre o tema, *The Old Straight Track*, escrito por Alfred Watkins. Esse arqueólogo descobriu os alinhamentos sagrados em locais ao longo da paisagem inglesa.

Hoje em dia, elas são chamadas de linhas de dragão no Reino Unido. As leys de Watkins deviam ser um fenômeno puramente físico, mas esses alinhamentos também eram, de modo geral, correntes energéticas poderosas, por meio das quais, diziam, os dragões se moviam, incorporando a força vital, o poder e a sabedoria antigos da própria Terra. Na Irlanda, e em partes mais remotas do Reino Unido, onde o conhecimento tradicional ainda é mantido, essas linhas são chamadas de estradas das fadas, pois dizem ser os caminhos que as fadas percorriam durante as suas viagens sazonais, quando elas se movem de um lugar a outro. Muitos recintos circulares fechados das fadas ou colinas encovadas – castros e túmulos circulares e compridos de nossos antepassados – eram feitos em estradas das fadas.

Embora muitos castros grandes sigam os alinhamentos dos locais sagrados do país, e mesmo do planeta, e tenham dezenas de metros de comprimento, eles podem, de fato, ser encontrados em qualquer parte. Outros podem ser bem estreitos e pequenos. Estes lugares sagrados atuam como polos ou caixas de ligação, com linhas se encontrando neles e, por sua vez, se espalhando pela região.

Como uma veia ou um nervo, essas correntes de energia tendem a fluir em direções distintas. Porém, quando trabalhamos com uma linha de dragão, podemos descobrir que elas também possuem subcorrentes, de certo modo, que também fluem para a direção oposta. Quando busco contato com uma linha de dragão em minha visão interior, surge a imagem de um bastão de ruibarbo com estriamentos, uma linha ou corda de energia com muitas outras cordas fibrosas em seu interior, cada uma delas com propósitos diferentes. Esse bastão descreve muito bem a anatomia de uma linha de dragão.

As linhas de dragão, ou linhas de ley, são fantásticas para viajar ou para utilizar em sua visão interior; e são lugares úteis para realizar magia, pois você pode dominar a energia que flui em sua direção. Também podemos trabalhar com elas para afastar a energia; até agora, isso funcionou bem. Por essa razão, peço ao espírito da linha de dragão para me ajudar, e sintonizo com a sua orientação em vez de presumir que ela está ali por ordem minha.

Apesar de ser muito poderoso e informativo trabalhar com as linhas de dragão, não é uma boa ideia viver nelas ou dormir sobre elas, pois tendem a sugar a força vital da pessoa. Essa é a principal causa de estresse geopático, ou síndrome do edifício doente, quando seu fluxo, ou falta dele, em volta de uma área, pode causar efeitos profundos àqueles que vivem ali.

No entanto, quando flui da maneira pretendida e sem ser perturbada por edifícios humanos ou trabalhos subterrâneos, elas podem ser muito positivas para os animais e para as plantas. Alguns animais correm pelos trajetos de uma linha de dragão, enquanto outros são relutantes em atravessá-las e evitam o mais que podem, talvez em virtude da intensidade da energia. Árvores grandes, especialmente carvalhos antigos, parecem florescer ao longo das linhas de dragão. Como lugares sagrados, elas servem como polos ou pontos de encontro para essas energias. Por essa razão, as linhas de ley são lugares excelentes para meditar e contatar os espíritos.

Radiestesia

Muitas pessoas conseguem perceber ou sentir as linhas de ley ou de dragão e, em geral, é bom reservar algum tempo para desenvolver a sensibilidade, usando seu corpo para praticar radiestesia e observar as alterações enérgicas, caso consiga. Comece percebendo como seu plexo solar se sente ao longo dia, observe quando ele estiver confortável e quando estiver ansioso ou tenso – muito da radiestesia corporal pode ser desenvolvido por meio dessa consciência central. Gradualmente, você poderá fazer perguntas a si mesmo e notar como seu plexo solar reage quando você considera cada opção, a natureza daquilo que você sente ou respostas comuns, como sim ou não.

Outra forma útil para sentir as linhas de dragão é a radiestesia tradicional, utilizando varas de cobre em formato de L, ou um bastão de aveleira bifurcado. Trabalhar com um pêndulo para encontrá-las também é eficaz.

As varas de radiestesia são fáceis de usar, e o melhor é não pensar muito quando trabalhar com elas. Segure as varas com firmeza, com os cotovelos dobrados e os braços levantados diante de você, na altura do peito. Mantenha a extremidade comprida das varas paralela ao chão e paralelas entre si, em torno de 30 centímetros. Caminhe em padrão reticular pela área, em lugares onde há energia, as varas se cruzarão. Você sentirá de forma tão clara e distinta, que até muitos céticos ficaram incomodados ao longo dos anos!

Depois de certo tempo, você construirá um padrão de linhas de energia à volta do espaço, e é possível ajustar sua radiestesia pedindo às varas que mostrem as linhas de dragão, as passagens de água subterrâneas, as áreas de energia parada e até a localização de espíritos ou objetos perdidos. Lembre-se de que não são as varas que têm as respostas, é seu corpo e seu conhecimento interno, que são muito mais difíceis de acessar sem ajuda. A sensação de que se trata de algo separado de você ainda é muito clara – afinal, *está* separado, seu eu infinito em oposição à sua mente cotidiana, que responde.

Algo semelhante ocorre quando utilizamos um pêndulo. Os pêndulos não precisam ser objetos especiais feitos de cristal ou metal. Um anel em uma corrente ou um pedaço de corda funcionam da mesma forma. As únicas exigências são que ele se movimente de maneira livre por volta de 30 centímetros, e tenha peso em uma das extremidades.

Quando usar um pêndulo, seja claro em suas repostas *sim*, *não*, *às vezes* e *talvez*, antes de iniciar. Isso é fácil de fazer: pergunte ao pêndulo para confirmar alguma coisa cuja resposta você já sabe (como seu nome) para receber uma resposta sim ou não. Em seguida, pergunte outra coisa cuja resposta você também sabe, para obter uma resposta talvez ou às vezes, como "eu gosto de dias chuvosos?", ou até "qual é o movimento para talvez?" Para a maioria das pessoas, o *sim* é um círculo em sentido horário, e o *não* é um círculo no sentido anti-horário, mas isso pode variar. Após fazer isso algumas vezes, você terá uma ideia dos padrões e o pêndulo se torna bastante útil.

Assim, trabalhar com varas de radiestesia e pêndulos pode ser muito divertido e muito eficaz, e a melhor maneira será sempre sentir as coisas com seu corpo e estar atento àquilo que ele diz – de muitas formas, isso pode ser uma busca espiritual por si só!

Mapeamento das linhas de dragão

Há muita informação disponível na internet sobre radiestesia e rastreamento de linhas de ley ou linhas de dragão pela paisagem. Para isso, foram criados muitos mapas excelentes sobre as linhas energéticas chave por todo o país, e pelo mundo, particularmente aquelas que tocam lugares sagrados como Stonehenge, ou o Glastonbury Tor.

É possível encontrar linhas de dragão sem nenhuma forma de radiestesia, basta examinar um mapa detalhado de uma área grande o suficiente e encontrar um local onde três ou mais sítios energéticos importantes formam uma linha. Elas podem assumir qualquer forma, desde colinas notáveis – em geral chamadas de *beacon hills*, ou colinas de referência, no Reino Unido – e podem ser círculos de pedras, monólitos, igrejas ou árvores muito antigas. Em alguns lugares, como Washington D.C., foi bem documentada a maneira como os edifícios governamentais foram posicionados para formar, deliberadamente, alinhamentos desse tipo.

Pegue um mapa grande, um lápis e uma régua. Veja se consegue discernir quaisquer alinhamentos em sua área, em geral abrangendo vários quilômetros, ou mais. Em seguida, você pode usar sua visão interior ou um pêndulo para ver se esses alinhamentos possuem alguma sensação energética perceptível.

Prática
Viagem pelo caminho do dragão

Tente este exercício para viajar ao longo de uma linha de dragão, ou pelo caminho das fadas, em sua visão interior. Veja o que encontra. Primeiro, você deverá identificar uma linha de dragão, mas não precisa estar fisicamente com ela, ou perto dela, pois esse é um trabalho interno. Você deve, no entanto, saber qual é a localização física da linha, para qual direção ela flui e seu eixo. Por exemplo, de noroeste a sudeste.

Antes de começar este exercício, peça aos seus guias, aliados ou quaisquer outros seres espirituais bons com quem você trabalha que o acompanhem. Sente-se confortavelmente, mas não se deite. Faça três respirações profundas. Sinta seus pés firmes no chão, e seu corpo totalmente presente em sua posição na Terra, naquele momento. A sensação da cadeira debaixo de você, e a sensação da sala ou do espaço onde você está sentado.

Afirme sua intenção anunciando, verbalmente, que você deseja explorar a linha de dragão que tem em mente. Peça permissão. Você pode ou não sentir o espírito nesse momento, mas dê a ele espaço para se comunicar com você e veja qual é a sensação em sua barriga. Você tem permissão para prosseguir?

Visualize a linha onde você sabe que ela está posicionada: veja-se, em sua visão interior, aproximando-se dela. Você pode vê-la como uma faixa grossa de energia dourada que flui e serpenteia pela região.

Quando sentir que tem uma clara sensação dela em sua visão interior, entre na linha e deixe que a corrente o leve. Você descobrirá que pode cobrir grande extensões da paisagem de forma muito rápida. E que, às vezes, você estará acima do solo por alguns centímetros ou mais, e será capaz de olhar para baixo, para a área. Em outros momentos você se moverá pela área, como se circulasse por baixo da própria Terra.

Esteja atento a quaisquer sensações físicas que tiver enquanto voa pela corrente da linha, e todos os detalhes que surgirem de edifícios, colinas e rios, qualquer detalhe geográfico que se apresentar. Eles podem ser os mesmos do mundo cotidiano, ou bem diferentes, expressando, simbolicamente, alguma mensagem diferente sobre a região e sua condição, assim como a função da própria linha.

Veja se você consegue perceber a linha de dragão como um espírito e tente sentir qual é seu propósito e sua natureza. Se for capaz, pergunte a ela sobre suas experiências e como é ser uma linha de dragão. Pergunte se ela vai lhe mostrar algumas das formas que vocês podem trabalhar em conjunto para curar a região quando for necessário.

Após ter passado algum tempo, saia da linha de dragão em um edifício ou em alguma localização notável. Você sabe onde ela fica em nosso reino terrestre e físico? Se visitar o local, não invada a privacidade de ninguém; dê uma olhada e, em seguida, retorne para a linha de dragão com o intuito de voltar para casa.

Volte pela linha até chegar ao local em que você iniciou a viagem. Retorne à sua consciência cotidiana respirando profundamente, sentindo o ar em seus pulmões e o batimento em suas veias e em seu peito. Balance os dedos das mãos e dos pés, e sinta-se retornando ao endireitar-se. Lentamente, abra os olhos. Talvez você queira registrar suas experiências em um diário.

Os caminhos dos mortos

Os caminhos dos mortos, às vezes, podem ser a mesma coisa que as linhas de ley ou as linhas de dragão, e semelhantes às estradas das fadas, no sentido em que são correntes energéticas que correm pela Terra. No entanto, eles também podem ser distintamente diferentes, já que seu principal propósito é transportar as almas dos mortos para o outro mundo.

Esses caminhos são, por vezes, as mesmas trilhas que as pessoas, em áreas remotas, utilizam para transportar seus mortos para funerais em igrejas. É um relato comum, nas terras celtas, as pessoas verem seus entes queridos caminhando pela estrada morta ou pelo caminho dos mortos no interior da natureza. Por vezes, isso é interpretado como uma visão, ou um presságio, de que seus entes queridos morrerão em breve.

Em geral, tais caminhos são chamados de *pistas mortas*, além de outras variações locais. E é surpreendente ver quantos desses caminhos ainda são assinalados e nomeados desta forma em nossas vilas e cidades modernas. Um sinal de sua importância que se prolonga até hoje. Nunca é bom viver em uma pista morta, mas elas são úteis e têm um papel importante no mundo espiritual. Uma vez conectada a tal estrada, a alma não se perderá e é levada delicadamente até seu próximo destino, acompanhada por aqueles que foram antes dela.

Quando grande cuidado e respeito são demonstrados, os caminhos dos mortos podem ser trabalhados para ajudar os espíritos, ou aqueles que estão perdidos, a seguirem adiante, orientando-os a viajar desta forma para encontrar seus entes queridos dentro de sua visão interior. Também é útil trabalhar com eles quando um espaço necessita de limpeza, e espíritos indesejados precisam ser colocados no caminho, pois a corrente de energia não permite que eles voltem, mas os conduz ao cuidado que eles precisam para poderem se curar e se transformar.

Fazer uma peregrinação pelos caminhos dos mortos é uma boa maneira de se lembrar dos antepassados e daqueles que passaram por essa região antes de você, sejam eles da sua linhagem ou não. Compartilhar relatos da sua linha de sangue em tais locais também é muito poderoso e envia cura para aqueles da sua linhagem. Colocar uma lanterna (de forma segura e responsável), ou uma oferenda biodegradável, para serem cuidadosamente retirados após um período estabelecido, é uma boa maneira de honrar os espíritos a cada Samhain, ou quando um ente querido morre. Mas não passe muito tempo em tais lugares – embora você possa ver muitos fantasmas e fenômenos interessantes, eles não são lugares saudáveis para os vivos.

Estradas das fadas

Como as linhas de dragão ou as linhas de ley, as estradas das fadas e alguns caminhos dos mortos são correntes energéticas ao longo da Terra. Algumas estradas das fadas se encaixam nas três definições, e outras são reservadas apenas para as estradas das fadas. Lembre-se de que estas não são as fadas cintilantes do Walt Disney – elas assumem formas muito menos bonitinhas e são membros de nações espirituais poderosas das Ilhas Britânicas, e como tal, impõem muito respeito.

Sua natureza é distinta de muitos outros tipos de espírito. Aconselho você a não dedicar muito tempo elaborando definições e categorias lineares para as fadas ou qualquer outro espírito, pois a experiência o confundirá todas as vezes... eles desafiam tais limitações! Mas quando sentimos a presença das fadas, não há engano, e nunca esquecemos.

Em geral, dizem que as fadas (especialmente na Escócia) movem-se pelo caminho das fadas durante suas migrações trimestrais, embora outras optem por esses caminhos como rota para as viagens das fadas. Do mesmo modo, na Irlanda, dizem que o esquadrão das fadas, *an slua sí*, viaja regularmente por rotas particulares separadas especialmente para elas. Tais caminhos, geralmente, levam de um forte de fadas a outro, ou passam por uma linha de colinas ocas, sepulturas em moledros ou pelos espinhos das bruxas – os espinheiros sagrados.

Considera-se tabu perturbar a estrada das fadas de forma alguma, fazendo qualquer coisa que seja em sua rota. Todos os espinhos, fortes ou outras localizações das fadas devem permanecer intocados e inalterados, para que as fadas não apliquem a sua terrível vingança. A Irlanda, em particular, tem muitos contos que chegaram à nossa era atual sobre o mal que atingiu aqueles que danificaram uma estrada das fadas, incluindo morte prematura que, às vezes, persistiu por várias gerações.

É possível rastrear as estradas das fadas por meio da radiestesia, utilizando a sensibilidade do seu corpo, e explorando-as por meio da visão, acompanhado de seus guias e aliados. No reino mortal cotidiano, estes caminhos podem aparecer e desaparecer de forma aleatória, conduzindo para o topo de penhascos ou para o interior de rios. Estes caminhos também podem entrar por rotas estranhas que ziguezagueiam, ou movem-se em espiral pela região, aparentemente à vontade.

Uma boa tentativa é sentar-se próximo a uma estrada das fadas, nas horas sagradas, aurora ou crepúsculo, durante as reuniões de Sabá, conhecidas como Roda do Ano, e são o Imbolc, Beltane, Lammas ou o Samhain. Faça uma oferenda à região e aos espíritos das fadas, pode ser creme, mel ou algo que você assou. Sente-se em silêncio e permita que seu olho interior descanse e veja o que você pode vivenciar. Às vezes, as fadas são mais sentidas que vistas, para outros elas são ouvidas, passando com muita pressa, algumas vezes, com o som dos sinos.

Para aqueles que têm alguma experiência, será possível procurar uma fada aliada em uma estrada das fadas, mas seja cuidadoso, educado e peça no momento adequado. Algumas vezes, em sua visão interior, você verá as fadas vindo em sua direção pela estrada, como se viessem correndo de longe.

Caso sinta que alguém foi levado pelas fadas (normalmente algo que acontece em espírito, como uma forma de perda xamanística da alma), é possível viajar com suas fadas aliadas, caso você tenha proteção nessas estradas, e ir em busca da pessoa. Ela pode ser chamada de volta para a vida mortal nessas estradas, assim como é possível abandonar o reino mortal viajando por essas correntes.

Em busca de vigílias e visões

> Há uma tradição popular galesa que diz que no cume do Cader Idris há uma escavação na rocha que parece uma poltrona, e quem passar uma noite nela, na manhã seguinte, seria encontrado morto, louco ou dotado de um gênio sobrenatural. [50]

Há uma prática antiga, nas regiões celta, de procurar visões em sítios sagrados e fazer vigílias. Em geral, estes locais são cimos de montanhas altas. Também há menção de túmulos ou outros locais liminares conhecidos por sua presença espiritual de alguma forma, como margens de rios ou poços sagrados. Há exemplos de práticas semelhantes em outras regiões, como nas tradições americanas nativas, e na América do Sul, de buscar visões, em que o buscador senta-se na terra e jejua diversos dias à procura de uma visão.

Os exemplos da tradição celta divergem ligeiramente, no entanto. Registros dos *Filí* irlandeses, videntes e poetas oraculares que foram os últimos guardiões das antigas tradições druidas, mostram que eles procuravam a escuridão e a privação sensorial com o objetivo de receber uma visão, como está no ritual para escolher o próximo rei, o *Tarbh Feis*.

Também havia um ritual para buscar uma reposta a um problema ou criar um poema oracular, *Imbas Forosnai*. Contudo, este último geralmente era representado em um lugar fechado, em um refúgio ritualístico construído com esse propósito, talvez por causa do frio mais intenso do norte da Europa. E também em virtude da importância da imersão na Terra em busca da escuridão ritualística, da mesma forma que aqueles que trabalharam nos túmulos fizeram milênios antes. A prática celta de vigílias exteriores parece ter pequena

---

50. R. Askew, *Bye-Gomes, Relating to Wales and the Bender Countries* (1884), <https://archive.org/detalis/byegonesrelating1878unse/page/69>.

duração, ao longo de uma noite – a tarefa consistia em encontrar os espíritos mais do que vivenciar os limites da resistência física, embora a imersão total na natureza fosse essencial.

Sentar-se em vigília (do latim, *vigilia*, que significa *vigilância*) quer dizer reservar tempo propositadamente para honrar ou reconhecer algo como um ato de devoção ou comunhão espiritual. Uma vigília é um período de presença forçado e consciente, em que você dedica seu tempo, corpo e consciência a um único propósito sagrado.

Nas tradições celtas, esse propósito serve, principalmente, para honrar os poderes do local dentro da paisagem, para se sentar em estado constante, porém inesperado, de comunhão com a região, para respirar em conjunto, para se tornar um, com o único propósito de se relacionar. Os resultados de uma vigília na região podem ser profundos e transformadores. Eles também podem ser silenciosos e sutis. Pode ser algo que um investigador pratique muitas vezes, de forma regular ou esporádica, ou apenas uma vez, dependendo de um conjunto de circunstâncias e do caminho individual.

Quando pensamos em vigílias e em buscas de visões, é importante estar claro sobre qual tipo de prática estamos discutindo, e porque ela é feita. Isso não é o mesmo que uma viagem de campismo – em vez disso, trata-se de entrar em um espaço onde seu eu interior e os espíritos fazem um contato estreito, e onde sua consciência é alterada. Aqui, buscamos experiências transformadoras para a cura e para o autoconhecimento, para entrar em contato com nossa própria alma.

A visão que recebemos (se recebermos alguma) pode tomar qualquer forma. Nessa prática, permitimos espaço para os espíritos nos contatar e para nosso eu profundo se identificar. De muitas formas, as vigílias podem ser consideradas peregrinações ao eu e ao coração da Terra. Dois que se tornam um, e cujos efeitos podem ser profundos.

Um dos locais mais conhecidos para buscar visões é o topo do Cader Idris, no País de Gales, e há outros sítios na Escócia, na Inglaterra e na Irlanda que são utilizados para essa prática. Outro exemplo galês é o *Maen du'r Arddu* (a *pedra negra* de Arddu):

Em um lugar rochoso chamado Yr Arddu, *Black Ham*, muito alto na fazenda Cwm brwynog, na subida da colina de Snowdon, há uma pedra enorme solta, chamada Maen du yr Arddu. A pedra negra de Arddu. No seu cume há outra pedra menor, como se, supostamente, ele fora erguida ali por mãos.

Dizem que se duas pessoas dormirem no topo dessa pedra, uma delas seria dotada com o dom da poesia, e a outra ficaria louca.

E, em conformidade, é afirmado que, de brincadeira, dois homens, um chamado Huwcyn Sion y Canu, e o outro Huw Belissa, concordaram em dormir no topo da pedra em uma noite de verão: na manhã seguinte, um deles se viu inspirado pela musa celestial, e o outro estava privado dos sentidos. [51]

Nesse excerto, vemos a antiga prática da troca: para que algo seja alcançado, algo deve ser sacrificado. O exemplo do Yr Arddu é interessante, pois ele é o único que menciona duas pessoas, sendo que apenas uma delas voltará com sabedoria, enquanto a outra sofrerá – o ensinamento aqui é duplo: há sempre riscos em procurar visões, em buscar a comunhão com aquelas coisas que estão além da nossa consciência cotidiana; e nunca os resultados são garantidos. Esse conto também pode ser visto de outra forma. Enquanto o buscador ou o poeta emerge, outra parte de nós deve morrer ou ser transformada em pó.

A criação de uma consciência expandida depende da destruição de uma visão de mundo precedente e limitada. No entanto, isso não significa que os riscos sejam apenas metafóricos. Para alguns, os custos são realmente muito altos, e essa não é uma prática para pessoas que são, de alguma maneira, muito vulneráveis. Em algum ponto da vida, nós devemos estar contentes e protegidos por uma lareira e uma casa, deixando os selvagens nas colinas para outro dia.

---

51. William Williams, *Observations in the Snowdon Mountains* (1802), p. 31-32. <Https://books.google.co.uk/books?id=h2w9AAAAYAAJ&pg=PA149#v=onepage&q&f=false>.

Por essa razão, recomendo que a prática seja realizada apenas quando você estiver forte física, mental e espiritualmente. O bom senso deve sempre ser aplicado em todas as matérias. E *não* há exceções a isso. Assuntos práticos de segurança sempre devem vir em primeiro lugar. Por isso, certifique-se de que você conhece totalmente a área onde estará e que você pode avaliar seus perigos e recursos. Tenha todo o equipamento e suprimentos de que precisa e esteja seguro de que pode transportá-los eficazmente quando for necessário.

Certifique-se de que as pessoas sabem onde você estará e por quanto tempo (especialmente para as mulheres: não comente sua localização a estranhos em mídias sociais. Mas *realmente diga* a amigos e parentes onde você estará). Leve um telefone, tenha também carga suplementar para ele, e um *kit* de primeiros socorros sensatamente equipado. Nós devemos sempre, em primeiro lugar, respeitar os perigos da floresta, mesmo em nossa busca para fazer amizade com ela.

Praticidades à parte, quando entramos em comunhão sagrada com o local por uma hora, uma noite, três dias ou uma semana... os espíritos se certificarão de que recebemos apenas aquilo que necessitamos e que, naquele momento, estamos preparados. O objetivo aqui não é recriar buscas de visões de outras culturas, mas sintonizar com a região onde você se encontra, com o sangue em suas veias e ver o que eles dizem. Cada ato de vigília é sagrado e poderoso, seja ele grande ou pequeno.

A ideia central da vigília é a conexão e a observância, estar o mais profundamente presente possível com a Terra, os deuses e os espíritos, sem as distrações do cotidiano e a consciência diária. Geralmente isso é feito com a simples criação do espaço, permitindo que ele seja preenchido pelas forças e presenças além de nós mesmos, como se sentar em silêncio para meditar e contemplar. Em outras ocasiões, essa conexão pode ser desenvolvida por meio de orações, e outras vezes por atos sagrados de ritual e cerimônia.

Eu me sentei, em vigília, muitas vezes na minha vida. Algumas delas foram ocasiões épicas, em grande escala. Outras foram interlúdios simples muito breves em uma vida ocupada. Mas cada vigília foi uma ocasião para alimentar profundamente a alma e cultivar a visão interior e a conexão. É impossível verdadeiramente se envolver na prática da vigília e não emergir dela sem, no mínimo, se conhecer um pouco melhor.

Passar momentos na presença de sua própria consciência e saber em que medida você pode avaliar algo de forma mais profunda, além do seu diálogo interior diário, é bastante revelador. No mínimo, isso permite um despertar dinâmico para a profundidade da vida e permite saber qual é a posição da sua alma em meio a um infinito mundo espiritual. Pelo menos, isso permite espaço para você se tornar consciente de como é difícil deixar as preocupações do dia a dia para trás e, por sua vez, essa prática fornecerá combustível para novas tentativas, em outros momentos. De qualquer forma, você volta para o mundo normal com maior consciência de si mesmo e do grande infinito, de *tudo* que está além.

Orações e oferendas

Há muitas maneiras de fazer orações e manter claras as suas intenções quando você fizer uma vigília. As orações podem ter qualquer forma – as possibilidades são infinitas. Aqui estão algumas:

Criar um espaço sagrado traçando um círculo, meditar, ficar em silêncio, entoar ou tamborilar. Acender um fogo ritualístico, mantendo a chama eterna. Fazer oferendas. Invocar divindades ou espíritos específicos. Dançar e outros movimentos ritualísticos, talvez com os espíritos, antepassados, animais aliados ou familiares. Traçar ou caminhar por labirintos. Desenhar e pintar. Criar objetos para rituais. Escrever poesia e escrita livre para dar voz à região. Tocar música ao vivo ou fazer serenatas para os espíritos. Recitar poesia. Criar mandalas. Recitar a lista de seus antepassados. Tirar o lixo de uma área. Fazer rituais de limpeza com ervas, água ou fumaça. Plantar árvores e cuidar dos irmãos verdes de uma área. Fazer remédios fitoterápicos e poções biodinâmicas para curar a Terra e as pessoas. Reservar espaço para os outros e transmitir as orações deles para a região.

Antes de qualquer coisa, no entanto, a melhor maneira de compreender e realizar uma vigília é estar aberto e permitir que a região e seus espíritos digam o que fazer. Chegue no local e permaneça ali por um tempo. Ouça e permita que sua voz interior e os próprios espíritos digam de que forma você deve passar seu tempo. Isso inclui apenas se sentar e esperar, lado a lado com seus trabalhos interiores, dúvidas e impaciência, até ser capaz de ultrapassá-los. Essa é uma prática muito poderosa por si só.

O próprio ato de realizar uma vigília pode ser uma oferenda – e é um passo forte na direção da construção de um relacionamento com os aspectos mais profundos da sua própria vida, e também das forças numinosas que nos cercam.

Buscando orientação

É perfeitamente sensato perguntar aos espíritos o que eles acham de você realizar sua vigília, incluindo quando e onde. Técnicas de adivinhação, como ogam, tarô ou outras ferramentas, podem ser úteis aqui. Fazer viagens ou comunhões xamanísticas de outras formas, com seus espíritos aliados, caso você se sinta competente para tal, também são excelentes maneiras de saber como eles gostariam de trabalhar com você.

Técnicas como piromancia e *néladóracht* (aeromancia) também podem ser úteis. Pode ser que você não tenha nenhuma ideia fixa sobre o que fazer durante sua vigília, ou mesmo por que fazer uma, em vez de sentir que isso é algo que você deveria tentar. Não há problema. Criar espaço e oportunidade para desenvolver uma conexão mais próxima é uma tarefa importante e sagrada por direito próprio. Isso permite que a voz dos espíritos e seus próprios incitamentos internos sejam ouvidos.

Ervas para abrir a percepção

Há muitas ervas e outras substâncias naturais que foram utilizadas, por milhares de anos, para ajudar a induzir a visões e orientação espiritual. Ingeridas como chás ou poções, defumadas ou queimadas como oferendas – listá-las todas aqui seria impossível. Embora alguns de seus efeitos sejam, sem dúvida, poderosos, as ervas podem ser muito intensas para algumas pessoas e, por isso, devem ser usadas com a orientação de praticantes experientes, que estejam imersos em sua cultura e em sua utilização.

Há ervas muito mais suaves que podem ser utilizadas de forma legal e eficaz, não para induzir a visões alucinógenas. Elas funcionam como espíritos aliados para guiar e estimular o mundo interior do praticante, auxiliar com o trabalho psíquico, nos trabalhos de vidência e meditação, e também para induzir a sonhos visionários. Tais ervas e misturas herbais também são boas oferendas para os espíritos.

As ervas visionárias para utilização segura incluem:

- Angélica, *Angelica archangelica*: proteção, guia útil para os sonhos
- Betônica, *Stachys officinalis*: proteção contra pesadelos
- Camomila, *Chamaemilum nobile*: meditação, proteção
- Avelã, *Corylus avellane*: inspiração
- Lavanda, *Lavandula angustifolia*: proteção, limpeza, relaxamento
- Artemísia, *Artemisia vulgaris* (psicotrópico suave, evite sempre na gravidez)
- Sálvia (especialmente *Salvia divinorum*): de duração muito curta, mas pode ser um psicotrópico suave ou ter fortes efeitos alucinógenos, dependendo da dose. Sempre utilize com moderação e esteja atento a problemas legais que possam ocorrer na sua área em relação a isso). A *Salvia officinalis* também é indicada.
- Absinto, *Artemisia absinthium*: proteção, visão (evite na gravidez)

Prática
Poção para a visão

Essa poção suave é um bom método para começar a utilizar as ervas em busca de visões. Ela é segura e pode ser utilizada para auxiliar na meditação e em sonhos lúcidos. Ela também torna a orientação interior, durante a adivinhação, muito mais fácil de acessar.

Sinta-se à vontade para omitir quaisquer ingredientes e acrescentar outros, conforme preferir. Como sempre, use o bom senso e a consciência em relação a qualquer assunto ligado à segurança, caso você tenha algum problema de saúde.

- 2 colheres de chá de artemísia
- 1 colher de chá de angélica
- 1 colher de chá de folhas de avelã
- 1 colher de chá de sálvia
- 1 colher de chá de lavanda
- 3 colheres de chá de hortelã (para mais sabor e ajudar na digestão)
- Mel para mais sabor

Misture as ervas secas em uma panela e adicione um litro de água fervente, de preferência água de nascente recém-aquecida. Deixe infundir por pelo menos dez minutos, mais tempo se for possível. Experimente uma xícara de cada vez. O restante pode ser guardado na geladeira por um dia ou dois.

A artemísia, cujo nome vem da deusa Ártemis, é sagrada para a lua. Para melhores resultados, deixe em infusão durante uma noite, onde a poção será tocada pelo luar e será energizada e abençoada para aumentar a sua potência e eficácia.

Prática
Tenm Laida: iluminação da canção

Ao longo deste livro, houve várias menções a oferendas de canções. Elas podem ser as simples canções do dia a dia que você gosta, que erguem sua energia e enviam seus sentimentos como uma oferenda. Também podem ser canções ou cânticos profundamente significativos, como aqueles que você mesmo criou ou ouviu anteriormente.

Os poetas oraculares irlandeses, conhecidos como *Filí*, utilizavam a sua arte em busca da inspiração divina utilizando abordagens animistas e realizando uma técnica chamada *Tenm Laida*, que significa *iluminação da canção*. Podem ser canções ou cânticos espirituais que chegaram até você por meio da inspiração durante suas meditações e outras práticas. Ou eles podem surgir no momento, como parte de um trabalho ritualístico ou mágico. Havia algo fundamental em muitas das práticas primitivas de magia celta: a ideia de receber inspiração, que literalmente significa *receber o alento dos deuses*, tornar-se "inspirado".

Há muitas maneiras de executar essa prática, mas não é algo fácil para todas as pessoas. Ela exige tempo para aperfeiçoar e desenvolver suas habilidades, e deixar sua criatividade fluir. Do mesmo modo, não há problema em se permitir apenas falar ou cantar do nada, e deixar que o tempo apanhe um tom ou um ritmo se desenvolvendo de forma orgânica (no entanto, não espere que grandes cânticos surjam do nada). Permita que as palavras encontrem sua passagem para o mundo com paciência e com uma atitude divertida e infantil.

Uma boa maneira de fazer isso é se permitir a fazer ruídos simples. Cantarolar e entoar, ou sons de vogais, são uma boa forma de começar. Não espere que seja perfeito para começar, permita-se fazer ruídos; que sejam baixos ou altos, como você preferir, e encare como se não fosse nada de importante, é apenas um começo. Lenta e casualmente, deixe que o ritmo tome forma, apenas com os ruídos, como se você estivesse com um bebê ou uma criança pequena.

A palavra irlandesa para inspiração, *Imbas*, é uma boa palavra para cantar ou entoar. Permita bastante humor com os sons *mmmm* e *ssss*. A palavra galesa para inspiração, *Awen*, também cria sons agradáveis com a vogal redonda, e também com o *nnnn*. Brinque com estas palavras e com todos os sons que conseguir produzir com elas. Com o tempo, você verá que uma batida, ou uma melodia, começa a se desenvolver sozinha. Saia do caminho e apenas cante, permita que outra parte de sua mente faça a música enquanto você deixa sua consciência flutuar um pouco.

Esta é sua canção espiritual, feita por você, e para você, pelos próprios espíritos. Ela não poderá ser repetida, pois todos somos diferentes. A canção se tornará sua expressão mais verdadeira, uma ótima oferenda de conexão que vai além das palavras entre você e os espíritos, os deuses e o *Todo* que o cerca.

Ela pode se tornar como um rio de sons, começando em algum ponto além de sua consciência, na infinidade, jorrando da Fonte para o mundo mortal e, ali, tomando forma, como um espírito puro. Isso pode acontecer todas as vezes, ou pode acontecer uma vez em cem tentativas. Mas cada tentativa é uma oferenda perfeita para os espíritos à sua volta e para os deuses – ela deixa você alinhado e oferece uma voz a eles, enriquecendo tudo com seu toque vivificante.

Prática
Centralize a bússola:
ritual de vigília simples

Em nenhum momento, nada que você lê nos livros deve prevalecer a uma mensagem clara dos espíritos sobre o que fazer. Os rituais são sempre melhores quando realizados em estreita comunhão com os espíritos, sua região ou localização. Cada vigília, não importa se longa ou curta, simples ou complexa, será realizada de maneira diferente por pessoas diferentes e em diferentes lugares. Estar totalmente atento a você mesmo e aos espíritos de onde você se encontra deve ser sempre o foco principal.

Levando isso em conta, um simples modelo pode fornecer um guia útil para começar o trabalho, e você poderá adaptá-lo, desenvolvê-lo ou abandoná-lo, como achar conveniente. O seguinte ritual simples tem essa intenção, trata-se de um formato para você desenvolver sua própria prática a partir dele, ou em resposta a ele, conforma sua relação com a região e os espíritos progride.

Presumindo que você já escolheu o local para sua vigília, e está familiarizado com sua história, relevância e detalhes geográficos, e que você levou todas as medidas de bom senso em consideração, então você pode construir sua própria cerimônia quando apresentá-la como um espaço sagrado com o propósito de vigília e trabalho. Se for um local antigo e sagrado, então é óbvio que ele já é sagrado, mas estabelecer um espaço sagrado básico ajuda a firmar sua intenção e, de certo modo, estruturar o que você está fazendo.

A cerimônia também fornece um suporte para fazer uma oferenda e criar sua conexão com o lugar de maneira mais consciente e deliberada. Ela cria um círculo em sentido horário (na direção do sol), alinhado com os ciclos energéticos da vida na região e com o movimento da Terra. Ela também honra os três mundos da Terra, do mar e do céu, a sagrada trindade das tradições celtas, para nos orientar dentro de uma paisagem sagrada e honrada.

Comece limpando e desobstruindo o lugar de qualquer lixo – infelizmente, essa é uma tarefa geralmente necessária em todo o mundo. Ter alguma responsabilidade pelo cuidado com o local é um excelente primeiro passo. Em seguida, reserve um momento para se orientar e observe os quatro pontos cardeais, os quatro *airts* (ventos), como diz a tardia prática escocesa gaélica.

Prepare sua oferenda: nessa ocasião pode ser um incenso ou uma boa bebida, como uísque, hidromel funciona bem, assim como leite ou creme. Você também pode oferecer um pedaço de bolo caseiro ou pão de aveia (*bannock*), ou então uma canção. Observe que qualquer oferenda deverá ser repetida ou dividida em quatro partes.

Volte-se, primeiro, para o leste e saúde o lugar do sol nascente, e toda a Terra e céu à sua volta, na direção leste. Honre-os com suas próprias palavras, ou utilize o seguinte texto como modelo:

> Ventos do leste e tudo que está aqui, diante de mim!
> Honro e agradeço a vocês!

Nesse momento, coloque sua oferenda no chão, lance-a ao ar ou cante com todo seu coração para o leste.

Agora, volte-se para o sul. Saúde o local do calor do verão e toda a Terra e céu à sua volta, na direção sul. Honre-os com suas próprias palavras, ou, mais uma vez, utilize o seguinte texto como modelo:

> Ventos do sul e tudo que está aqui, diante de mim! Honro e agradeço a vocês!

Mais uma vez, coloque sua oferenda no chão, lance-a ao ar ou cante com todo seu coração para o sul.

Volte-se, agora, para o oeste. Saúde o lugar do sol poente, e toda a Terra e céu à sua volta, na direção oeste. Honre-os com suas próprias palavras, ou utilize o seguinte texto como modelo:

> Ventos do oeste e tudo que está aqui, diante de mim!
> Honro e agradeço a vocês!

Mais uma vez, coloque sua oferenda no chão, lance-a ao ar ou cante com todo seu coração para o oeste.

Finalmente, volte-se para o norte, o lugar dos ventos frios do inverno, e para toda a Terra e céu à sua volta, na direção norte. Honre-os com suas próprias palavras, ou utilize o seguinte texto como modelo:

Ventos do norte e tudo que está aqui, diante de mim!
Honro e agradeço a vocês!

Nesse momento, novamente, coloque sua oferenda no chão, lance-a ao ar ou cante com todo seu coração para o norte.

Agora, olhe para o céu e contemple a imensidão do espaço acima de você. Faça uma reverência ou demonstre seu reconhecimento de alguma forma. Mais uma vez, usando suas próprias palavras ou o texto seguinte, faça uma oração em voz alta para os reinos acima (conhecidos como *Gwynfed*, em galês, e *Albios* para os antigos gauleses. As duas palavras significam *branco, luz* ou *abençoado*).

Eu honro os reinos do céu, Albios e Gwynfed, o assento
do sol e das estrelas!

Olhe para baixo ou ajoelhe-se, e direcione sua atenção para o solo abaixo de seus pés. Olhe à sua volta, para a Terra boa e para todas as coisas vivas que o cercam, conhecidas como *Abred* em galês e *Bitu*, ou *o mundo dos seres vivos*, em gaulês. Novamente, diga, em voz alta, sua oração para os reinos da Terra:

Eu honro os reinos da Terra, aqui comigo, de Abred, de
Bitu, terra dos vivos!

Agora, direcione sua atenção para os horizontes distantes. Lembre-se do mar e do oceano que circundam a Terra, este nosso planeta azul. Considere sua imensidão e suas grandes profundidades. Considere a água dentro de você e a profundidade de seu próprio ser eterno, em uníssono com o grande mar do ser. De novo, utilize suas próprias palavras, honre os reinos do mar e do mundo subterrâneo/outro mundo da tradição celta, conhecido como *Annwfn*, em galês, e *Dubnos* em gaulês; ambos significam *o lugar profundo*.

Honro os reinos do mar abaixo de mim, de Annwfn, de Dubnos. Honro você, lugar das profundidades desmesuradas, dentro de mim e além!

Finalmente, fique parado. Sinta o batimento cardíaco dentro de seu peito, sinta seus pés na Terra, e sua cabeça abaixo do céu. Sinta-se no centro das coisas, posicionado dentro do seu próprio centro. Faça nove respirações lentas e profundas, sentindo-se verdadeiramente aqui, presente e em contato imediato com este exato momento e com este local da Terra. Outra vez, utilize suas próprias palavras, ou este texto, para começar:

Espírito deste lugar, aqui e agora: honro você, estou com você! Que todo meu tempo ao seu lado seja uma oração viva!

Deixe esse círculo "aberto" – não se despeça dos quatro pontos cardeais, ou dos três mundos, até completar sua vigília. Em vez disso,

Pessoa com as pernas cruzadas, em vigília, encostada em um menir.

permita que eles, agora, informem e orientem seu tempo, estabelecendo sua vigília na paisagem que o cerca, e os ciclos do dia, da noite e as estações que a colorem.

Antes de sair da sua vigília, volte para cada um dos três mundos e quatro pontos cardeais, em ordem inversa, para agradecê-los por estarem com você. Mais uma vez, utilizar suas próprias palavras é o melhor, mas pode ser um simples *agradeço a vocês, norte, oeste, sul e leste! Agradeço a vocês, mar, Terra e céu, por estarem aqui comigo! Que vocês sejam abençoados!* Isso já é suficiente.

Conclusão

Vivemos uma época em que nossa necessidade de honrar o selvagem e reconectar com o mundo natural é algo muito maior do que foi ao longo de várias gerações. Como espécie, todos nós devemos lembrar que fazemos parte de uma rede ampla e interdependente de espíritos vivos, visíveis e invisíveis. Física, psicológica e espiritualmente, nenhum de nós está verdadeiramente sozinho. Somos apenas gotas de consciência, infinitamente belas, brilhando em um mar de seres que ondula continuamente.

Estamos sossegados sob nossas camadas de modernidade, como deveríamos estar – almas selvagens, centelhas do divino, espíritos vivos poderosos, todos parte da Terra viva e sagrada, inseparáveis e inteiros. Conforme o mundo moderno nos afasta da lembrança de que a própria Terra é sagrada, devemos honrá-la ainda mais e empenhar-nos para revigorar nossas vidas e almas com o alimento elementar que ela nos proporciona.

Se pudermos nos lembrar da miríade de seres que estão à nossa volta, visíveis e invisíveis, mesmo que por pouco tempo, todos os dias, cultivaremos as sementes da magia dentro de nós e os rebentos de nosso crescimento espiritual. É possível retornar a um tempo de milagres e maravilhas, e então as ruinas dos últimos séculos serão curadas, e nossa relação com os espíritos primos, irmãos e irmãs, de todos os tipos, prosperará novamente.

Cada ato de magia é um ato de comunhão e fortalecimento para restabelecer nossa conexão com algo maior que nós mesmos. Você é natural, você é magia, você é único.

Seja abençoado.

Bibliografia

CAESAR, Julius, W.A, Macdevitt, trans. *The Gallic Wars, De Bello Gallico* (latim e inglês). Estados Unidos: Neptune Publishing, edição Kindle, 2012.

CAREY, John, Katja Ritari e Alexandra Bergholm, eds. "The Old Gods of Ireland in the Later Middle Ages", *Understanding Celtic Religion: Revisiting the Pagan Past*. Cardiff, País de Gales: University of Wales Press, 2015.

CARMICHAEL, Alexander. *Carmina Gadelica* volume 1. Publicado originalmente em 1900, Edimburgo, Escócia: T. e A. Constable. <https://www.sacred-texts.com/neu/celt/cg.htm>.

_____, *Carmina Gadelica* volume 2. Publicado originalmente em 1900, Edimburgo, Escócia, T. e A. Constable. <https://www.sacred-texts.com/neu/celt/cg2/index.htm>.

CAMPBELL, John Gregorson. *Superstitions of the Highlands and Islands of Scotland*. Publicado originalmente em 1900, Glasglow, Escócia: James MacLehose and Sons. Estados Unidos: AlbaCraft Publishing, edição Kindle, 2012.

COURTNEY, Margaret Ann. *Cornish Feasts and Folk-Lore*. Publicado originalmente em 1890, Penzance, Reino Unido: Beare and Son. Estados Unidos: AlbaCraft Publishing, edição Kindle, 2009.

HULL, Eleanor, ed. "The Saltair Na Rann", *The Poem-book of the Gael*. Publicado originalmente em 1913, Chicago: Chatto and Windus. <https://archive.org/details/poembookofgael00hulliala7page74>.

KING, Graham. *The British Book of Spells & Charms*. Londres: Troy Books, 2015.

LUCAN, Nora K. Chadwick, trans. *Pharsalia*, livro 1, linhas 450-62 de *The Druids*. Cardiff, País de Gales: Cardiff University Press: 1966.
MACKENZIE, Donald *Scottish Folk-Lore and Folk Life: Studies in Race, Culture and Tradition*. Publicado originalmente em 1935, Londres, Blackie. Estados Unidos: Obscure Press, edição Kindle, 2013.
MARTIN, Martin. *A Description of the Western Islands of Scotland*. Publicado originalmente em 1703, Londres: impresso para Andrew Bell, em CrossKeys and Bible, na Cornualha, perto de Stocks-Market. AlbaCraft Publishing, edição Kindle, 2013.
O'GRADY, Standish Hayes, trans. *Agallamh na Senórach*, em *Silva Gadelica*. Publicado originalmente em 1892, Londres. Williams and Norgate.
O'RAHILLY, Thomas F. *Early Irish History and Mythology*. Dublin, IE: Dublin Institute for Advanced Studies, 1946.
PLINY, John Bostock, trans. *Naturalis Historia*. Publicado originalmente em 1855, Londres: Taylor and Francis, Red Lion Court, Fleet Street. <http://www.perseus.tufts.edu/hopper/text?doc=Perseus%Atext%3A1999.02.0137%Abook%D1%3Achapter%3Dedication>.
PITCAIRN, Robert. *Ancient Criminal Trials in Scotland*, 3, parte 2. Publicado originalmente em 1829, Edimburgo, Escócia: Bannatybe Cllub.
Editores da Edinburgh University Press. *The Scottish Antiquary*, ou, *Northern Nots and Queries*, volume 7. Publicado originalmente em 1893, Edimburgo, Escócia: Edinburgh University Press. <https://www.jstor.org/stable/25516556?seq=#page_scan_tab_contents>.
SICULUS, Diodorus, Francis R. Walton, trans. *Library of History, Volume XI: Fragments of Books 21-32*. Cambridge, MA: Harvard University Press, 1957. Reeditado para Loeb Classical Library 409.
SPENCE, Jr. John. *Shetland Folk-Lore*. Publicado originalmente em 1899. Lerwick, Escócia: Johnson & Grieg. AlbaCraft Publishing, edição Kindle, 2013.
WILBY, Emma. *Cunning Folk and Familiar Spirits: Shamanistic Visionary Traditions in Early Modern British Witchcraft and Magic*. Eastbourne, Reino Unido: Sussex Academic Press, 2013.

WILLIAMS, William. *Observations in the Snowdon Mountains*. Publicado originalmente em 1802. <https://books.google.co.uk/books?id=h2w9AAAAYAAJ&pgPA149#v=onepage&q&f=false>.
Wunn, Ina. "Beginning of Religion", em *Numen* 47, nº 4 (200):435-436. <https://jstor.org.ezproxy.uwtsd.ac.uk/stable/3270307>.

Páginas web

Irish Archaeology. "The sweat house at Creevaghbaun, Co. Galway". <https://irisharcaheology.ie/2021/03/the-sweat-house-at-creevaghbaun-co-galway/>.

archive.org. "R. Askew, (1884) Bye-Gones, Relating to Wales and the Border Countries".< https://archive.org/details/byegonesrelating1878unse/page/68>.

Carhart-Harris, Robin, Leor Roseman, Mark Bolstridge, *et al*. "Psilocybin for treatment-resistant depression: fMRI-measured brain mechanisms". *Scientific Reports/*: 13187. <https://www.nature.com/articles/s$1598-017-13282-7>.

Sacred-texts.com. "The Child Ballads: 113. The Silkie of Sule Skerry". <https://sacred-texts.com/neu/eng/child/ch113.htm>.

Índice Onomástico

A

Água 5, 20, 85, 94, 96, 212, 253
Águia 125, 253
Albios 27, 245, 253

B

Bitu 27, 245, 253
Bran 87, 124, 125, 253
Brownie 37, 39, 253
Bucca 35, 36, 253

C

Cader Idris 234, 235, 253
Cailleach 99, 105, 113, 123, 126, 170, 253
Cisne 127, 253
Coruja 123, 253
Corvo 124, 253

E

Espíritos 19, 50, 51, 91, 99, 180, 254

F

Fadas 23, 254
Finfolk 103, 254

G

Glaistig 36, 254
Gruagach 37, 38, 39, 40, 41, 254

J

Javali 77, 254

L

Lobo 82, 254
Lua 95, 97, 101, 104, 105, 110, 139, 140, 192, 203, 209, 216, 254

N

Nascimento heliacal 142, 254
Navegação 137, 254
Néladóracht 129, 254

P

Pwca 36, 254

S

Selkie 100, 101, 255
Sirius 142, 143, 194, 216, 255

U

Ulmária 198, 255
Urso 76, 255

V

Veado 81, 255
Verbena 143, 194, 206, 207, 211, 255
Visco 192, 205, 255

MADRAS® Editora

Para mais informações sobre a Madras Editora,
sua história no mercado editorial
e seu catálogo de títulos publicados:

Entre e cadastre-se no site:

www.madras.com.br

Para mensagens, parcerias, sugestões e dúvidas, mande-nos um e-mail:

marketing@madras.com.br

SAIBA MAIS

Saiba mais sobre nossos lançamentos,
autores e eventos seguindo-nos no facebook e twitter:

@madrased

/madraseditora